脳が認める勉強法

「学習の科学」が明かす驚きの真実!

How We Learn

The Surprising Truth About When, Where, and Why It Happens

ベネディクト・キャリー［著］ Benedict Carey
花塚 恵［訳］ Megumi Hanatsuka

ダイヤモンド社

How We Learn
by
Benedict Carey

はじめに――余白を広げる

努力だけでは報われない！

私は「ガリ勉」だった。

昔の自分を表現すると、どうしてもこの言葉になる。何しろ私は、細かいことがいちいち気になり、暗記用の単語カードを自作する子どもだった。40年近くたったいまでも、努力家で、勉強の虫で、働きバチだったこの少年が、安物のデスクランプの明かりに目を細めながら、教科書にかじりついている姿をはっきり思い浮かべることができる。

この少年は朝も早く、5時には勉強を始めていた。高校2年生になって習得できないことが出てくると、胃に不快感を覚えるようになった。二次方程式の解の公式、アメリカがルイジアナを買収したときの条件、武器貸与法、平均値の定理、詩人のT・S・エリオットが隠喩を用いて皮肉を表す用法……。

こんなのは序の口だ。

私は学校の授業にすっかりついていけなくなった。だから、不安しかなかった。時間が足りないのに覚えることは多すぎて、なかにはとても理解できそうにないこともある。そういえば、不安とは別に自分を疑う気持ちもあった。ただしこちらは、階下の風呂場でしたたる水滴と同じで、自覚するのに時間がかかる。たとえば、運動能力の高い同級生が汗一つかかずに山小屋へたどり着くのを見たとき、私はルートを間違えて遠回りしたのではないかと自分で自分を疑った。

私はご多分にもれず、学習は自己の鍛錬がすべてだと信じて大きくなった。賢い人々が暮らす、知識という険しい岩山をひとり孤独に登るつらい作業、それが学習だ。私の場合は、好奇心や疑問からというよりも、その山から落ちるのが怖くて勉強していた。

そうした不安から、変わり者の生徒が誕生した。弟や妹にとってはミスター・パーフェクトで、ほぼAをとる真面目な兄だった。だが、クラスメイトにとっての私は透明人間だった。自分の理解に自信がなさすぎて、ほとんど発言しなかったのだ。こうした二面性を持つようになったからといって、当時の私、両親、教師の誰のことも責めるつもりはない。どうして責められるだろう？　学習にある程度没頭できるようになる方法と言えば、ソリ犬のごとく自らを駆り立てること以外に誰も知らなかった。勉強で成功するためにもっとも重要なのは努力だと、誰もが思っていた。

だが、私はすでに努力していた。もっと違う何かが必要だった。そして、その何かはきっとあると感じていた。

最初のヒントとなったのは同級生の態度だった。私のクラスには、代数や歴史の授業で追い詰められた顔になることなく実力を最大限に発揮できる生徒が数人いた。その場ですべてを理解しなくてもよいというお墨付きをもらっているかのように振る舞い、彼らが疑問を口にすると、それ自体が貴重な武器に思えた。

だが、私にとって本当の転機となったのは大学入試だった。私が勉強してきたのは、もちろん、大学に入るという使命のためだ。だが、その使命は果たせなかった。何十という願書を送ったが、見事に閉めだされた。何年にもわたって水夫のような苦労を積み重ねたというのに、最後に残ったのは、一握りの薄い封筒と補欠合格の1枠だけだった。その大学に入ったものの、1年で退学した。

いったい、何を間違えたのか?

私にはさっぱりわからなかった。目標を高く持ちすぎたのか、受験勉強が十分でなかったのか、SAT（大学進学適性試験）の点数が足りなかったのか。はっきり言って、どうでもよかった。不合格のショックが大きすぎて、何も考えられなかった。いや、それ以上に、自分がバカに思えて仕方なかった。自己啓発を謳《うた》う怪しいカルト集団に騙されて、お金を払ったとたんに教祖が消えたような気持ちだった。

だから、大学を辞めてから態度を改めた。自分に厳しくする手をゆるめ、全力で走り続けることをやめた。ソロー風の言い方をするなら、余白を広げたのだ。改めると言っても大したことはしていない。ティーンエージャーだった私には半径1メートルしか目に入らなかったので、顔をあげて周りを見回しただけだ。

私はコロラド大学に入り直そうと思い、嘆願書を添えて入学願書を送付した。当時はいまに比べると、大学に入り直すのはそれほど大変ではなかった。州立の大学だったことも手伝って、あまり苦労せずに入学を認めてもらえた。

コロラド大学に入ると、私の毎日は以前よりも充実した。しょっちゅうハイキングに出かけ、スキーを少々たしなみ、何にでも手を出した。何もない日は惰眠《だみん》を貪り、時間を問わず昼寝をし、隙間の時間に勉強した。その生活には、規模の大きな大学では当然とされている行為が大量に混じっていた（そのすべてが合法かどうかはまた別の話だが）。

だからと言って、ジントニックを専攻したわけではない。私は決して勉強をおろそかにはしなかった。勉強を生活の中心に据えるのではなく、生活の一部にしただけだ。そうして良い生活習慣と悪い生活習慣を交錯させながら、私は大学生になった。どこにでもいる大学生ではなく、数学と物理を勉強する責任を軽々と背負い、難易度の高い授業で単位を落とすことを恐れない学生となったのだ。

この変化は、唐突でも劇的でもなかった。鐘も鳴り響かなければ、天使も歌わない。少しずつ起きたものだ。変化とはそういうものだろう。何年も後になってから、私は大学時代のことを振り返ってみた。たぶん、そういうことをする人はたくさんいると思う。振り返ってみると、さまざまなことに手を出し、悪い習慣も身につけたわりには、かなり良い成績を収めたと言える。当時の私は、悪いと思っていた習慣が本当に悪いかどうかを考えたことはなかった。

学習するマシン＝脳の奇妙な特徴

２０００年代の初めから、私は新聞記者として「学習と記憶の科学」を追いかけるようになった。最初はロサンゼルス・タイムズに勤務し、その後ニューヨーク・タイムズに移った。

このテーマを具体的に言うと、どうすれば脳がもっとも効率よく学習するかを知るというもので、私にとっては心躍るテーマとは呼べなかった。私はほとんどの時間を、精神医学や脳生物学といった、行動が関係するもっと大きな分野の取材に費やしていた。だが、いつも学習分野に引き戻された。というのは、信じがたい話ばかり耳に入ってくるのだ。正当な科学者だというのに、彼らが学習や記憶に影響を及ぼす要因として調べていたのは、取るに足らないものばかりだった。勉強中に流すＢＧＭ、勉強する（教科書を開く）場所、休憩時に行うゲーム……。本当に、そんなものが勉強に影響を及ぼしたのだろうか。

もしそうなら、なぜ影響するのか？

どの研究も、研究対象の影響をきちんと説明していた。どうやらどの要因も、脳の明らかになっていない何かが関係しているらしい。そうして深く調べれば調べるほど、奇妙な結果が見つかった。気晴らしは学習の助けとなり、昼寝もそうだという。始めたことを途中でやめてしまうのも決して悪いことではない。完了させるよりも途中でやめるほうが、長く記憶にとどまるからだ。

これから学ぶ科目について、授業を受ける前にテストをすると、その後の授業でより多くを学ぶ。

こうした結果を知るたびに、何かが心に引っかかった。最初はどれも信じがたいが、試してみる価値はあると思えた。手軽に取り組めるものばかりだからだ。無視する理由はない。この数年、仕事でも遊びでも、何か新しいことを始めようとするたびに、あるいは、しばらく遠ざかっていたクラシックギターやスペイン語をまた始めようと思い立つたびに、次のことを自問するようになった。

「もっと効率のよいやり方はないだろうか？」

「試すべきことが何かあるんじゃないか？」

そうすると、実際に何かが見つかった。学習の研究で明らかになったさまざまなテクニックを試すうちに、私は奇妙な親近感を覚え、すぐにその理由に思い至った。大学時代の自分の行動に似ているのだ。コロラド大学での私は、場当たり的に勉強していた。もちろん、認知科学の最新原理に完璧に合致するわけではないが（原理とまったく同じことをするなど、現実世界ではありえない）、研究にもとづいたテクニックを使ったときの生活リズムに親近感を覚えたのだ。私の日々の生活に、日々の会話に、ぼんやりしているときに、さらには夢のなかにまで、研究成果やテクニックが入り込んでくる感じがした。

そうした感覚が生まれたのは個人的な理由からだが、それをきっかけに、自分に役立つアイデアに個別に目を向けるのではなく、学習という研究分野全体について考えるようになった。研究によって明らかになったアイデア（テクニック）は、それぞれ理にかなっていて、内容も明白だ。難しいのは、それらを一つにまとめて考えることだ。だが、その方法は必ずあるに違いないと考えるうちに、私は、それらのテクニックを一つにまとめる唯一の方法は、「すべてのテクニックの根底には同じシステムがあり、そのシステムの奇妙な特徴として個々のテクニックが存在するととらえること」だと思うようになった。

根底にあるシステムとは、活動中の脳だ。別の言い方をすれば、学習の科学に関する数々の発見は、効果的な学習方法以上のことを教えてくれるということだ。そうした発見を実践すると、一つの生き方になる。

このように理解してからは、大学時代の経験を以前とは違った目で見られるようになった。私が勉強の手をゆるめたのは確かだが、それにより、ほかのことをしている時間に勉強に関する情報が頭に入ってくるようにもなった。そして、その勉強しない時間こそ、それ以前に勉強した内容を脳が受けいれる時間だ。このときに、学習するマシンとしての脳の強みと弱み（その限界と計り知れない可能性）が明らかになるのだ。

脳は筋肉とは違う。少なくとも、直接的な意味ではまったくの別物だ。脳は、気分、タイミング、体内時計のリズムをはじめ、場所や環境にも敏感だ。自分が認識するよりもはるかに多くのことを記録し、記憶した情報を思いだすときは、以前は気づかなかった細かい情報をつけ加える。脳は夜も働きものだ。眠っているあいだに、隠れたつながりを見いだしたり、その日あった出来事の重要な意味を深く掘りさげたりする。また、無秩序よりも意味のあるものを強く好み、意味のないものを不快に感じる。それに、脳は命令どおりの働きをしないこともよくある。試験のときに大事な情報は思いだせないのに、なぜか、映画『ゴッドファーザー』の全シーンや、1986年のボストン・レッドソックスのラインナップは思いだせるというような経験は誰にでもある。

脳が学習するマシンだとすれば、一風変わったマシンだと言える。そして、脳が持つ奇妙な特徴が活用されるとき、その働きが最大になる。

ちまたの勉強常識は間違いだらけ!?

この数十年、学習を深めるテクニックが次々に明らかになり、実験が行われるようになった。だが、そのテクニックのほとんどは、専門家以外の人には知られていない。

科学者たちは、コンピュータ・ソフトウェア、ガジェット、薬剤などを使ってもっと賢くなる方法を探しているわけではない。また、学校全体の成績向上を目指すという教育哲学のもとに研究しているわけでもない（そういう実験を信頼できる形で行った者はいない）。それどころか、彼らが研究していたのは、小さな変化ばかりだ。それも、生活のなかに個人ですぐに取りいれられるような、勉強や練習における小さな変化である。取りいれるにあたってもっとも難しいのは、その変化に効果があると信じることだろう。このような調査は、これまで勉強にとって最善だと教えられてきたことと矛盾する。

昔から言われ続けてきた、「静かな場所を見つけて自分の勉強場所に決めなさい」というアドバイスについて考えてみよう。当然のことだと思う人は多いだろう。雑音がないほうが集中しやすいし、いつも同じ机を使うようにすれば、その席に座ることで脳に「勉強の時間だ」という信号を発することになる。ところが、学習を研究する科学者によると、勉強する時間帯を同じにせず、場所も変えたほうが学習効率が高まるという。逆に言えば、時間や場所を固定すると、学習効率が下がるのだ。

特定のスキル（割り算の筆算や楽器でスケールを弾くことなど）を習得する最善の方法は、それだけを繰り返し練習することだともよく言われる。だがこれも間違いだ。一つのことだけを繰り返し練習するよりも、関連性のある複数のことを混ぜて練習するほうが、脳は効率よくパターンを見いだす。その人の年齢や、習得したいジャンルは関係ない。イタリア語のフレーズでも、化学結合でも、結果は同じだという。

こうした話を聞くと、私は奔放に過ごしていた大学時代の自分を思いださずにはいられない。徹夜したいときは徹夜し、昼間は好きなだけ昼寝をし、計画に従って行動することへの反発を楽しんでいた。自由な生活をすれば、必ずスキルを習得できると言うつもりはない。だが、そういう無秩序な生活に学習を溶け込ませるようにすれば、さまざまな場面で思いだす力が向上するのではないか。また、先延ばしがひどい、気晴らしばかりしている、といった態度も、悪習とは限らないのではないか。

昨今、デジタルメディアがもたらす弊害や依存の危険性を訴える声が大きくなっているが、学習の科学の見解はそうした警告とは異なる（ただし、これは学習の科学の一側面でしかない）。デジタルの世界につながると、メール、ツイート、フェイスブックのメッセージなどが一度に押し寄せてくる。そんな状態では勉強に身が入らないのではないか、勉強以外のことに気をそらしていては、脳の学習する力が衰えていくのではないか、と危惧する人は多い。

確かに、デジタルメディアは人の気をそらす。もちろん、小説を読むときや講義を聴くときのように、その世界に没頭することが求められる学習の場合は、気をそらすことは学習の妨げとなる。また、ソーシャルメディア上でウワサ話をしていれば、当然、そのぶん勉強時間は奪われる。だが、学習の科学では、数学の問題で行き詰まったり、固定観念を払拭する必要があるときは、短い気晴らしを挟むとよいと言われている。

要するに、学習に正しい方法も間違った方法もないのだ。方法が違うだけであり、方法が違えば、得意とするタイプの情報も変わる。優れた猟師は、獲物に応じて仕掛ける罠を使い分ける。それと同じだ。

誰でも「学ぶ力」は改善できる

この本を通じて、学習のことを完璧にわかっているふりをするつもりはない。研究はまだ終わっていない。それどころか、全容を複雑にする新たなアイデアが次々に生まれている。

たとえば、失読症はパターン認識の力を向上させる。バイリンガルの子どものほうが勉強ができる。数学恐怖症は脳の障害による。ゲームは最高の学習ツールである。音楽の練習は、科学を理解する力を高める。このように、たくさんのアイデアが生まれているが、その大半は背景で木の葉がカサカサと音を立てる雑音だ。この本では、木の幹を追っていく。精査に耐えた基本理論や研究成果にもとづいて、学習する力は改善できることをわかってもらいたい。

本書は四つのパートに分かれている。まずは、脳細胞がどのように形成され、新しい情報をどう保存するかを説明する。脳の仕組みを知ることで、学習がどのように起こるのかを具体的にイメージできるようになる。学習について研究する認知科学という学問は、思いだすこと、忘れること、覚えることとの関係性を明確にしてくれるものだ。パート1では、学習に関する理論を知ってもらう。

パート2では、情報を保持する力を高めるテクニックを見ていく。ここで紹介するテクニックは、覚えたいと思うことなら、アラビア文字でも、元素の周期表でも、ビロード革命の主要人物でも、何にでも適用できる。要は、記憶をとどめるためのテクニックだと思えばいい。

パート3では、問題解決力の向上に活かせるテクニックに焦点をあてる。ここで紹介するテクニックは、数学や科学の個々の問題はもちろん、期末試験、職場でのプレゼンテーション、設計、作曲といった、長い期間にわたって勉強や作業が必要となることにも活用できる。テクニックがどのように作用するかを、少なくとも科学者たちがどう作用すると考えているかを理解すると、テクニックを思いだしやすくなる。それに、こちらのほうが重要だが、いまの自分の生活のなかで実際に役立つかどうかの判断もつきやすくなる。

そして最後のパート4では、それ以前のパートで紹介したテクニックの効果を高めるために、無意識を活用する方法を2種類紹介する。私はこの無意識の働きのことを「考えない学習」と呼んでいるが、これを知れば心強く感じるだろう。

本書を読んだからといって、必ずしも「天才」になれるわけではない。天才に憧れるのはかまわない。遺伝子、意欲、運、人脈に恵まれた人には、心からおめでとうと言いたい。だが、そんな曖昧なものを目指しては、理想を崇拝して本当の目標を見失いかねない。

この本では、すぐに活用できること、ささやかだが偉大なことについて語っていく。未知の何かを日常生活に溶け込ませ、自分の内側に浸透させる方法を説く。学習を日常生活の一部にし、厄介ごとだと思わないようにすることが本書の目的だ。それを可能にするテクニックを見つけるために、最新の科学を掘りさげていく。そうすれば、自分の能力が埋もれているといった感情や、不公平だという感情も消えるだろう。また、学習の最大の敵だと思われている、サボリ、無知、気晴らしといったことが、実は学習の味方をしてくれるということもお教えしよう。

脳が認める勉強法

目次

第2章
なぜ脳は忘れるのか
記憶のシステムを機能させる忘却の力

Part 2 記憶力を高める 63

第3章

環境に変化をつける

Part 3 解決力を高める

第6章 ひらめきを生む

第7章 創造性を飛躍させる

無から有をつくりあげる「抽出」のプロセス

第8章

反復学習の落とし穴

別のことを差し挟む「インターリーブ」の威力

第10章

眠りながら学ぶ

記憶を整理・定着させる睡眠の力を利用する――292

Part1　脳はいかに学ぶか

第1章 学習マシンとしての脳
——記憶という生命現象を解き明かす

脳はあなた自身のストーリーを語る

学習を科学するということは、突き詰めれば、精神的な筋肉——活動中の脳——の働きを知り、日々の生活のなかで目、耳、鼻を通じて入ってくる情報を、脳がどのように管理するかを知るということである。[*1] 脳がそういう働きをするだけでも不思議でならないのに、それが当たり前のように行われるのだから、驚嘆するしかない。

朝目が覚めるたびに、どれほどの情報の波が押し寄せてくるか想像してみてほしい。ヤカンのお湯がわいた音、廊下で何かが動いた気配、背中に走る痛み、タバコの匂い……。情報が入ってきたら、複数のことを同時に行う命令が下される。食事の支度をしながら幼い子どもの様子に気を配り、仕事のメールが入ってきたら返信し、友人に電話をかけて近況を報告しあう。

考えただけで頭がおかしくなりそうだ。

こうしたことを一度に行える脳というマシンは、単に仕組みが複雑なだけではない。さまざまな活動が起こる場でもある。脳は、蹴り飛ばされた蜂の巣のように、めまぐるしく動いている。

いくつか数字を見てみよう。人間の脳には平均して1000億個のニューロン（神経細胞）があり、それらが集まっている領域を灰白質《かいはくしつ》と呼ぶ。[*2] ほとんどのニューロンが膨大な数の別のニューロンとつながりを持ち、絶え間なく交信しながら密接に連携するネットワークをつくっている。音もなく電気的な信号が飛び交うこの宇宙には、100万ギガバイトの記憶容量がある。テレビ番組に換算すると、300万番組を保存できる。この生けるマシンは、傍《はた》から見れば「休憩中」のときでさえ絶え間なく活動する。鳥の餌箱をぼんやりと眺めていたり、空想にふけったりしているときでも、クロスワードパズルを解いているときに消費するエネルギーの90パーセント前後を使っている。眠っているときに動きが活発になる部位まである。

脳は特徴のほとんどない真っ暗な惑星のようなものなので、地図があると便利だ。まずは、簡単なものが一つあれば十分だろう。次ページに紹介する図は、学習の中心となる部位を表したものだ。「嗅内皮質《きゅうないひしつ》」は、脳に入ってくる情報をふるいにかける役割を担う。「海馬《かいば》」は記憶の形成が始まる場所で、「新皮質」では、保存する価値があるとの信号が発せられた情報が顕在記憶として保存される。

学習の中心となる三つの部位

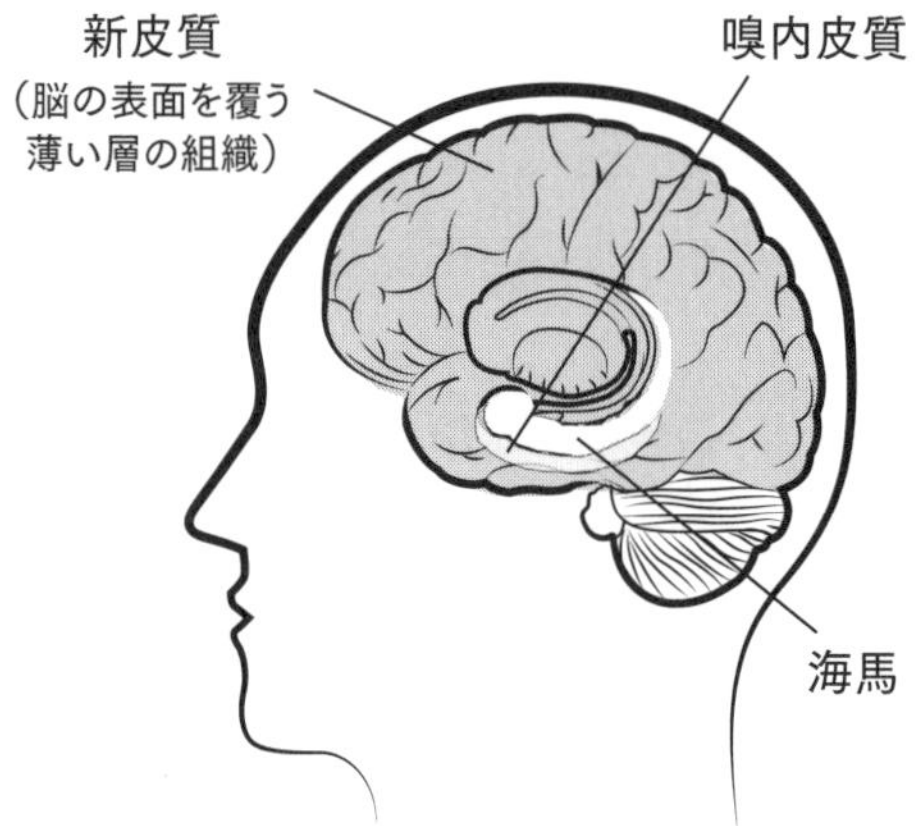

この図を見ると、脳の活動の仕方も何となくわかってくる。脳にはさまざまな部位があり、それぞれに固有の働きがある。嗅内皮質には嗅内皮質の、海馬には海馬の働きがあるのだ。脳の右半球と左半球でも、その機能は異なる。感覚をつかさどる領域についても同じで、見たこと、聞いたこと、感じたことをそれぞれ専門に処理する部位がある。それぞれの部位がそれぞれの仕事をし、それらが一体となって、過去、現在、起こりうる未来の記憶を絶えず更新し続けているのだ。

ある意味、固有の働きを持つ部位は、映画の製作チームを構成するスペシャリストのようなものだ。カメラマンは撮影する構図を決め、被写体に寄ったり遠ざかったりしながら映像を撮りためていく。音響技師は、映画に使用する音楽の録音、シーンに応じた音量の調節、雑音の排除などを担当する。ほかにも、編集技師、作家、画像処理担当者、小道具担当者、映像にトーンや感情を加える作曲担当者をはじめ、請求書で正確な数字を管理する予算担当者もいる。

そして、すべてを決めるのが監督だ。各スペシャリストの仕事を一つにまとめ、それらを土台にしたストーリーを語る。もちろん、ストーリーは何でもいいというわけではない。観客の五感に「スペシャリストの仕事」を最高の形で伝えるものでないといけない。脳は、何かが起きた瞬間にその「シーン」を解釈しようとする。その場で、自身の私見、意味、背景事情を盛り込もうとする。それだけではない。後からそのシーンを再構築することもある。たとえば、上司から何かを言われ、後になってから「先ほどの上司の言葉はどういう意味だったのだろう?」と思うことがある。そのとき、脳は実際に発言を聞いたシーンを精査しながら、もっと大きな流れのなかではどこにどう当てはまるかと考えている。

脳がつくるのは、自分自身のドキュメンタリー映画だ。そしてこの映画の「製作チーム」は、各シーンの背後で起きていることに命を吹き込む。記憶はどう形成されるのか。記憶はどう引きだされるのか。時間がたつにつれ、記憶が曖昧になったり変わったり、あるいは明快になったりするように思えるのはなぜか。また、自ら記憶の詳細を増やす、鮮明にする、わかりやすくするといった操作はどのように行われるのか。先に述べたスペシャリストの働きは、こうしたことの隠喩《メタファー》なのだ。

このドキュメンタリー映画の監督は、映画学校の卒業生でも、取り巻きを従えたハリウッドの巨匠でもない。ほかでもないあなた自身である。

記憶を形成する「ニューロン」のネットワーク

脳の働きについて話を進める前に、「隠喩」という言葉について説明しておこう。「隠喩」が何を表現しているかは、その定義上、不明確である。はっきりとそこにあるものの、それが何かは曖昧でしかない。それに、隠喩は目的を満たすため、ご都合主義になりがちだ。(注) 言ってみれば、脳内化学物質の不均衡によってうつ病になるという理屈で、抗うつ剤の使用を認めるのと同じだ(うつ病の原因も、抗うつ剤の効果が表れる理由も明らかになっていない)。

それならそれで文句はない。自分ドキュメンタリーの映画製作チームの隠喩は不正確なものだ。しかしそれは、記憶という生命現象に対する科学者の理解も同じだ。科学者にできるのはせいぜい、学習にとって大事なことを浮き彫りにすることくらいなので、映画製作チームの隠喩が不正確でも文句は言えない。

それでは、脳内にある具体的な記憶をさかのぼり、記憶の仕組みを見てみるとしよう。

せっかくなので、思いだす対象はおもしろいものにしたい。オハイオ州の州都、友人の電話番号、映画『ロード・オブ・ザ・リング』でフロド役を演じた俳優を思いだすのではつまらない。

注：隠喩とはそういうものである。

高校生活の初日を思いだしてみてほしい。廊下に足を踏み入れたときの緊張感、横目で見ていた上級生の存在、ロッカーの扉をバタンと閉める音。15歳以上の人なら誰もが、その日のことを、たいていの場合は1本の動画のような形で思いだす。

脳内にあるその記憶は、細胞が結合してできるネットワークという形で存在する。そのネットワークを構成する細胞は、結合すると活性化する（脳科学の世界では「発火」という言い方をする）。クリスマスの時期にデパートのショーウィンドウに飾られる、イルミネーションを思い浮かべてみてほしい。クリスマスのイルミネーションは、青の光が点灯したらソリが現れ、赤が点灯したら雪の結晶が現れる。脳細胞のネットワークもそれと同じで、脳が読み込んだ画像、思考、感情のパターンをつくりだす。

結合してネットワークを形成する細胞が、「ニューロン」と呼ばれるものだ。ニューロンは生命活動に欠かせないスイッチの一種だと思えばいい。結合する一方のニューロンから信号を受けとると、スイッチが入って（発火して）反対隣のニューロンへその信号を伝達する。

ニューロンのネットワークによって形成される記憶は、ニューロンが無作為に集まってできるわけではない。特定の記憶が最初に形成されたとき、たとえば、ロッカーの扉をバタンと閉める音を初めて聞いたときに発火した細胞が集まってできる。それらはいわば、その経験の目撃者集団だ。そして、細胞どうしが接合する部分は「シナプス」と呼ばれ、接合が繰り返されるたびにシナプスの強度は強くなり、信号が伝達するスピードも速くなる。

「ニューロン」の基本構造

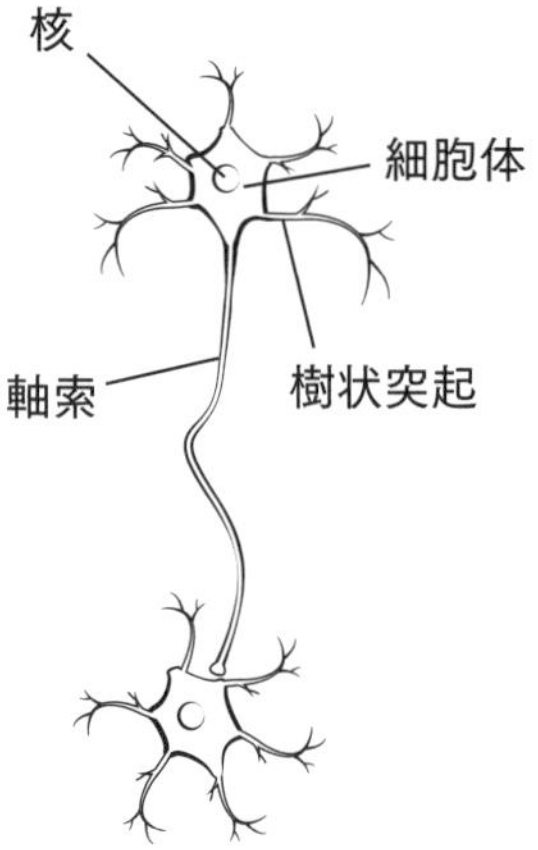

そう聞くと本能的に納得できるだろう。何かを思いだそうとしたときに、その何かを頭のなかで再現する感覚になったことが何度もあるはずだ。とはいえ、2008年になるまで、人間の脳細胞レベルで記憶の形成や引き出しが直接捕捉されたことはなかった。その年、UCLA（カリフォルニア大学ロサンゼルス校）の医師たちが、てんかん治療の手術を待つ患者13人の脳に糸状の電極を装着してある実験を行った[*3]。

電極の装着は、てんかん治療では日常的に行われている。てんかんの全容はまだ解明されておらず、突然発作が起こるのは、脳内で小さなハリケーンのような電気的な活動が起こるせいだと言われている。発作の原因となる活動は同じ部位で起こることが多いが、その部位は人によって異なる。外科手術で活動の震源地を切除できるとはいえ、まずは発作が起こるときに立ち会って記録し、震源地を見つけないといけない。電極を装着するのは、震源地を特定するためなのだ。特定には時間がかかる。発作が起こるまで、患者は電極をつけたまま何日も病院のベッドで横になっていないといけない。UCLAの医療チームはこの待ち時間を利用して、根本的な疑問の答えを見つけようとした。

患者は発作が起こるのを待つあいだ、5～10秒の映像をたくさん見せられた。アメリカの国民的テレビドラマ『となりのサインフェルド』やアニメ番組『ザ・シンプソンズ』、エルヴィス・プレスリー、有名な建造物など、アメリカ人なら誰もが知っている映像ばかりだ。その後短い休憩を挟んだ後、医師が患者に先ほど見た映像を思いだせるかと尋ね、思いだしたら声をかけてほしいと頼んだ。映像を見ているあいだの脳の動きをコンピュータで記録したところ、約100個のニューロンが発火していた。発火するパターンは映像ごとに違い、ある映像では激しく発火しても別の映像ではおとなしいニューロンもあった。そして、映像を思いだしたとき、たとえば『ザ・シンプソンズ』の主人公ホーマー・シンプソンの映像を思いだしたときは、その映像を最初に見たときとまったく同じパターンでニューロンが活動した。まるで、最初に見たときの体験を再生しているかのようだった。

「無作為に映像を見せる実験でこの結果が表れたことには驚いていますが、この現象が強く現れたことから、我々が調べようとした場所は正しかったのだと確信しました」と、この研究論文の上席著者で、UCLAとテルアビブ大学の脳外科教授でもあるイツァーク・フリードは私に言った。

実験はこれで終了したため、時間がたったらその映像の記憶がどうなるかはわからない。被験者が『ザ・シンプソンズ』を何百回と見た人だったとしたら、ホーマーが出てくる5秒の映像はあまり長く覚えていないかもしれない。しかし、そうとは言い切れない。その映像を見ていたときの何かがとくに印象に残った――たとえば、脳に電極をつけてくれた白衣の男性が、高笑いしているホーマーに見えた――とすれば、そのときの記憶はどれだけ時間がたってもすぐに思いだすことができるだろう。

なぜ、過去の体験は細部まで思いだせるのか

私は、1974年9月に高校生活の初日を迎えた。いまでも、1限目の鐘が鳴ったときに廊下で話しかけた教師の顔を覚えている。私は自分の教室がどこかわからず、人がいっぱいの廊下に立ちすくみ、遅れたらどうしよう、何か大事なことを聞き逃したらどうしようと不安に思っていた。そこに差し込んでいたくすんだ朝の光、汚れた茶色っぽい壁、ロッカーにタバコの箱を投げ入れていた上級生が、いまでもはっきりと脳裏に浮かぶ。私は廊下にいた教師に近づいて「すみません」と声をかけた。その声は、思っていたよりも大きくなった。教師は立ち止まり、私が持っていた時間割に目を落とした。優しそうな顔に細いメタルフレームのメガネをかけた、赤毛が

柔らかそうな男性だ。

「ついてきなさい」と笑顔まじりに教師は言った。「君は私のクラスだ」

助かった。

このときのことを思いだしたのは35年ぶりだったが、このとおりちゃんと覚えている。それも、漠然とではなく具体的に思いだすことができ、長く考えるほど、細部がどんどんよみがえってくる。リュックから時間割を取りだそうとしたときに肩からリュックが滑り落ちた感覚や、教師と並んで歩きたくなくて足取りが重かったこともよみがえった。私は数歩離れて教師の後ろをついていった。

この種のタイムトラベルのことを、科学の世界では「エピソード記憶」または「自伝的記憶」と呼ぶ。そう呼ばれるにはちゃんとした理由がある。その記憶には、オリジナルの体験のときと同じ感覚、同じストーリー構成が含まれているのだ。

オハイオ州の州都や友人の電話番号を思いだすときは、それを覚えた日時や場所はよみがえってこない。この種の記憶は「意味記憶」と呼ばれる。それを記憶したときのストーリーには関係しないが、記憶している内容と関連性のある場面でその記憶がよみがえる。たとえば、オハイオ州の州都であるコロンバスと聞くと、その地を訪れたときの風景や、コロンバスに引っ越した友人の顔、オハイオが答えのなぞなぞなどが思い浮かぶだろう。これらは知識としての記憶であって、出来事に関する記憶ではない。とはいえ、脳が記憶から「コロンバス」を引きだしたという意味では同じだ。

脳は好奇心が詰まった宇宙のようなものだ。そこにはきっと、記憶の一覧表のようなものがあるのだと思う。ブックマークの役割を果たす分子があって、それがいつでもニューロンのネットワークへのアクセスを可能にし、自分の過去、自分のアイデンティティを与えてくれるのだろう。

このブックマークがどのように機能するかはまだ明らかになっていないが、コンピュータの画面上に貼るリンクと異なることは確かだ。ニューロンがつくるネットワークは流動的なので、いま私が思いだす記憶は、1974年当時にできた記憶とはかけ離れている。詳細さや鮮明さが失われているし、昔を振り返るのだから、少々、いや、かなりの編集が加わっていると思う。

言ってみれば、中学2年生のサマーキャンプから帰った翌朝、キャンプで恐ろしい思いをした出来事について書き記し、その6年後、大学で改めてその出来事について書くようなものだ。6年後の作文は最初のものとはかなり変わる。作文を書く自分自身も、自分の脳も6年前とは変わっている。それが生物学的にどんな変化をもたらしたかは謎に包まれているが、6年間の体験が影響を与えているのは間違いない。とはいえ、出来事自体（ストーリーの大筋）は基本的にきちんと思いだすことができる。

このことから、専門家たちには、その記憶がどこに保存されているのか、なぜそこに保存されるのかの見当がついている。しかもそれは、なぜか安心感を覚える場所だ。高校生活初日の記憶が頭のてっぺんにあるような気がするなら、何とも素敵な言葉の一致だ。まさにそう表現できる場所に保存されている。

「海馬」を切除されたてんかん患者の悲しみ

20世紀の後半になるまで、記憶は脳内のさまざまな場所に散らばっていると信じられていた。オレンジの果肉のように、思考を支える部位全体に広がっているというのが当時の科学者の見解だった。何しろ、個々のニューロンにほぼ違いはない。あるとすれば、発火するかしないかの違いくらいだ。記憶の形成に不可欠だと思われる部位は一つも見当たらなかった。

19世紀の時点で、言語などいくつかの能力については、それぞれ決まった部位がつかさどることは明らかになっていた。しかし、例外もあるらしいということがわかった。1940年代に入ると、神経科学者のカール・ラシュリーが、迷路の抜け方を学習したラットの脳のさまざまな部位に外科的損傷を与えても、迷路を抜けることにほとんど影響しないことを実証したのだ。記憶をつかさどる場所が1カ所に決まっているとすれば、損傷のどれか一つが深刻な問題を招いていたはずだ。ラシュリーは以上のことから、脳のあらゆる部位で記憶を支えることが可能だと結論づけた。脳のどこか一部が損傷しても、別の部位に代わりが務まると考えたのだ。

ところが、1950年代からこの理論の崩壊が始まる。まず、成長途中の神経細胞（要はニューロンの赤ちゃん）が、まるで役割を事前に割り当てられているかのように、特定の部位に集まるようにプログラムされているという事実が判明した。「君は視覚の細胞になるのだから、後ろ側へ行きなさい」「ああ、そこの君は運動ニューロンになるのだから、運動野へ行くように」と命令されているようなのだ。この発見によって、「脳の部位の役割は交換可能」という仮説の土台が崩れた。

そして、英国生まれの心理学者ブレンダ・ミルナーとヘンリー・モレゾンという男性との出会いがとどめを刺した。[*4] モレゾンはコネチカット州ハートフォードに暮らす修理工だったが、激しい痙攣《けいれん》を起こすため、なかなか仕事が続かなかった。何の前ぶれもなく突然倒れて冷たくなることが日に2、3回起こるのだ。地雷原を歩くような毎日では、日常生活を維持することは不可能だった。1953年、27歳になったモレゾンは、ハートフォード病院の脳外科医ウィリアム・ビーチャー・スコヴィルに望みを託し、彼の元を訪ねる。

モレゾンはてんかんの一種を患っていたようだが、当時唯一の治療法として一般に知られていた抗てんかん薬は、どれもあまり効果がなかった。スコヴィルは、非常に優れた高名な外科医だった。彼は、痙攣の原因は内側側頭葉《そくとうよう》にあると推測した。内側側頭葉は脳の左右に一つずつあり(半分に切ったリンゴの芯のように左右対称に存在する)、そこには「海馬」と呼ばれる器官が含まれる。この部分が、多くの痙攣性疾患に関与していた。

スコヴィルは、モレゾンの脳から海馬を含む組織を指の形に2カ所切除するのが最善だと考えた。この手術は賭けだった。とはいえ当時は、スコヴィルを筆頭に、脳外科手術でさまざまな精神疾患（統合失調症や重度のうつ病など）が治ると多くの医師が信じている時代でもあった。そして実際、モレゾンが痙攣を起こす回数は手術後に激減した。

それと同時に、モレゾンは新しい記憶を形成する能力を失ってしまう。

朝食を食べるたび、友人に会うたび、犬の散歩で公園へ行くたび、彼にはそれが初めてのように感じられた。手術前の記憶はいくらか残っていて、両親、子どもの頃に住んでいた家、子どもの頃に遊びに行った森のことは覚えていた。短期記憶は優秀で、電話番号や人の名前を暗唱しながら30秒くらいは覚えていることができ、世間話もできた。新しい記憶を形成できなくなっても、同世代の若者と同等の注意力や繊細さを持ちあわせていた。しかし、職に就くことはできず、彼は瞬間を生きるという誰よりも神秘的な生活を送ることになった。

脳には記憶を扱うシステムが2種類ある

スコヴィルは、モレゾンが抱える困難をモントリオールにいるふたりの医師に話した。ワイルダー・ペンフィールドと、彼とともに働く若き研究者のブレンダ・ミルナーだ。ミルナーは、数カ月おきにモレゾンに会いに夜行列車でハートフォードにやって来て、彼の記憶について調べるようになった。それが10年に及ぶふたりの何とも不思議な関係の始まりだった。ミルナーはモレゾンに対して次々に画期的な実験を紹介し、モレゾンは実験の目的をきちんと理解したうえで同意し協力した。といっても、実験の内容を覚えていられたのは、短期記憶で維持できるあいだだけだったが。その短い時間でふたりの協力関係が生まれた、とミルナーは言う。そして、ふたりの共同実験が、学習と記憶に対する認識を一変させることとなる。

初めての実験はスコヴィルのオフィスで実施され、ミルナーがモレゾンに数字の5、8、4を覚えさせた。覚えさせると、ミルナーはオフィスを出てコーヒーを飲み、20分後にオフィスに戻って「数字は何でしたか？」とモレゾンに尋ねた。モレゾンはちゃんと覚えていた。ミルナーがいないあいだ、頭のなかで繰り返し数字を唱えていたのだ。

「大変よくできました」ミルナーはさらにこう続ける。「では、私の名前を覚えていますか？」

「わかりません。申し訳ない」とモレゾンが言う。「記憶に問題がありまして」

「私は医師のミルナーです。モントリオールから来ました」

「カナダのモントリオールですか。カナダには一度行ったことがあり、トロントを訪ねました」

「そうでしたか。ところで、数字はまだ覚えていますか？」

「数字？　数字なんてありましたか？」

「彼は慈愛に満ちた人でした。とても我慢強くて、私が与えるどんなタスクにも積極的でした」いまやマギル大学モントリオール神経学研究所の認知心理学教授となったミルナーは、私にこう語ってくれた。「といっても、私が部屋に入るたび、初対面のような態度でしたけどね」

1962年、ミルナーはモレゾンとの画期的な研究成果を発表し（プライバシー保護のため、当時はH・Mというイニシャルが使用された）、彼の記憶の一部はまったく損傷を受けていないことを実証した。ミルナーは、自分の手の動きを鏡で見ながら星の形を紙に描くというタスクを何度かモレゾンに課した。[*5] それだけでも描きづらいのに、ミルナーはさらに描きづらくなる要素を加えた。紙にあらかじめ二重線で星を描いておき、その線のあいだを迷路をたどるようになぞらせたのだ。H・Mはこのタスクに取り組むたび、まったく新しい体験に感じた。以前にそれをした記憶がないのだ。しかし、回を重ねるごとにうまく描けるようになっていった。「このタスクを何度も行うようになってから、あるとき、彼は私に言ったのです。『思っていたよりも簡単でしたよ』と」とミルナーは言った。

ミルナーの研究の意味は、すぐには十分に理解されなかった。モレゾンは、新たに出会った人の名前や顔、新たに知った事実、新たな体験を覚えることはできなかった。新しい情報として脳に記録することはできても、海馬がないとそれを維持することができないのだ。このことから、海馬とその周辺組織（外科手術で切除された部分）は、当然ながら記憶の形成に不可欠だということになる。

とはいえ、星を描くといった身体的な能力を新たに習得することは可能で、晩年には歩行器を使えるようにもなった。この種の能力は運動学習と呼ばれ、海馬に依存しない。つまり、ミルナーの研究は、脳が扱う記憶は少なくとも二つあると実証したのだ。

その二つとは、顕在意識で扱う顕在記憶と、潜在意識で扱う潜在記憶だ。たとえば、歴史や地理の授業で今日学んだことを、さかのぼって思いだしたり書きとめたりすることはできるが、サッカーの練習や体育の授業で学んだことになるとそうはいかない。こういう身体的な能力の向上に、思考はあまり必要ではない。6歳で初めて自転車に乗った曜日を覚えている人はいるかもしれないが、実際に乗るのに必要な身体的能力を正確にあげることはできない。バランスをとる、ハンドルを操作する、ペダルを漕ぐといった能力はいつのまにか身について、あるとき突然乗れるようになる。乗り方をさかのぼって思いだす必要も「勉強する」必要もない。

こうして、記憶は脳内のさまざまな場所に散らばっているという理論は間違いだと判明した。記憶を形成する部位は決まっていて、その部位は記憶の種類によって異なるのだ。

記憶はどこに保存されているのか

ヘンリー・モレゾンの話はこれで終わりではない。ミルナーの教え子のひとりだったスザンヌ・コーキンが、MIT（マサチューセッツ工科大学）でモレゾンの協力を得て研究を続けた。40

「新皮質」が担っている機能

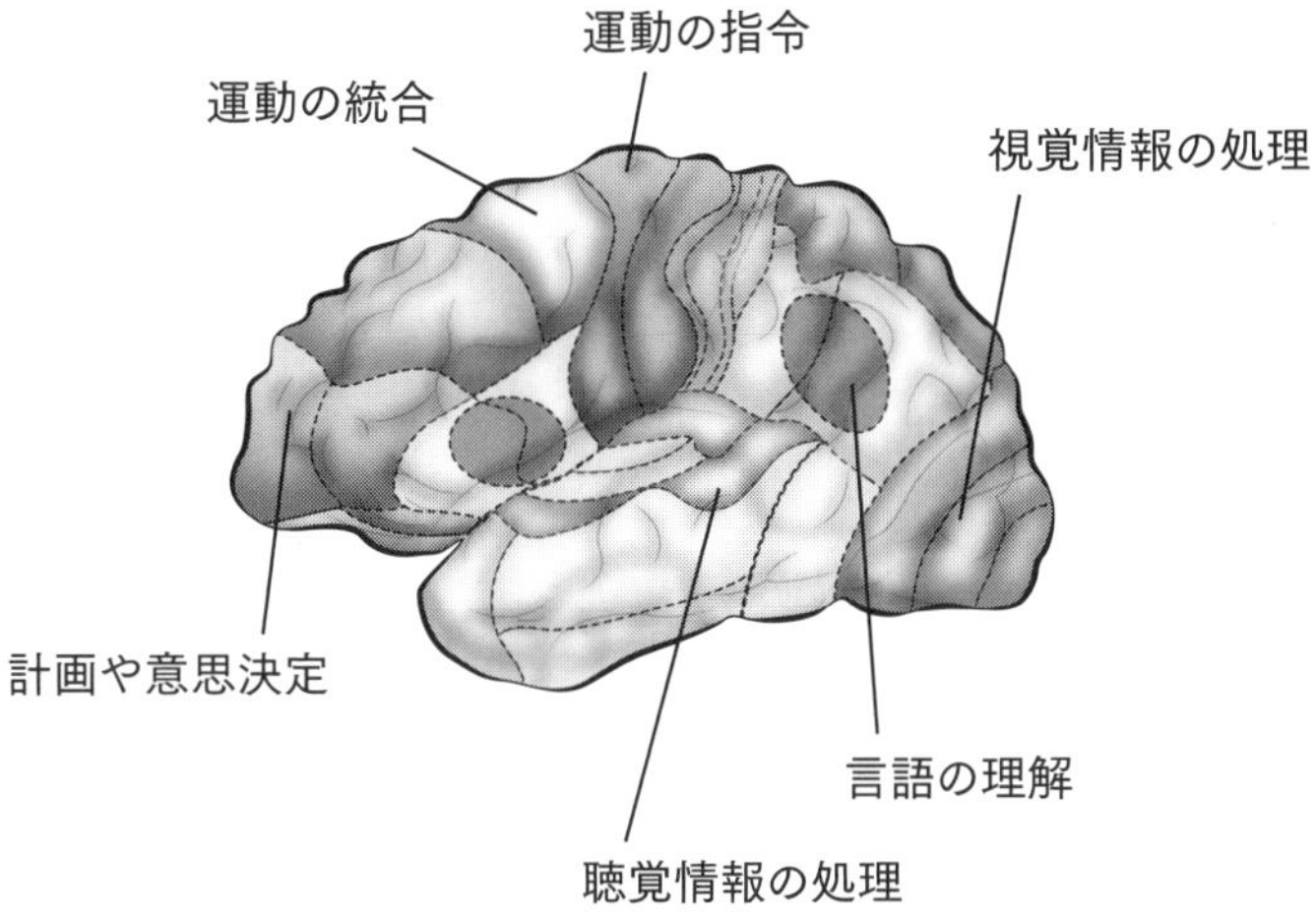

年以上にわたってさまざまな実験を行い、彼女はモレゾンに手術前の記憶がたくさんあることを証明した。彼は、戦争のこと、フランクリン・ルーズベルトのこと、幼少期に住んでいた家の間取りなどを思いだすことができた。「要点記憶と我々は呼んでいます」とコーキン博士は私に言った。「記憶はあっても、それを時系列に並べることはできませんでした。つまり、ストーリーとして語ることはできなかったのです」

　モレゾンと同じ部位に損傷を負ったほかの人に関する研究でも、損傷を負う前と負った後でよく似たパターンが現れた。海馬の機能がないと、人は新しい顕在記憶を形成できないのだ。人名や物の名称、事実、顔、体験に関する記憶は実質すべて、脳に損傷を負う前に覚えたものだ。つまり、そういう記憶は一度形成されると、海馬以外のどこかに保存されるということだ。

それが可能な部位は、脳の表面を薄く覆う「新皮質」以外には考えられない。新皮質には人間の顕在意識が宿る。複雑な層を成すこの組織は、場所によって機能が異なる。視覚をつかさどる場所は後部で、運動をつかさどる場所は耳の近くになる。左側は言語の解釈を助ける場所で、そのすぐそばの場所は、話す能力と書く能力をつかさどる。

この皮質（要は脳の「てっぺん」）でしか、エピソード記憶の内容を豊かなものにつくり直すことも、「オハイオ」という言葉や数字の12に関連する事象を仕分けすることもできない。高校生活初日に関するニューロンのネットワークも（この日に関連するものすべてなので、ネットワークはたくさんある）、全部ではなくてもほとんどがこの部分に含まれているはずだ。私の高校初日の記憶は、視覚情報（赤毛、メガネ、茶色っぽい壁）と聴覚情報（廊下の喧騒、ロッカーを閉める音、教師の声）が圧倒的に多いので、このネットワークは大量の視覚野と聴覚野のニューロンで構成されている。食堂の匂いや背負っているリュックの重みの記憶がある場合は、それらをつかさどる皮質の部位にある細胞が大量に含まれていると言える。

記憶が宿っている場所は、ある程度は特定することができる。基本的には新皮質のどこかになるが、正確な位置まではわからない。

脳が特定の記憶を見つけてそれに命を吹き込むスピードは驚異的だ。ほとんどの人は、一瞬にしてそのときの感情やさまざまな詳細を思いだすことができる。なぜそんなことができるのかを説明したくても難しい。どのようにしてそれが起こるかは誰にもわからない。私は、思いだそうとした瞬間に脳が生みだすものは、脳が引き起こす最大のイリュージョンだと思っている。場面ごとに保存されている記憶が、ニューロンのスイッチひとつで、取りだすことも再びしまうことも可能になるのだから。

事実は奇なり、とはよく言ったもので、脳の事実もまた奇なりであり、そして想像以上にありがたいものなのだ。

左脳と右脳を分離するとどうなるのか

脳の内側をあまり覗き込みすぎると、脳の外側、つまり人間というものがわからなくなる恐れがある。ここで言う人間は、総称的な意味での人間ではなく、現実に存在する個人という意味だ。ミルクを容器から直接飲む人、友人の誕生日を忘れる人、家の鍵をいつも見つけられない人、ピラミッドの表面積を計算したことがない人、そういう特定の個人を指す。

ここでちょっと復習しておこう。脳の内側を覗いたことで、記憶の形成には細胞の活動が関係するのだとわかった。記憶を形成する細胞は、その体験をしているあいだ発火し、海馬を通じてネットワークを形成する。最終的には検索可能な状態で新皮質に落ち着いて、そこに記憶の元となる出来事の大筋が保存される。

しかしながら、記憶を「検索する（思いだす）」ために人が何をするかを把握するには、少し下がって広い角度から見る必要がある。これまでは、グーグルマップで言うところのストリートビューで細胞を見てきた。ここからは、ズームアウトしてそれらが集まってできる生命体に目を向けよう。人の知覚について見ていくことで、記憶の検索にまつわる秘密が明らかになる。

これから見ていく人々もまた、てんかんの患者たちだ（脳科学に対する彼らの貢献は計り知れない）。

てんかんには、脳の活動の炎が化学工場火災のように広がるケースがある。そうなると、H・Mが若い頃苦しめられた、全身が痙攣して卒倒する発作を招く。そういう発作を抱えて日常生活を送るのは困難で、投薬治療もほとんど効かない。だから、脳の手術をしようと考える。もちろん、H・Mと同じ手術をしたがる人はいないが、手術の選択肢はほかにもある。その一つに、分離脳手術と呼ばれるものがあった。脳の左半球と右半球のつながりを切断し、細胞活動の嵐をどちらか一方の半球に閉じ込めるのだ。

こうすれば、確かに発作はおさまる。しかし、その代償は？　脳の左半球と右半球の「対話」が一切できなくなるのだから、深刻なダメージを招き、人格が激変するか、人格はそれほど変わらなくても知覚に変化が生まれるのではないか。ところが、そうはならない。術後の変化は本当に微妙なもので、1950年代にいわゆる分離脳患者の研究が始まった当初は、思考や知覚に変化は一切見つからなかった。IQの低下もなければ、分析的思考が損なわれることもなかった。

脳が半分に切断されたも同然なのだから、何かしらの変化がなければおかしい。だが、それを明らかにするには独創的な実験を行う必要があった。

1960年代に入り、カリフォルニア工科大学の研究者3人がようやくそれを実現した。彼らは、一度に一方の半球にだけ絵を見せる方法を考案した。[*6] これこそまさに必要なことだった。分離脳患者の右半球にだけフォークの絵を見せたところ、それが何か答えることができなかった。名称がわからなかったのだ。左と右で脳が分離されているため、言語をつかさどる左半球は右半球からの情報を何一つ受けとっていなかった。フォークを見た右半球には、その名称を答えるための言語が存在しない。

そしてこの実験は意外な結末で幕を閉じた。フォークを見た右半球は、手に命じてフォークの絵を描かせることはできたのだ。

3人の実験はこれで終わりではなかった。分離脳患者たちにさまざまな実験を行った結果、右半球は触れることでも対象を認識できることがわかった。マグカップやハサミの絵を見せた後、現物を触ることで絵に描いてあったものがどちらか正しく選ぶことができたという。

この結果が意味することは明快だ。左半球は知力や言葉を担当する。だから、右半球から分離しても、深刻なIQの低下は招かない。一方の右半球はアーティストのようなもので、視覚や空間を専門とする。この二つは、飛行機をふたりのパイロットが操縦するように一緒に機能するのだ。

この機能の違いが世間にあっという間に浸透し、能力の種類や人のタイプの代名詞として使われるようになった。「彼は右脳の人で、彼女は左脳が強い」という具合だ。また、人々はこう表現することが正しいとも感じた。人の感性というものは、開放的で感覚的だ。きっと、冷静な論理とは違う場所で生まれるのだろう。

それはともかく、左右の脳が一緒に機能することは、記憶とどう関係するのか？

左脳は顕在意識に嘘をつく

それが明らかになるにはさらに25年を要した。根本的な疑問を提示する科学者が現れなければ、解明されることはなかっただろう。その疑問とは、「脳にふたりの操縦士がいるなら、脳が二つあるように感じないのはなぜだろう？」というものだ。

「突き詰めればこの問いになった」とマイケル・ガザニガは言う。彼は１９６０年代に、ロジャー・スペリー、ジョゼフ・ボーゲンとともにカリフォルニア工科大学で研究を行った人物だ。「脳の機能が二つに分かれているなら、なぜ脳は一つだという感覚が生まれるのか？」

この問いは、何十年ものあいだ、脳科学分野の未解決問題としてついてまわった。調べれば調べるほど、謎は深まるばかりだった。左脳と右脳の違いから、両者の働きが驚くほどきっちりと分かれているのは明白だ。しかし、込み入った役割を果たす場所が次から次へと見つかった。脳には特定の機能を担う部位が何千、いや何百万とあり、それぞれが特有の役割を果たしている。たとえば、光の変化を計算する部位もあれば、声のトーンを解析する部位、表情の変化を検知する部位もある。科学者たちが実験をすればするほど、特定の機能を有する部位がいくつも見つかった。見つかったものはすべて同時に活動していて、そのほとんどが左右両半球をまたいでいた。つまり、脳は一つだという感覚は、左右の半球が協力しているときだけ生まれるのではない。シカゴ商品取引所での公開セリのように、あらゆる方向からニューロンの声が飛び交っているときでも生まれるのだ。

だがどうやって?

その答えもまた、分離脳患者が教えてくれることになる。

1980年代前半、ガザニガは分離脳患者に対してさらなる実験を行った。今度はちょっとしたひねりを加え、患者に1枚の絵を見せるのではなく、左半球の脳には鳥の足の絵を、右半球の脳には雪景色の絵を見せた(確認しておくが、言語をつかさどるのは左半球であり、右半球は総じて感覚的で、見たものを言葉にする働きは存在しない)。それから、両半球で見えるように、フォーク、スコップ、鳥、歯ブラシの絵を並べ、先ほど見た絵に関係するものを選ぶようにと告げた。すると、患者の男性は足の絵に関連するものとして鳥の絵を、雪景色に関連するものとしてスコップを選んだ。ここまでは順調だ。

次に、ガザニガはその男性にそれらを選んだ理由を尋ねた。すると意外な答えが返ってきた。

鳥を選んだ理由は、絵で見た足にマッチするからだという。足の絵を見たのは彼の左半球の脳だ。そこには、絵を描写する言葉も、鳥と結びつけるしっかりとした根拠もある。

しかし、左半球の脳は雪景色を見ていない。見たのはスコップだけだ。[*7] 彼は本能でスコップを選んだのだが、選んだ理由は彼自身にもわからなかった。絵との関連性を説明するようにと言われ、左脳で雪を表す言葉を検索したが、彼には何も見つけることができない。スコップの絵に目を落としながら、彼はこう言った。「鳥小屋を掃除するのにスコップが必要になります」

脳の左半球は、自ら見ることができたスコップにもとづいて、もっともらしい説明を口にしたのだった。「左半球はでたらめを言ったにすぎない」当時の実験を思いだして笑いながら、ガザニガは私に言った。「ストーリーをつくりあげたんだよ」

その後も同じ実験を続けたところ、必ず同じことが起きた。左半球は、手にした情報を使って顕在意識に嘘をつく。これは日常生活のなかで頻繁に起きているので、誰もが経験しているはずだ。たとえば、誰かが会話のなかで自分の名前を出したのが聞こえたら、何を言われているのかを想像で決めつけることがある。

脳内でさまざまな声が飛び交っても整然としているように感じるのは、ストーリーをつくりあげている部位やネットワークがあるからなのだ。「解明につながる問いかけを見つけるだけで25年かかった」とガザニガは言う。「その問いとは『なぜ?』だ。なぜスコップを選んだのかと尋ねればよかったのだ」

たどった記憶は絶えず変化し続ける

ストーリーをつくる部位についてわかっているのは、それが左半球のどこかに存在するということだけだ。それがどのように機能するのか、どうやって膨大な情報を瞬時に関連づけているのかは、まだ解明されていない。しかし、その部位に名前はある。ガザニガは、左脳にあるストーリーをつくりあげる部位のことを「インタープリター」と名づけた。

この部位が、人生という映画の製作チームをとりまとめる監督だ。各スペシャリストがつくりだす素材からパターンを見いだして私見を加え、各シーンを意味のあるものにする役割、そして、主題が理解できるよう全体のつじつまを合わせる役割を担う。しかも、意味のあるものにするだけでない。ガザニガの言葉を借りるなら、ストーリーをつくりあげることまでする。意味、ストーリー、因果関係を創作するのだ。

つまり、この部位は情報を解釈するだけのインタープリターではない。ストーリーをつくりあげるストーリーメーカーでもあるのだ。

この部位は、記憶を形成する段階に欠かせない。出来事があった瞬間に「いま何が起こったのか？」と慌ただしく問いただし、海馬を通じて自らの判断を脳に組み込む。だが、これは働きのほんの一部にすぎない。この部位は、「昨日何があったか？」「昨晩の夕食に何を作ったか？」といった問いにも答える。また、世界の宗教について授業で学んでいるときに、「以前に習った、仏教の教えの四つの真理は何だったか？」という問いにも答える。

このときもやはり、手に入れられるだけの証拠を集めようとするが、このケースのような場合は、外からではなく、脳内にある知覚的な手がかりや事実に関係のありそうな手がかりだけを集める。そして考える。ブッダの真理を思いだそうと、まずは一つの真理、あるいはその真理の断片を思いだそうとする。そして「苦」という言葉が引っかかる。そうだ、ブッダは苦について語っていた。苦とは◯◯で、それを理解する必要があると言ったのだった。よし、これで真理の一つはわかった。二つ目の真理は瞑想に関係があったはずだ。自発的に行動するのではなく、解放する。解放するのは「苦」だろうか？　そうだ。少なくとも、これに近い答えのはずだ。そしてもう一つの真理は、自然の道と法衣をまとった僧侶が歩く姿が浮かぶ。ということは、道だ。道を歩くか、道に従うが答えか？

このようなことが延々と続く。この声を巻き戻して聞くたびに、キッチンの煙の匂いやセールスの電話といった新たな詳細が加わる。落ち着いた気持ちで「解放するのは苦」と思い返すと、いや、解放するのは「苦の源」だと思い直す。「道を歩く」ではなく「道を切り開く」だと思い直す。こうした詳細が浮かぶと、「新たな情報」のように感じる。それは、自分が意識するよりも多くの情報を脳が吸収しているからだ。それにより、自覚せずに知覚したことが、思いだしている最中に意識の表面に出てくることがあるのだ。

つまり、脳に保存される事実、アイデア、経験は、コンピュータに保存されるような形では保存されないということだ。クリック一つで開くファイルとして、いつでもまったく同じアイコンを表示させるようにはいかない。脳の場合は、知覚、事実、思考のネットワークに組み込まれるという形で保存される。そして、思いだすたびに、そのネットワークに組み込まれるものが若干変わる。そうして思いだした記憶は、以前に思いだした記憶を上書きするものではない。それと結びつき、重なりあうものである。完全に失われるものは何もないが、たどった記憶は絶えず変化し続ける。

科学者たちの言葉を借りるなら、記憶を使えば記憶は変わるのだ。

ニューロンや細胞のネットワークについて学び、ラシュリーのラット、H・M、海馬の働き、分離脳患者、ストーリーメーカーの存在を知ったいま、記憶が変わるというのはごく基本的なことと、いや、当たり前のことのように思えるかもしれない。

だが、そうではない。

第2章

なぜ脳は忘れるのか
——記憶のシステムを機能させる忘却の力

忘却に備わっている
スパムフィルター機能

記憶力を競う大会は誤解を招きやすい。決勝戦はその最たるものと言っていい。決勝となると、壇上には一握りの人しか残っておらず、みな、疲弊、恐怖、集中が入り交じった顔をしている。厳しい戦いを勝ち抜いてようやくここまで来たのに、たった一つのミスですべてが終わる。英単語のスペルの正確さを競う大会「スクリップス・ナショナル・スペリング・ビー」を追ったドキュメンタリー映画『チャレンジ・キッズ』で、12歳の少年が「opsimath」のスペルを間違えたシーンは本当に見ていてつらくなった。少年はその単語を知っているようだった。頭のなかを掘りさげ、わかった顔をしたと思ったが、「o」を一つ余計に入れてしまった。

カーン。

鐘が一つ鳴り（不正解の合図だ）、少年は信じられない思いで目を見開いた。観客が一斉に息をのみ、続いて拍手がわき起こる。ねぎらいの喝采だ。少年はとぼとぼと壇上を降り、まだ呆然としている。このようなシーンは、入念に準備をしてきた出場者がスペルを間違うたびに繰り返される。マイクの前でうなだれたり、目をパチパチさせたりしながら、あの少年のときと同じ中途半端な喝采を浴びる。一方、次のステージに勝ち進んだ子どもは、自信にあふれて落ち着いているように見える。勝者となった少女は、最後の単語「logorrhea」が出題されると笑顔になり、正しいスペルを答えた。

この種の競技大会を見ると、2種類の印象を抱く。

一つは、出場者、とくに勝者は超人的だという印象だ。いったい彼らはどうやって覚えているのだろう？　ただ単に脳が大きくて速く動くのではなく、標準的な人（要は私たち凡人）の脳とはつくりが違うように思えてならない。映像記憶（目に映った対象を映像として記憶する能力）を持っているような気もする。

だが実際にはそうではない。確かに、生まれ持った遺伝子のおかげで、記憶の容量や処理スピードが優れている人はいる（といっても、「優秀な遺伝子」はまだ特定されておらず、それがどう機能するかも解明されていない）。それに、記憶力を競うような大会は、記憶力に優れた人や、頭に情報を詰め込むことに執着する知識オタクが集まる傾向が強い。とはいえ、人間の脳であることに変わりはなく、健康な脳ならどれも働きは同じだ。十分な準備と努力をしたから、大会の出場者たちは常人とは思えない記憶力を発揮することが可能になる。また、映像記憶だが、科学の世界ではそういうものは存在しないと言われている。少なくとも、私たちが想像するような方法で記憶する能力は存在しない。

もう一つの印象はあまりいいものではない。「忘れることは失敗を意味する」という、よくある自滅的な思い込みについての説得力が増す。自滅的ではなく自明のことだ、と思う人もいるかもしれない。世の中には「うっかり」があふれている。何も考えていないティーンエージャーもたくさんいれば、いつもと違う場所に鍵を置いてしまう人もたくさんいる。また、認知症への不安から、ものを忘れるようになったら役立たずになる、ものを忘れるのは不吉だと思っている人も大勢いる。学習が技術や知識の積み重ねなら、忘却は得たものの喪失を意味する。忘却は学習の敵なのだろうか?

いや、違う。実際はその反対だと言っていい。

もちろん、娘の誕生日をど忘れする、山小屋へ戻る道を忘れる、テストのときに答えを思いだせない、といったときは悲惨な事態になりかねない。とはいえ、忘れることには大きなメリットもある。その一つが、人間に生まれつき備わった、非常に精度の高いスパムフィルターとしての役割だ。余計な情報を忘れるおかげで、脳は大事なことに集中し、求めている情報を思い浮かべることができるのだ。

このメリットを際立たせたいなら、スペリングの天才たちをもう一度壇上に集めて別のことを競わせればいい。今度は、当然答えられることを答えるスピードを競わせる。たとえば、「いちばん最近読み終えた本のタイトルをあげなさい」という問題にできるだけ速く答えた人が勝ちになる。最後に見た映画。最寄りのドラッグストアの名前。アメリカ合衆国国務長官の名前。ワールドシリーズで優勝したチーム名。それらの問題で勝ち残ったら、自分のGメールのパスワード、姉妹のミドルネーム、アメリカ合衆国副大統領の名前などを、やはりできるだけ速く答えさせる。

この想像上の競技になれば、知識を大量に詰め込んだ出場者たちは、思いだせないという経験を何度もすることになる。なぜか？　うっかりミスや集中力の欠如のせいではない。出場者はみな、注意力が高く知識量も豊富だ。だが、知識が豊富なことが仇《あだ》となり、ごく当たり前の情報が遮断されてしまうのだ。

考えてみてほしい。珍しい単語を大量に覚えた状態で正しいスペルを答えるのだから、脳は何らかのフィルターを適用しているはずだ。別の言い方をすれば、脳は混同しそうな情報を抑圧している（忘れようとしている）はずなのだ。そうでないと、「apathetic」と「apothecary」を、「penumbra」と「penultimate」を混同しかねない。また、歌の歌詞、本のタイトル、映画俳優の名前など、スペルの邪魔になる情報が意識の表層に出てこないようにもしているに違いない。

私たちは日々、あまり考えることなくこの種の忘却を絶えず行っている。たとえば、コンピュータの新しいパスワードを脳にしまい込むときは、以前使っていたパスワードが浮かんでこないよう遮断する必要がある。外国語を習得するときは、その言葉に対応する母国語が浮かぶのを避けないといけない。何かのテーマ、小説、計算に没頭しているときは、自然とごく普通の名詞まで遮断され、「あれとってくれない？　ほら、ものを食べるときに使うあれ」となる。

フォークという言葉すら出てこなくなるのだ。

19世紀のアメリカ人心理学者ウィリアム・ジェームズは、「人間がすべてを覚えているとすれば、何一つ覚えていない場合と同様に都合が悪いことがほとんどだ」[*1]と言ったが、本当にそのとおりだろう。

忘却の研究はここ数十年でずいぶんと進み、その結果、学習の仕組みを根本から再考する必要が生まれた。ある意味それは、「覚える」と「忘れる」という言葉の意味をとらえ直すことでもあった。「学習と忘却の関係は決して単純ではなく、いくつかの重要な点で、我々が思っている関係とは反対になる」と、UCLAの心理学者であるロバート・ビョークは私に言った。「忘れることにいいことは一つもなく、脳機能の欠陥だと思われているが、実際には学習の手助けとなることのほうが多い」

忘却についての調査を踏まえると、記憶力選手権での「敗者」が問題を間違ったのは、覚えた単語の数が少なすぎたからではない。何万、いや、おそらくは何十万という単語を勉強した彼らは、よく知っている単語のスペルで間違えることが多い。その原因は、覚えている知識の量が多すぎる場合がほとんどだ。私たちが知覚したこと、覚えた情報、思ったことは、絶えず活動している真っ暗な脳のなかにニューロンのネットワークという形で点在する。想起がこれらを思いだす部分だけを担うとすれば、忘却は、背景のノイズ、つまり想起を妨害するものを遮断し、思いだしたいネットワークが発している信号を際立たせる役割を担う。ネットワークが発する信号の鮮明さは、その他のネットワークが発する信号の強度に左右されるのだ。

覚えるために忘れる理論

このように、忘却には情報をふるいにかけるフィルター機能があるが、忘却のメリットはそれだけではない。私たちは、勝手に記憶がなくなってしまうことを不満に思う。しかし、そうしたごく一般的な忘却も、学習の定着に一役買ってくれる。私はこれを、忘却が持つ「筋肉増強の要素」としてとらえている。一度学習したことに戻ってより深く学ぼうとするとき、脳はいくらかの情報を「遮断」しないといけないはずだ。多少何かを忘れないと、勉強量を増やしても何も得られない。つまり、トレーニングで筋肉が増えるように、忘れることで学ぶ量が増えるのだ。

このシステムは完璧とは程遠い。私たちは、瞬時にさまざまな事実を完璧に思いだすことができる。韓国の首都はソウル、3の二乗は9、『ハリー・ポッター』シリーズの作者はJ・K・ローリング、という具合だ。しかし、複雑なことについては、思いだすたびに内容が少し変わる。これは忘却のフィルターが、無関係な多くの情報とともに、関係のある情報もいくらか遮断してしまうことが一因にある。また、以前思いだしたときは遮断された（忘れられた）詳細が、次に思いだそうとしたときに現れることもよくある。こうした記憶の変化は、子どもの頃の思い出話をおもしろおかしく語ろうとするときに顕著に現れる。14歳で親の車を拝借したときの話、初めて訪れた都会の地下鉄で迷子になった話……。同じエピソードもさまざまな場面で繰り返し話していれば、何が真実で何がそうでないかの区別がつかなくなってくる。

何も、記憶は曖昧な事実とでまかせの集まりにすぎないと言いたいのではない。どんな記憶も、思いだそうとするたびに脳がアクセスする詳細は必ず変わるので、記憶の内容も変わってしまうということが言いたいのだ。

こうした考え方やそれに関係するアイデアを説明する新しい理論を紹介しよう。[*2] それは以前の理論と区別するために、「不使用の新理論」と呼ばれている。以前の理論はただ単に、記憶は使用されなければいずれ脳から抹消されるという時代遅れのものだ。新理論ではもちろん情報が更新されているが、それだけにとどまらない。理論を徹底的に見直し、忘却は学習の敵ではなく最高の友として認識を改めている。

この理論は、不使用の新理論というよりも、「覚えるために忘れる理論」と呼んだほうがいいかもしれない。そのほうが、理論の内容や基本的な意見、勇気づけられる考え方がよく伝わる。たとえばこの理論では、学んだばかりの何かをすっかり忘れたからといって、それが未知のことであればなおさら、怠惰である、注意力が欠けている、性格的に問題がある、といったことの証明にはならないと言っている。それどころか、脳が正常に機能している証拠だという。「忘却」のような知的能力は、私たちにとって不可欠なものであり、意識しなくても自動的に使われるため、とても身近に感じる。それなのに、私たちはなぜか、そういう能力を低く評価している。だからこそ、忘却の働きについて考えてみようと思う。

エビングハウスが生みだした「忘却曲線」

ここからは、学習の研究が始まった時代にさかのぼり、初の学習の研究所となった場所で発見された「忘却曲線」について見ていくとしよう。忘却曲線とはまさに言葉どおり、時間の経過と忘却の関係を表すグラフのことである。記憶したことのなかでも新しく覚えた情報に焦点をあて、その記憶が時間の経過とともに消える割合を表している。この曲線をひっくり返すと学習曲線になる。

この曲線が初めて出版物に掲載されたのは1880年代後半のことで、当時はほとんど注目されなかった。時間がたつと記憶がどう変わるかを推測しろと言われれば、誰でも描けるグラフだと思われたのだ。だが、この曲線を生みだしたヘルマン・エビングハウスは、推測だけでグラフを描くような怠け者ではなかった。彼はきっちりしないと気がすまない性分で、証拠を求めずにはいられなかった。彼の野望を思えば、そうせざるをえないのも無理はない。

エビングハウスの「忘却曲線」

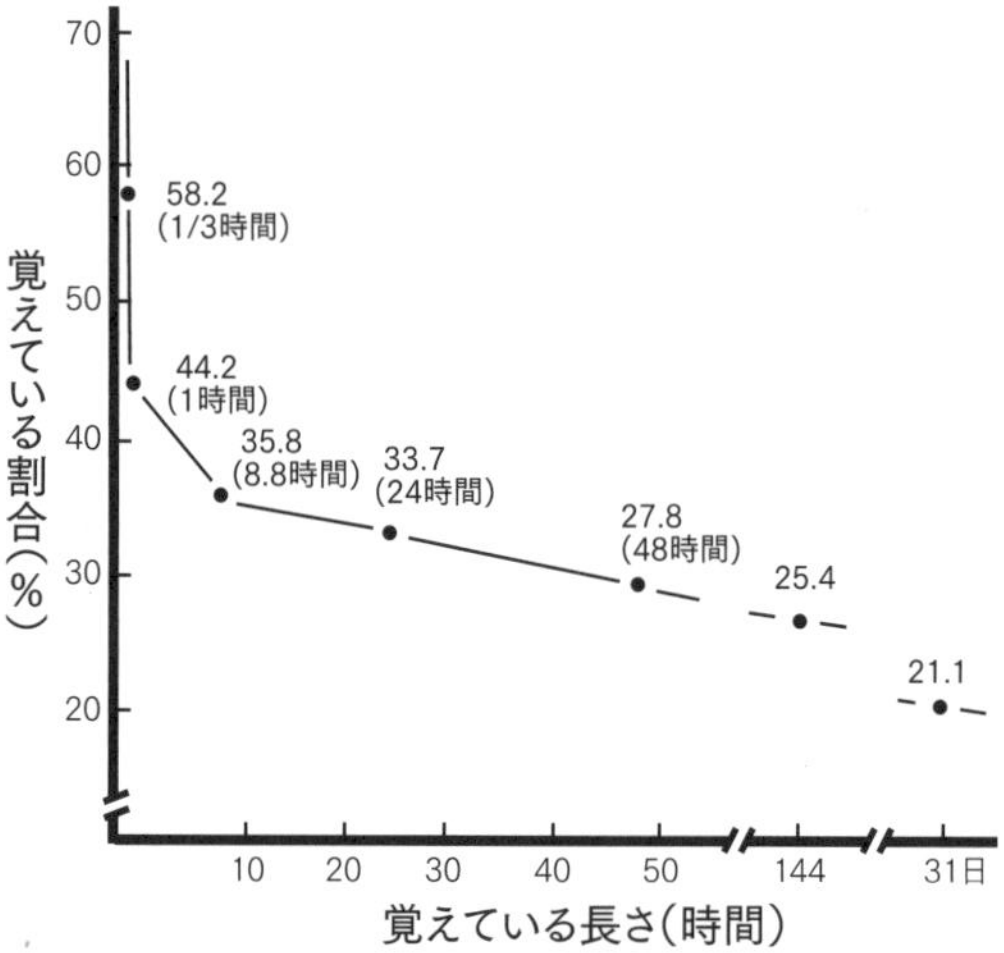

１８７０年代後半に博士号を取得して若き哲学者となったエビングハウスは、ヨーロッパをあちこち移動しながら大きなことを考えていた。哲学と科学の橋渡しをして、人間の性質や心理に科学の厳格な測定を適用したいと思っていたのだ。唯一の問題は、何から手をつければいいのかわからないことだった。

ある日の午後、パリの古書店を覗いていたエビングハウスは、グスタフ・フェヒナーの『精神物理学の基礎』という本を棚から取りだした。変わり者の科学者だったフェヒナーは、人間の内側にある精神世界と外側にある自然界をつなぐ一つの数式を見いだした。人間が経験することなら、たとえ記憶のように一時的なものであっても、すべて数式に組み込める値に還元できるはずだというのが彼の主張だ。フェヒナーの科学者としての評判もあり（この主張以前に彼は、触知覚に関する素晴らしい実験を行っていた）、この壮大なアイデアには信ぴょう性があると受けとめられていた。

フェヒナーの本を読んだエビングハウスは、自分のなかで何かが変わるのを感じた。のちに、それは一種の感動だったと学生に語っている。彼はきっと、その瞬間に自身の未来も垣間見たに違いない。だから、彼の最高傑作である『記憶について――実験心理学への貢献』（邦訳／宇津木保訳、誠信書房）をフェヒナーに捧げたのだろう。

記憶の方程式。そんなものが、かつて存在したことがあるのだろうか？　あるとすれば、いまでも残っているのだろうか？

記憶の形や大きさは多岐にわたる。1時間しか覚えていない記憶もあれば、生涯覚えている記憶もある。また、日付や数字、レシピ、発表会など、内容もさまざまだ。当然、ストーリーや感情的な知覚、学校に行く初日にバス停で降ろしたときの息子の表情、誰も見ていないと思って友人どうしで顔を見合わせたときの笑顔も含まれる。生涯忘れられないどんちゃん騒ぎの記憶や傷ついた記憶もある。また、特定の情報を思いだす能力の個人差も大きい。名前や顔を思いだすのが得意な人もいれば、数字、日付、公式を思いだすのが得意な人もいる。こんな実体のないお化けのようなものを、いったいどうやって測定するというのか？　ましてや、どうやって研究するというのか？

エビングハウスの一世代前の科学者たちは、基本的に何もせず、その疑問を見送った。彼らには負担が大きすぎた。可変要素の多さに圧倒されたのだ。

そういう態度を慎重さの表れだととらえる人もいたが、エビングハウスは度胸のなさととらえた。「科学者なら、困難の前でただ呆然としていて辞職になるよりも、本気の調査に失敗して辞職になるほうを選ぶべきだ」と、記憶の方程式を追求する動機を書き残している。

彼は、誰もしないなら自分が挑戦しようと考えた。そして、記憶の原理にもとづいて考えた結果、脳が新しい情報を保存する方法を研究するためには、これまでにない情報が必要だとの結論を下した。名詞、名前、数字のどれかの記憶に研究対象を絞ったところでうまくいかない。それらに関連する記憶の量は膨大になる。ロールシャッハ検査で使用されるような抽象的な絵ですら、人に何かを想起させる。雲をじっと見ているうちに、それが犬の頭に見えてくることがある。すると、脳内に何百とある犬に関係するニューロンのネットワークが活動を始める。私たちの脳は、どんなものにも意味を見いだすことができるのだ。

「学習の科学」の扉を開いた実験手段

エビングハウスがどうやって解明する方法にたどり着いたのかは、いまだ謎に包まれている。[*3]「それは、いわゆる〝計画的〟という言葉で一般に表される発明だったのだろうか?」と、アメリカ人心理学者のデイヴィッド・シャコウは、ずいぶん後になってから、エビングハウスについて綴った文章で書いている。「それとも、発見という言葉が当てはまるものだったのだろうか？幼児がのどを鳴らす音、幼児期の成長過程、『ジャバウォックの詩』の朗読、ロンドンのタクシー運転手をパリの御者と呼ぶといった虚辞は、いったいどんな役割を果たしたのか？」

エビングハウスが生みだした解明方法とは、無意味な音節の一覧を作るというものだった。その一覧には、母音を子音で挟んでできる単音節がいくつも含まれていた。RUR、HAL、MEK、BES、SOK、DUS、という具合だ。意味のある言葉はほとんど含まれていない。

エビングハウスは、自身が記憶するものの「一群」を見いだしたのだ。

彼は約2300の音節を作った。ありとあらゆる音節、少なくとも彼が思いつくだけの音節をリストアップしたのだ。そして、7～36個ずつのグループに無作為に分け、グループごとに一覧表を作った。それから、1グループずつ覚えた。音節を読みあげ、メトロノームを使って一定の速度を保ち、確認テストで満点をとるまでに繰り返した音読の回数を記録した。

1880年にベルリン大学で講師としての職を得たが、それまでに無意味な音節の記憶に費やした時間は800時間を超えていた。彼は大学の小さなオフィスでもこの作業を続けた。小柄で顎《あご》ひげを生やし、遠近両用メガネをかけていた彼は、廊下を歩くときも、1分につき150個のペースで音節を唱えていた（時代や国が違っていたら、逮捕されて医療刑務所に収容されていたかもしれない）。また、休憩を挟む間隔を変えることもした。最初は覚える時間の後に20分の休憩をとったが、その後、1時間、1日、1週間と間隔を広げていった。また、覚える時間を設ける回数も変え、それにより、回数を増やすほど確認テストの点数は高くなり、忘れるスピードが遅くなることが明らかになった。

1885年、エビングハウスは自らの実験結果を『記憶について――実験心理学への貢献』という一冊の本にまとめ、音節を覚えた後に忘れる割合を計算するシンプルな数式を書き記した。その方程式は見た目には大したことはないが、当時学問として確立しつつあった心理学という分野において、厳密な実験にもとづいて発表された初の原則である。そしてこれこそが、彼が10年前のパリの古書店で見つけると心に決めたものだった。

エビングハウスは、自分の方程式を見つけたのだ（ほかの科学者はグラフと呼んだ）。彼は世界を変えたわけではない。しかし、学習に対する研究に着手したことは紛れもない事実だ。「連想を研究する手段として無意味な音節を用いたことは、この時代の心理学において、アリストテレスの時代以降もっとも注目に値する進展を意味すると言っても過言ではない」と、イギリス人科学者のエドワード・ティチェナーは一世代後に記している。

エビングハウスの忘却曲線は多くの研究者の心をとらえ、忘れ去られることはなかった。1914年、アメリカの教育研究の権威であるエドワード・ソーンダイクは、エビングハウスの忘却曲線を「学習の法則」に変えた。ソーンダイクはそれを「不使用の法則」と名づけ、情報を学習しても、使い続けなければ記憶から消え去ると断言した。使わなければ失うというわけだ。

この法則は正しいと思われていた。少なくとも経験に合致するのは確かで、いまなおこの法則を学習の定義として思い浮かべる人がほとんどだ。しかし、この定義には裏がある。

一度忘れた記憶は時間がたつと回復する⁉

これから、文学を楽しみながらできる簡単なエクササイズを紹介する。次の詩を5分勉強しよう。全部覚えるつもりで慎重に読んでもらいたい。これは、ヘンリー・ワーズワース・ロングフェローの「ヘスペラス号の難破」の一節である。

夜明けの寒々とした海辺に
ひとりの漁師が呆然と立っていた
少女の姿をはっきり見ようと
波に漂うマストへ駆け寄る
塩水が少女の胸の上で凍り
塩水の涙が少女の目にたまっている
そして漁師は少女の髪を見た
茶色い海草のように波間を漂っている

ヘスペラス号が難破したのだ
雪の降る真夜中に！
キリストはこのような死からみなを救う
ノルマンズ・ウーの岩礁でも救ってくれるのだ！

では、本を脇に置いて、コーヒーを淹《い》れたり、部屋の外に出たり、ニュースを聞いたりしてほしい。5分ほど、つまり勉強と同じ時間だけ別のことをするのだ。それから、覚えているかぎりの詩の内容を書きだす。書いたものは保存しておくこと（後から必要になる）。

これとまったく同じテストが初めて実施されたのは、1900年代初めのことだった。イギリス人の教師で研究者のフィリップ・ボスウッド・バラードが、ロンドンの労働者階級が暮らすイーストエンドの学校でこのテストを実施したのだ。*4 その学校の子どもたちは学力が低いと思われていて、バラードはその理由を探ろうと考えた。覚える能力がそもそも低いのか。それとも、後から思いだす能力に問題があるのか。それを明らかにするため、バラードは子どもたちにさまざまな教材を覚えさせ（例にあげたロングフェローの詩のような物語詩を含む）、彼らの学習のどこに問題があるのかを突きとめようとした。

だが結局、子どもたちの学習能力に、欠けていると明言できるものは何一つ見つからなかった。

そして、思いがけない事実が判明した。

5分後に実施したテストの点数に、特筆することは何もなかった。高い点数をとった生徒もいれば、あまりよくなかった生徒もいた。しかし、バラードの実験はこれで終わらなかった。彼は、時間がたったら勉強した詩がどうなるかを知りたいと考えた。勉強してから数日たつと、その記憶は思いだせなくなるのか？　それを知るため、最初のテストの2日後に同じテストをもう一度実施した。生徒は再テストがあると知らされずに受けたが、前回に比べて平均10パーセント点数が高くなった。バラードは、その数日後にさらにもう一度、やはり事前に通達せずに同じテストを課した。

「J・Tは、最初は15行しか書けなかったが、2日後は21行書けた」バラードはある生徒についてこう記している。「彼女は目の前に詩が見えると想像しながら書いた」。7日後のテストで3行から11行に増えた生徒についてはこう語る。「この子は、黒板に書かれた詩を思い浮かべた（このテストのときは、黒板に書いた詩を覚えさせた）」。また、最初のテストでは9行だったが、数日後のテストで13行書いた生徒は、バラードに向かって「書き始めると、目の前の用紙に詩が浮かびあがってきました」と言ったという。

このような改善が見られるのは、単に奇妙というだけではない。エビングハウスの見解と真っ向から対立する。

バラードは目の前の結果に疑問を抱き、同じようなテストを何百回と行った。その後数年かけて、1万以上の教材を使って実験を試みた。だが結果は同じだった。一度勉強してできた記憶は、それ以上勉強しなくても2、3日のうちに改善し、平均して4日後以降に記憶が損なわれ始める。

バラードはこの発見を1913年に論文で発表したが、周囲は困惑しただけのようだった。[*5] バラードの実験を評価する科学者はほとんどいなかった。いまに至っても、彼は心理学界の脚注にすぎず、エビングハウスとは比べものにならないほど無名の存在だ。だが、バラードは自身が行った実験の意味をしっかりと理解していた。「人間には一度覚えたことを忘れる傾向がある。だがそれだけではない」と彼は言う。「一度忘れたことを思いだす傾向も備わっている」

時間の経過に伴う記憶の性質は、減退に向かうだけではない。それとは別にもう一つあるのだ。そのもう一つをバラードは「レミニセンス」と呼んだ。これは一種の成長で、覚えていると思っていなかった事実や言葉が浮かびあがってくる性質を指す。どちらの性質も、詩や言葉の一覧を覚えようとした数日後に現れる。

なぜ、このようなことが起こりうるのだろう？

そのヒントを与えてくれるのがエビングハウスだ。彼は無意味な音節だけを使って自らの記憶をテストした。脳にはそういう意味のない3文字の「居場所」がない。音節どうしでも、音節以外のものとも関連性がなく、構造化された言語やパターンの一部をなさない。脳がそういう無意味な音節を長く保持できないのは、意味をなさないものだからだ。エビングハウス自身もそのことはしっかりと認識していて、有名な忘却曲線は、彼自身が記憶を試みたもの以外には適用できないかもしれないと記している。

思いだしてほしい。忘却というプロセスは、記憶の衰退という受動的なプロセスだけでなく、情報をふるいにかけるという能動的なプロセスでもある。余計な情報を遮断し、役に立たない雑音を一掃する役割を果たす。無意味な音節は雑音だ。一方、ロングフェローの「ヘスペラス号の難破」は雑音ではない。この詩が日常生活の役に立つかどうかはわからないが、少なくとも、私たちが認識できる言葉やパターンとして、ニューロンのネットワークに組み込まれる。これがおそらく、無意味な音節と、詩や短編小説など意味のある教材とで覚えるのに差が生まれる理由なのだろう。

とはいえ、この理由では、復習なしで2日後に再テストを実施したときに思いだす量が「増える」現象が説明できるとは言いがたい。「塩水の涙」や「茶色い海草のように」が、脳の奥深くから浮かびあがってくる理由にはならない。思いだすのが「ゆっくり」なイーストエンドの生徒たちは、思いだすことと忘れることの関係は、誰もが思い込んでいたような関係ではないとバラードに教えてくれた。

忘却曲線は誤解を招くものだった。少なくとも、不完全なものであることは間違いない。この曲線は、一から見直す必要があるのかもしれない。

ようやく認められたバラードの「レミニセンス」

バラードが研究成果を発表してから数十年が過ぎた頃、何もしなくても思いだす量が増えるという「自然な改善」に対する関心の炎が静かに燃えあがり始めた。その効果はあらゆる種類の学習のなかで簡単に見つけられるはずだと科学者たちは考えた。

ところがそうはいかなかった。さまざまな実験を記録したところ、結果に規則性は見いだせなかった。たとえば、1924年に実施された大規模な実験では、単語の一覧を被験者に覚えてもらい、その後直ちに確認テストをした。それから、8分、16分、3日、1週間後にも再度テストを実施した。すると、結果の平均は悪くなる一方で、改善は見られなかった。[*6]

1937年の無意味な音節を覚えさせた実験では、5分後のテストではいくらかの自然な改善が見られたものの、その後点数は下がった。[*7] 広く引用されている1940年に実施された実験では、単語の一覧、短い文章の一覧、散文1段落を被験者に覚えさせたが、24時間後にはどれも思いだす量が減少した。[*8] どれか1種類の教材、たとえば詩の記憶に改善が見られることはあっても、単語の一覧といったほかの教材で反対の結果が表れた。「実験を行おうとする心理学者たちは、バラードのアプローチを利用し始めた。そして、流砂にとらわれたかのように、混乱と疑念にはまり込んでいった」と、ブルックリンカレッジ心理学教授のマシュー・ヒュー・エルデリは自著

『*The Recovery of Unconscious Memories*』で当時のことを綴っている。[*9]

こうして異なる結果が表れたことから、当然、バラードの方法を疑う声があがった。彼がテストを実施した子どもたちは、本当に時間がたってからのほうが多く思いだしたのだろうか？　それとも、実験のやり方に何か不備があったから改善したのか？　たとえば、次のテストを受けるまでのあいだに、子どもが詩を復習していた可能性はなかったのか？　その場合、バラードの実験は何の意味もなさない。

学習理論を研究するイギリスのC・E・バクストンは、1943年までに発表された調査を検証したレビュー論文を発表し、学会に大きな影響を与えた。このなかで彼は、バラードが提唱した自然な改善の効果は「見ようとすると起きない」のだから、要は幻影だと結論づけた。[*10] バクストンの提示にならって追究をやめる科学者が次々に現れるのに、そう長くはかからなかった。幻影を追いかけるくらいなら、心理学というツールを使ってできる有意義なことはほかにたくさんあった。時代の先端を行く研究がそれではなかったのは確かだ。

フロイトの精神療法が台頭すると、抑圧された記憶を回復するというフロイトの考えは、心理学者らの目に魅力的に映り、バラードのロングフェローの一節を容易に圧倒した。フロイトとバラードの主張は、ともに一度忘れた記憶が回復するというまったく同じものだった。ただし、フロイトの言う記憶は、抑圧された心的外傷を指す。それらを掘り起こして「向きあう」ことが、慢性的な機能不全をもたらす不安からの解放につながるというのが彼の主張だ。記憶の回復が人生を変えるとフロイトは言う。フロイトの言う記憶が幻影だとしても、暗唱した詩の山とは比べものにならないほど現実味がある幻影だ。

それに、20世紀半ばの学習の科学で実際に注目を集めていたのは「強化」だった。行動主義の研究が真っ盛りだったのだ。アメリカ人心理学者のB・F・スキナーは、賞罰が行動にどのように変化をもたらし、また、多くの状況でどのように学習を加速させるかを示した。スキナーはさまざまな報償を用意して比較実験したのだが、その結果は意外なものだった。正しい答えを出すたびに自動的に報償を与えても、ほとんど学習にはつながらず、断続的にときおり報償を与えるほうが、はるかに学習効果が高いのだ。スキナーの研究は教育者に多大な影響を与え、教え方の改善にばかり注目が集まり、記憶の特異な点には見向きもされなくなった。

だからといって、バラードの研究結果がすっかり消え去ったわけではない。少数の心理学者たちの心のなかに残り続けた。彼らは、何か大事なことが見過ごされているかもしれないという考えをぬぐいきれずにいた。そうして1960年代から1970年代にかけて、バラードの研究が気になっていた数人の心理学者が、詩と無意味な音節を区別して実験を行うようになった。

結論を言えば、バラードが提唱した記憶の効力は本物だった。それはいまも変わらない。実験方法に不備があったのではない。考えてみれば、最初の確認テストを受けた後に、生徒が詩を復習することなどできなかったはずだ。覚えていないものを練習できるわけがない。かつて実験を行った研究者たちがバラードの「レミニセンス」を見つけだせなかったのは、その効力が表れるかどうかが覚える内容にかかっていたからなのだ。

無意味な音節、単語や無作為な文章の一覧を覚えても、その効力は一切表れない。覚えた翌日や2日後に確認テストを行っても、点数の自然な改善は見られない。ところが、映像、写真、スケッチ画、絵画、そして詩などの何かを描写する言葉や文章になると、高い効力が表れる。それも、時間がたってから表れる。バラードは、最初のテストでは思いだせなかった詩の行が、効力がもっとも強く表れる、覚えてから数日後に「浮かびあがってくる」ことを見いだした。ほかの研究者たちもそれを見いだそうとしたが、数分後というようにテストするのが早すぎたり、1週間後というように遅すぎたりしたから見いだせなかったのだ。

マシュー・エルデリは、「レミニセンス」を明らかにした心理学者のひとりだった。彼は、研究室の後輩にあたるジェフ・クラインバードを被験者にすることから実験を始め、その後スタンフォード大学で実験を行った。[*11]

エルデリはクラインバードに40枚の絵を一度に覚えさせた。そのときは、誰かで実験をする前に「自ら被験者を経験しておくべきだ」と言ってクラインバードを説き伏せた。そして本当にクラインバードは被験者となり、エルデリは覚えさせてから1週間のあいだに、何度も突発的にテストを実施した。その結果は明快だった。覚えてから2日のあいだに実施したテストで、思いだせる量が増えたのだ。

この結果は信頼できると考えたふたりは、大規模な実験を行うことにした。ある実験では、若

スケッチ画に使用されたアイテム

者を集めて60枚のスケッチ画を覚えさせた。スクリーンに5秒間隔で1枚ずつ映しだされるのを見て覚えるという方法で、スケッチ画は、ブーツ、椅子、テレビといったわかりやすいものばかりを選んだ。

60枚すべてを見せた直後にテストを実施し、7分の制限時間で思いだせるスケッチ画を言葉で書きださせた（スケッチ画に言葉は一切書かれていなかった）。テストの平均点は27だった。だが、10時間後のテストの平均点は32、1日後のテストでは34、4日後には38まで上昇し、そこで頭打ちとなった。一方、スクリーンに映しだされた60の「単語」を覚えたグループは、10時間後のテストで最初の平均点27から30に改善したが、それ以上の改善はなかった。その後数日のあいだに、徐々に点数は下がっていった。

もはや議論の余地はない。エルデリが論文で述べたように、記憶は「異なる機能が不規則に働くシステムであり、時間の経過とともに改善と減少の両方が起こる」のだ。

記憶には「保存」と「検索」の二つの力がある

これにより、研究者たちにはさらに大きな謎が残された。絵を思いだす能力は改善するのに、単語を思いだす能力が改善しないのはなぜなのか？

科学者たちは、その答えについて考えをめぐらせた。記憶を探しだすのにかかる時間が関係しているのではないか。それとも、次のテストまでの時間が長くなるほど緊張がほどけ、疲労が和らぐのではないか。だが結局、確固とした証拠が十分に揃い、バラードが提唱した効力をはじめとする記憶の奇妙な性質を論理立てて説明するようになるのは、１９８０年代に入ってからのことだった。

そのときに登場した理論は、脳の働きを描く壮大な青写真というよりも、調査にもとづいて生まれた原則と言える。それは、エビングハウスとバラードの考えだけでなく、彼らに反対しているように思えるアイデアや性質の多くを包括する理論であった。その理論を完成に導き、誰よりもわかりやすくその特徴を示した科学者が、先に紹介したＵＣＬＡのロバート・ビョークと、同じくＵＣＬＡに勤務する妻のエリザベス・リゴン・ビョークだ。不使用の新理論（「覚えるために忘れる理論」）は、ふたりの子どもと言っても差し支えない。[*12]

この理論の第一の原則は、「どんな記憶にも、保存と検索という二つの力がある」だ。

「保存の力」は、学んだことを覚えている尺度だと思えばいい。この力は、勉強すれば着実に高まっていき、勉強したことを使うことで力が研ぎ澄まされていく。九九の表がいい例だ。小学校のときに繰り返し頭に叩き込み、生涯にわたって使う。使う場面は、銀行口座の収支確認からチップの計算、小学4年生の宿題の手伝いまでさまざまで、この表の保存の力は絶大だ。

ビョークの理論によると、保存の力は増えることはあっても減ることは絶対にない。これは、見聞きしたことや自分の発言のすべてが、死ぬまで永遠に保存されるという意味ではない。経験することの99パーセント以上が、あっという間に消え去ってしまう。脳は、関係のあること、役に立つこと、関心のあることしか保持しようとしない。それはたぶん、これから先もずっと変わらない。

保存する力が減らないというのは、意識的に記憶したこと——九九の表、子どもの頃によくかけていた電話番号、初めてあてがわれたロッカーの暗証番号——は、すべて永遠に脳内にあるという意味だ。最初は信じがたいと思うかもしれない。私たちが日々どれだけの量の情報を吸収し、その大半がありふれたものであることを思えば当然だろう。だが、第1章で述べた、「人間という生物には記憶を焼きつけるスペースがある」という話を思いだしてほしい。その容量は、テレビ番組に換算すると３００万番組にもなる。これだけあれば、ゆりかごから墓場までの一瞬一瞬すべてを十二分に記録できる。だから、量は問題ではない。

ありふれたものすべて、意味のない詳細一つひとつがすべて記憶にあると証明するのは不可能だ。とはいえ、脳が驚くほどどうでもよい情報を送ってくることがときどきある。誰もが経験したことがあると思うが、私の例を一つ紹介しよう。

この本の調べものをするときに、大学の図書館を利用することがあった。伝統ある学校らしい建物に入り、古い本が大量に並ぶ地下1階と地下2階に行くと、遺跡を発掘しているような感覚になる。古い本のカビっぽい匂いをかいだせいか、ある日の午後、コロンビア大学の図書館を訪れていた私は、自分が通っていた大学の図書館で1カ月間だけ働いた1982年に連れ戻された。コロンビア大学図書館の人気のない一角で古い本を探していると、息苦しさを感じて自分がどこにいるかわからなくなった。そのときに、頭のなかにある名前が浮かんだ。ラリー・C（苗字は頭文字しか思いだせなかった）。図書館で働いていたときの私の上司の名前だ（と思う）。彼には一度しか会ったことがない。感じのいい人だったことは覚えているが、名前まで覚えていたとは自分でも意外だった。とはいえ、いざ名前が出ると、彼がミーティングから歩き去る姿や、デッキシューズのかかとが向かいあうようにすり減っている様子まで思いだしていた。

1回のミーティング。彼が履いていた靴。どちらもまったく意味はない。しかし、私はその彼の名前を知っていて、彼が歩き去る姿の印象を記憶していたのだ。いったい、なぜそんな情報を保存しようとするのか？　それは、人生のある時点では有益な情報だったからだ。そして、覚えるために忘れる理論はこう言っている。「一度保存された情報は、永遠にそこにある」

つまり、脳内の記憶は、徐々に消え去ってなくなるという意味で「失われる」ことは絶対にないのだ。失われるのではなく、一時的に引きだすことができないだけで、記憶の「検索する力」が低いかゼロに近い状態だということだ。

この、記憶のもう一つの力である「検索する力」は、情報の塊をいかに楽に思いだせるかの尺度だと思えばいい。これもやはり、学習して使うことで力が増大する。ただし、「強化」をしないと、検索する力はすぐに衰えてしまう。また、その容量は、保存する力に比べて小さい。ヒントや思いだすきっかけとなる何かから、関係する情報を引きだすことはできるが、どんなときもその数には限りがある。

たとえば、バスのなかでアヒルの鳴き声の着信音が聞こえたとしよう。そうすると、同じ着信音にしている友人の名前や、電話をかけないといけない相手のことが頭に思い浮かぶかもしれない。あるいは、家族で飼っていた犬がお腹から湖に飛び込んでアヒルの群れを追いかけた昔の風景や、子どものときに初めて着た、フードにアヒルのくちばしがついた真っ黄色のレインコートが浮かぶかもしれない。アヒルに関連する記憶は何千とあり、記憶が形成されたときは何かしらの意味があったが、そのほとんどは一切検索に引っかからない。

保存の力に比べると、検索の力は不安定だ。強くなるのも早いが、弱くなるのも早い。

古くなった記憶を保存しておくメリット

保存と検索について理解するには、これまで会ったことのある人が（最後に会ったときの年齢で）一堂に会する大規模なパーティを思い浮かべるのも一つの手だ。そこには、母親と父親、小学1年のときの担任、隣に引っ越してきたばかりの隣人、大学2年のときに通った自動車教習所の教官など、ありとあらゆる人が集まっている。

検索では、人の名前が浮かぶスピードが重要になる。一方、保存では、その人との親密さが重要になる。母親と父親は、忘れようがない（検索の力も高く、保存の力も高い）。小学1年のときの担任については、名前はすぐに出てこないが（検索の力は低い）、ドアのそばに立っているのが担任だとすぐにわかる（保存の力は高い）。それとは対照的に、新たにできた隣人は、「ジャスティンとマリアです」と自己紹介されたばかりで名前はすぐにわかるが（検索の力は高い）、あまり詳しくは知らない（保存の力は低い）。翌朝になれば、彼らの名前を思いだすのは大変だろう。自動車教習所の教官の場合は、名前もすぐに出てこなければ、大勢のなかから彼を見つけだすのも簡単ではないだろう。教習所に通ったのは、たった2カ月なのだから（検索の力も保存の力も低い）。

一人ひとりを見つけて名前を確認するという行為を続けると、保存と検索の両方の力が増大する。小学1年のときの担任は、向こうが名乗ってくれれば、検索の力は格段に高くなる。これは、忘却の受動的な側面である、時間がたつにつれて検索の力が弱くなることが原因だ。「覚えるために忘れる理論」によると、検索の力が下がることで、忘れていた事実や記憶を再び見つけたときに、より深い学習を促進するという。ここでまた、筋肉の増強になぞらえてみよう。懸垂《けんすい》をすると筋肉の組織が破壊され、1日休息をとった後で再び懸垂を行うことで、より強い筋肉が形成される。これと同じなのだ。

それだけではない。記憶の検索が困難になるほど、その後の検索と保存の力（学習の力）が高くなる。ビョーク夫妻はこの原理を「望ましい困難」と呼ぶ。その重要性は、この先読み進めていくうちにわかってもらえると思う。自動車教習所の教官の名前はすぐには思いだせないが、一度思いだせば、思いだす前よりもずっと親しみを感じ、知っているということすら忘れていたこと、たとえば、教官の名前やニックネームだけでなく、顔をゆがめる笑い方や、彼の口癖などを思いだすこともある。

脳がこのシステムを発達させたのにはちゃんとした理由がある、とビョーク夫妻は主張する。人類が遊牧していた時代、脳は絶えず頭のなかの地図をまっさらにして、天候、地形、捕食者の変化に適応していた。検索の力が進化して素早く情報を更新できるようになり、もっとも関係の深い情報がいつでも取りだせるようになった。検索の力はその日を生きるためのものだ。一方、保存の力が進化したことで、必要に応じて決まったやり方をすぐに学び直せるようになった。季節は移り変わっても、繰り返し巡る。天候や地形も同じだ。保存の力があれば、未来を計画することができる。

気まぐれな「検索の力」と着実な「保存の力」という、ウサギとカメのようなこの組み合わせは、現代社会で生き残るためにもやはり重要な役割を果たす。たとえば、北米の家庭で育つ子どもは、教師や親と話すときはきちんと目を見て話しなさいと教わるが、日本の家庭で育つ子どもは反対に、目上の人と話すときは相手の目を見てはいけないと教わる。文化の異なる国に移ってうまくやっていくには、母国の習慣を遮断するか忘れるかして、新しい習慣を素早く吸収しないといけない。母国の習慣を忘れようとしても難しい。なぜなら、保存の力が高いからだ。だが、それらを遮断して新しい文化になじもうとすれば、検索の力が低くなる。

それができるかどうかが生死にかかわることもある。仮にオーストラリアの人がアメリカに引っ越すとなれば、道路の左側ではなく右側を車で走る習慣を身につけないといけない。運転中のこれまでの感覚が、ほぼすべて逆になるのだ。ミスは許されない。メルボルンのことを思い浮かべて一度でも運転すれば、溝で目を覚ますことになるかもしれない。この場合もやはり、記憶は昔の感覚を忘れて、新しい感覚のためのスペースをつくることになる。それだけではない。20年後にホームシックにかかってオーストラリアに戻ることになれば、再び左側通行に切り替える必要が出てくる。ただし、この変更は最初のときよりもずっと簡単にできる。昔の感覚はまだ脳内に残っているし、それらの保存の力は高いままだからだ。老犬が昔の芸を取り戻すのは早い。

ビョークはこのような記憶のシステムについてこう記している。「古くなった記憶を上書き、または消去するシステムと比較すると、引きだすことはできなくなるが保存されたままでいるシステムには重要なメリットがある。引きだせなくなるおかげで、それらの記憶が最新の情報や手順の妨げになることはない。そして、記憶にとどまっているおかげで、少なくとも特定の状況下において思いだすことができる」

このように、忘れることは、新たなスキルの習得にとって、そして、古いスキルの保存と取り戻しにとって不可欠なのだ。

認知科学が明らかにした「記憶の基本原理」

さて、フィリップ・バラードに話を戻すとしよう。彼が生徒に実施した最初の確認テストは、「ヘスペラス号」の詩を思いだせた量を測る役割を果たしただけではない。覚えた詩の「保存の力」と「検索の力」を高める役割も果たした。テストをする前に比べて、その記憶をより深く定着させるとともに、より簡単に引きだしやすくしたのだ。

2日後に同じテストを抜き打ちで実施したとき、最初のテストで思いだせた行は、すぐにはっきりとそのほとんどを思いだすことができた。その結果、それ以上の言葉をかき集める時間が脳に生まれた。だから、思いだせた行を、残りの詩を探す骨組みとして、部分的に完成しているジグソーパズルとして、思いだせていない行を探りだすための手がかりとして活用したのだ。バラードが覚えさせた詩の一節というのは、言ってみれば、修辞表現と意味の塊だ。それこそまさに、「レミニセンス」の効力が何よりも強い素材である。

だから、生徒たちの点数は上がって当然なのだ。

もちろん、「ヘスペラス号」のことを考えるのをやめれば、いずれその記憶は脳の奥深くに沈み、それを検索する力は限りなくゼロに近づくだろう。しかし、3回目、4回目とテストを重ねるたびに、その詩は記憶のなかにいっそう深く定着していく。詩の記憶を引きだせと定期的に命じられるようになった脳は、詩の一部を成す言葉や行を探し続け、テストのたびに、1行もしくはいくらかの言葉を以前よりも多く引きだそうとする。たとえ1回目のテストで半分しか思いだせなくても、回を重ねていけば、いずれ詩のすべてを思いだせるだろうか？　その可能性は低い。いくらか多くは思いだせても、全部は無理だ。

あなたも実際に、1日後か2日後に自分でテストしてみるといい。先ほど覚えた「ヘスペラス号の難破」を、何も見ずに思いだせるだけ書きだしてみるのだ。この章の冒頭でテストしたときと同じ時間を制限時間とし、結果を比較してみよう。たいていの人は、2回目の成績のほうがいい。

記憶を使えば記憶は変わる。それは、良いほうに変わる。忘れることで、覚えたことがより深く脳に定着する。それは、余計な情報をふるいにかけるとともに、覚えたことを一時的に断絶することで可能になる。断絶した記憶をその後再び引きだすと、検索の力と保存の力が以前よりも高まるのだ。こうした働きは、脳生物学と認知科学によって明らかにされた、記憶の基本的な原理である。これらの原理が、次章から説明するさまざまな学習テクニックの土台となり、テクニックの理解を助けてくれる。

Part2

記憶力を高める

第3章
環境に変化をつける
——いつもの場所、静かな環境で勉強するのは非効率

「勉強の儀式」を守ろうとする人々

「脳のビタミンを忘れるな」

私が通っていたコロラド大学では、試験を受けるときのアドバイスとしてこの言葉が飛び交っていた。少なくとも、ボルダー市街にあるヒッピーに感化された薬局によく顔を出す者のあいだではそう言われていた。その店に入ると、カウンターの後ろの棚に、茶血清、ハスの種、麻実《あさみ》油《あぶら》の軟膏《なんこう》の小瓶に混じって「勉強の救世主」と書かれたボトルが並んでいた。ラベルの成分表示には、さまざまなハーブの名前、植物の根を原料とするもの、食物繊維、そして「天然由来成分」と書かれていた。

その「成分」は半ば公然の秘密で、たぶん覚せい剤だったのだと思う。

1回分を摂取すると、自信とやる気がみなぎり、夜通し勉強に集中することができた。それがこの薬のメリットだ。しかし、何度か続けて摂取すると、その後ひどい離脱症状が現れ、唐突に深い眠りに落ちる。重機の操作にふさわしくないのはもちろん、長い試験を受けるときも明らかに危険だ。1秒目を閉じたら意識がなくなり、鉛筆を床に落とす。そして、「時間だ。答案を提出しなさい」の声がするまで目が覚めない。

この「脳のビタミンを忘れるな」というアドバイスは、とりわけ「集中力を保て」という意味で使われていた。だが私はそのうち、この薬にはもっと別の効果があるのではないかと考えるようになった。薬を飲んで勉強すると、自由奔放な状態になり、ひとり言を言ったり歩きまわったりするのだ。そして、試験を受けているときに、その興奮状態になりたいと思うようになった。自分の頭のなかで繰り広げられる会話が聞きたかった。薬を摂取して勉強しているときと同じ感覚になりたかった。私は（というか当時の学生みんなが）、試験の直前に「勉強の救世主」を摂取すればその感覚が得られるのではないかと考えた。集中力が保てるだけでなく、勉強したことを身近に感じられるようになり、結果としてより多くを思いだせると思ったのだ。

その関係性を実証できたかというと、もちろんできなかった。実証したくても、どうすればいいのかわからなかった。とはいえ、その薬をお守りだと思い、それを飲めば、試験のあいだずっと、勉強していたときと「同じ頭」になれると思っていた。それに、その薬は試験に欠かせない存在にもなっていた。とくに期末試験の週になると、一日2教科の試験は当たり前で、ときには3教科の日もある。そうした重圧を感じると、人は最悪の習慣に深くのめり込む。チョコレート、タバコ、脳のビタミン、大量のダイエットコーラを摂取する、爪を噛む、といったことをはじめ、もっと強い何かに手を出す場合もある。生き残るために必死な心理状態のときは、お気に入りの「勉強の救世主」も試験の成績に一役買ってくれると信じ込むことで落ち着きを取り戻せる。だから、みんなそれを飲んだ。

「これは脳内化学物質だ」というのが当時の私たちの理屈だった。「脳内化学物質と同じものを求めている」というわけだ。

後になって振り返ってみると、そうした理屈づけをしたのは、純粋に自分を正当化したかったからだと思う。当時の私たちにできる、最上級の正当化だったのだろう。あの頃は、勉強だけでなく、デートや金儲けなどにもそういうイカれた理屈づけをしていて、あまりにも数が多くなったため、あるとき私はそのすべてを不要なものとして切り捨てた。

いまでも、何百万という学生が、脳内化学物質と同様の理屈を生みだしている。そうすることに抗《あらが》いがたい魅力を感じるのは、願望以上の何かがそこに根ざしているからだろう。そういう理屈は、勉強を始めたその日から、良い勉強の習慣として言われ続けてきた「勉強のルールを決めて守りなさい」という言葉とうまい具合に一致する。

ルールの順守は、1900年代以降、教育マニュアルの象徴とされてきたもので、この原則は良い勉強の習慣と言われるもののすべてに組み込まれている。たとえば、勉強するときの儀式を確立し、一日のスケジュールを立て、決まった場所で勉強だけをする時間を確保する。早朝でも夜間でもいいので、自宅や図書館のどこかに自分だけの場所を見つけて、誰にも邪魔されない時間を設ける。

こうした考えは、少なくともピューリタン（プロテスタント派の清教徒）による献身を勉強の理想ととらえていた時代までさかのぼり、その当時から少しも変わっていない。ベイラー大学の学習の手引は「静かで誰にも邪魔されない場所を選びましょう」から始まるが[*1]、これはこの大学に限ったことではない。手引はさらにこう続く。

「勉強のときの儀式をつくり、勉強のたびにそれを実践しましょう」

「耳栓やヘッドホンで周囲の音を遮断しましょう」

「勉強すると決めている時間にほかのことに誘われても断りましょう」

ほかにもまだまだあるが、すべてルールの順守を謳《うた》っている。

考えてみれば、「勉強の救世主」を脳内化学物質だとする理屈も同じだ。つねに同じ「ビタミン剤」（正確には向精神薬の一種だが）を服用して試験の準備にのぞみ、その後試験を受けるのは、ピューリタン的とは言えないかもしれない。しかし、ルールを守っているのは間違いない。

それに、度が過ぎなければ、これは正しいとも言える。

勉強にまったく身が入らないのでは、その時間は無駄でしかない。そのことは、何百万という学生が身をもって学んでいる。とはいえ一般に、勉強のときと同じ精神状態でいるときのほうが、試験で力を発揮できると言われる。もちろんそれには、アルコールや大麻を摂取した状態や、覚せい剤による興奮状態も含まれる。また、気分、先入観、知覚も大切だと言われる。要は、勉強中にどんな気分になるか、どんな場所で勉強するか、どんなものが目や耳に入ってくるか、といったことだ。

これらの影響——いわゆる精神状態と外的な要因——について科学的に調べた調査結果によると、学習の大事な部分への影響はほとんどないことがわかった。そうした影響に気づくことがあったとしても、自分の時間を最大限有効に活用できるという。おかしなことに、この調査によって、ルールの順守という原則が覆されてしまったのだ。

勉強時の環境を復元するとより多く思いだせる

これから紹介する物語は、スコットランドのオーバンという港町の沖、水深6メートルが舞台だ。

スコットランド西岸沖にヘブリディーズ諸島がある。オーバンは、その内側の島群の一つであるマル島の入江に面した港町で、古くからさまざまなものが沈んでいる地だ。[*2] 1934年にアメリカの蒸気船「ロンド号」が沈んだのもこの近くで、捜索者が水深50メートルに潜ると、スキューバの器具の鉄の部分にさまざまなものが付着する。ほかにも、1889年に行方不明になったアイルランドの「シーサス号」や、1954年に沈んだスウェーデンの「ヒスパニア号」など、数隻の船の残骸も眠っている。この付近には、サメ、タコ、イカをはじめ、ウミウシと呼ばれるカラフルな海の軟体動物が生息している。

1975年、スターリング大学のふたりの心理学者が数名のダイバーを雇い、学習に関する風変わりな実験を行った。*3

心理学者のD・R・ゴッデンとA・D・バデリーは、多くの研究者たちから支持されているある仮説を試そうと考えた。その仮説とは、「人は勉強していたときの環境に戻ると、より多くのことを思いだせる」というものだ。これはいわば、探偵小説でよくある、「ではヒギンズ夫人、殺人のあった晩のことを思いだし、あなたが見たことや聞いたことを正確に教えてください」と尋ねることの変形だ。心理学者も探偵のように、勉強した場所の特徴——照明、壁紙、BGMなど——が、脳により多くの情報を引きださせる「手がかり」になると考えているのだ。

ただし、ヒギンズ夫人が思いだそうとして再訪するのはエピソード記憶内の殺害現場だが、心理学者たちは再訪先を「情報」に適用しようとした（彼らは記憶を再訪して思いだすことを「復元」と呼んだ）。ここで言う情報は、エストニア生まれの心理学者エンデル・タルヴィングが「意味記憶」と名づけたものを指す。

彼らの仮説は強引に思える。二等辺三角形の定義やイオン結合、『十二夜』の主人公ヴァイオラの役割について勉強しているときに、ヘッドホンから聞こえてくる音楽をいったい誰が覚えているというのか？　それに、ゴッデンとバデリーがこの実験を思い描いていた当時、復元の根拠となる材料はひどいものしかなかった。たとえば、立った状態の被験者の頭に派手に光る照明を仕込んだ箱をかぶせ、イヤホンを通じて聞こえる単語を覚えさせるという実験が行われた（ふたりの被験者が気分が悪くなって途中で離脱した）[*4]。板に縛られた状態で無意味な音節を覚えさせるという実験もあった。こちらは、板がシーソーのように傾き、まるで子どもが校庭で残酷ないじめを行っているようだった[*5]。

復元は思いだす力を高めると思えたが、ゴッデンとバデリーには確信がなかった。だから、心理学者が想像で環境をつくるのではなく、被験者は自然に感じるが普通とは言いがたい環境で復元の理論を試してみようと考えた。そこで、18人のダイバーを集め、水深6メートルに潜った状態で36の単語を覚えさせた[*6]。その後、彼らを2グループに分けた。そして1時間後、一方のグループには陸地で単語の確認テストを行い、もう一方のグループには潜るときの装備を付けさせ、水中でテストした。採点者は陸にいて、防水のマイクを使ってやりとりをした。

結果はテストの場所によって大きく分かれた。水中でテストを受けたダイバーのほうが、陸でテストを受けたダイバーよりも30パーセント多く単語を思いだせたのだ。これはかなり大きな差だ。そうしてふたりの心理学者は、「勉強していたときの環境が復元されたほうが、より多くを思いだすことができる」[*7]と結論づけた。

ダイビングマスクの向こうに流れる水泡が、覚えた単語のアクセントの位置を思いだすきっかけとなったのかもしれない。マウスピースをくわえながら行うリズミカルな呼吸、担いでいるタンクの重さ、ウミウシが群れで動く姿がヒントになったのかもしれない。あるいは、単語という意味記憶がエピソード記憶（潜りながら勉強したという経験）の一部になったのかもしれない。きっと、いまあげたすべてが思いだすきっかけを与えたのだろう。いずれにせよ、水中で学習した場合、その状況を復元することには効果があるようだ。

音楽を聴きながら勉強するほうが効率的？

このオーバンでの実験は、記憶に背景情報が与える影響を研究することに、安心感と勇気を与えてくれた。それまでは、背景情報の影響は偶然のような形で明らかになっていた。実験で覚えるものと言えば、複数の単語もしくは対になる単語がほとんどで、その確認テストは自由再生方式（思いだした順に自由に書く方式）で実施されるのが一般的だった。

たとえば、青灰色のカードに書かれた無意味な音節を覚えさせる実験を行った結果、同じ青灰色のカードを使った確認テストのほうが、赤などほかの色のカードを使った確認テストよりも20パーセント多く思いだすことができた。[*8] また、授業で教わった教師から試験問題を出題されたときのほうが、試験監督官から出題されたときよりも、学生の成績が10パーセント上がった。[*9]

記憶と背景情報については、スティーヴン・M・スミスという心理学者が非常に興味深い実験を行った。その詳細を見れば、いわゆる背景情報が思いだす手がかりになるかどうかをどのように測定し、考えていたかを知ることができる。[*10]

1985年、スミスはテキサスA&M大学で、心理学入門クラスの54人の学生――彼らはいつの時代も心理学者のモルモットだ――を集めて40の単語を覚えさせる実験を行った。学生は3グループに分けられた。グループAは静寂のなかで、グループBはジャズ奏者ミルト・ジャクソンの「ピープル・メーク・ザ・ワールド・ゴー・ラウンド」をBGMに、グループCはモーツァルトのピアノ協奏曲第24番ハ短調をBGMに単語を覚えた。音楽は学生が部屋に入ったときから流れ、それが実験に関係あることは伝えなかった。単語を覚える時間は10分で、その後部屋を出た。

2日後、学生は予告なしで実験室に再び集められ、覚えた単語を思いだした順に書きだすテストが課された。ただし、前回とは条件が変わる学生が大半を占めた。最初の3グループをさらにグループ分けしたのだ。ジャズが流れるなかで単語を覚えたグループは、今回もまたジャズを聞きながらテストを受けるグループ、モーツァルトを聞きながら受けるグループ、静寂のなかで受けるグループに分かれ、最初にモーツァルトが流れていたグループと静寂だったグループも同様に分割された。つまり、前回とまったく同じ条件か、別のグループの条件のどちらかでテストが課されたのだ。それ以外の変更は一切なかった。

変更がなかったのは、テストの点数を除いての話だ。

テストの結果、ミルト・ジャクソンの演奏が流れるなかで単語を覚え、同じ音楽を聞きながらテストを受けた学生は、平均21の単語を思いだすことができた。これは、同じ条件で単語を覚えたものの、モーツァルトや静寂のなかでテストを受けた学生の平均の2倍である。同様に、モーツァルトが流れるなかで単語を覚え、同じ音楽を聞きながらテストを受けた学生も、ジャズや静寂のなかでテストを受けた学生の2倍近い単語を思いだした。

そして、この実験には意外な「オチ」がついた。単語を勉強したときと同じ条件下でテストを受けた学生のうち、静寂のなかで勉強しテストを受けた学生の点数がもっとも低かったのだ[*11]。彼らが思いだした単語数の平均は、ジャズやクラシックがBGMだった学生の約半分だった（20に対し11）。これは実に奇妙な結果で、想定外の疑問が持ちあがった。静寂には、記憶を抑制する何かがあるのだろうか？　答えはノーだ。抑制する何かがあるとすれば、ジャズをBGMに単語を覚えて静寂のなかでテストを受けた学生の点数のほうが、モーツァルトをBGMにテストを受けた学生の点数よりも悪くなっていたはずだ（モーツァルトをBGMに単語を覚え、静寂のなかでテストを受けた学生と、ジャズをBGMにテストを受けた学生の結果もそうなるはずだ）。だがそうはならなかった。

では、いったいどういうことなのか？　同じ条件下でテストの点数が高くなるという現象は、復元の理論に合致する。BGMは、保存された記憶に無意識に織り込まれている。だから、同じ音楽が思いだす手がかりとなり、より多くの単語が浮かびあがってくるというわけだ。だが、静かな部屋で勉強し、その後静かな部屋でテストを受けた学生の点数が低いことは説明がつかない。スミスは、勉強した状態を復元するきっかけとなるものが「存在しない」ことが原因かもしれないと論じた。静寂のもとで勉強しテストを受けた学生にとって、「音の不在は復元の手がかりにならない。痛みや食べものといった刺激の不在が復元のきっかけにならないのと同じだ」と記している。つまり、静寂という環境は、ＢＧＭが流れる環境に比べて復元の材料が乏しいのだ。

勉強の体験は「記憶の保持」に影響を与える

スミスやほかの心理学者たちが行った実験は、当然ながら勉強の仕方を教えてくれるものではない。実際の試験のときに個人的なＢＧＭを思いだす手がかりにすることはできないし、試験会場を自分が勉強した場所と同じ家具や壁紙にしたり、同じ環境にしたりすることはできない。仮にできたとしても、どれが重要なきっかけになるのかも、どれほどの効力があるのかもわからない。とはいえ、スミスの実験によって、今後勉強するときの参考になる貴重なポイントが二つ明らかになった。

一つは、学習についての前提が、間違っているとはいかないまでも疑わしいということ。何しろ、勉強する環境には、音楽などの何かがあるほうが、何もない環境よりもいいということがわかったのだ（これまでの静かな勉強部屋の聖域扱いはいったい何だったのか）。

そしてもう一つのポイントは、勉強という体験には自覚している以上にさまざまな面があり、そのなかには記憶の保持に影響を与えうる面があるということ。科学者たちの言う、思いだすきっかけとなる背景情報——音楽、照明、壁の色など——は、不本意ではあるが一時的なものだ。それは間違いない。それに、意識することもないので、たいていは思いだそうと思っても思いだせない。とはいえ、生活のなかで何かをしているときに、それを認識することはできる。

何かを勉強していた場所や時間を正確に思いだす瞬間を思い描いてみてほしい。高校の選抜チームやプロムクイーンに選ばれた瞬間のことではない。たとえば、オーストリアのフランツ・フェルディナント大公を暗殺した人物は誰か、ソクラテスは何が原因でどのように亡くなったかなど、授業で教わった事実にもとづく意味記憶を学んだ場所や時間のことだ。

私がそう言われて思い浮かべるのは、1982年のある晩に、大学の数学研究棟で試験勉強をしていたときのことだ。当時、大学の建物は一晩中開放されていたので、勝手に入って教室を使うことができた。教科書を広げるのも黒板を使うのも自由で、ビールを持ったルームメイトが突然入ってくるなどの誘惑は一切ない。私はずっとその棟の一室で勉強していた。

私以外では、年配の男性が廊下をうろつくことがあった。格好はみすぼらしかったが物腰は柔らかく、かつては物理の教師をしていた。たまに私がいる教室に入ってきては、「どうして時計にクォーツが使われているか知っているか?」といった質問を投げかけた。知らないと答えると、説明してくれた。彼の話は論理的で、知識も本物だった。そしてある晩、彼は教室に入ってくる

「ピタゴラスの定理」の証明図

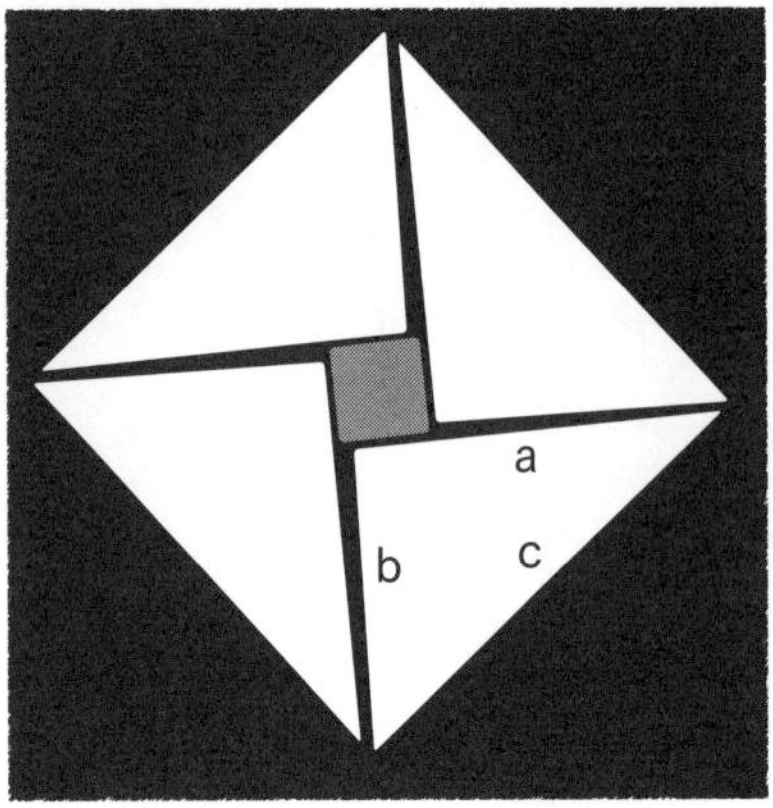

と、幾何学図形を使ってピタゴラスの定理を導きだす方法を知っているかと尋ねた。私は知らなかった。ピタゴラスの定理は数学でもっとも有名な定理で、直角三角形の短い2辺の二乗を足すと、もっとも長い辺の二乗になるというものだ。私は「$a^2+b^2=c^2$」の形で覚えていたが、それを学んだときに自分がどこにいたのかはまったく覚えていない。

だが、その晩、その定理を導きだすシンプルな――そして美しい――方法を教わったことは思いだせる。しかも、そのときに彼が何を着ていたか（青のスラックスを胸まで引っ張り上げていた）、どんな声だったか（ほとんど聞こえないくらいの音量でブツブツしゃべっていた）をはじめ、彼が黒板に図を描いた位置（黒板の左下だった）まで正確に思いだすことができる。

彼の説明は、cを一辺とする大きな正方形の面積を計算し、正方形を構成する図形の面積の合計が等しくなれば証明できるというものだった。つまり、四つの三角形（面積：1/2b×a×4）と、真ん中の小さな四角形（面積：(a−b)^2）の面積を足すのだ。やってみてほしい。方程式の右側を簡約したらどうなるかを。私は、ミーティングで一番のりになったときなど、薄暗い蛍光灯の教室や会議室にひとり座るたびにこの方程式を思いだす。そういう場所が、あの晩の出来事と方程式の記憶を呼び戻すきっかけとなるのだ（三角形の位置を正確に思いだすのには多少時間がかかるが）。

この種の背景情報が記憶を呼び戻すきっかけとなるのは、それを意識したときや目にしたときだ。私がそれらを思いだすことができるのは、そういう背景情報もエピソード記憶の一部だからだ。つまり、少なくとも新しい事実の保持に関しては、無意識で認識している事実も貴重だと科学が教えてくれているのだ。ただし、どんなときも必ずというわけではないし（分析作業に没頭しているときなどは、背景情報は無意識にも残りにくい）、すべての情報が必要というわけでもない。ときどき貴重な存在になるという話だ。いずれにせよ、学習に有利になるのであれば、どんなことでも利用したほうがいい。

あの晩については、ほかにもまだ覚えていることがある。あの「物理の亡霊」がやって来ても、私はいつも彼の話につきあっていたわけではない。私には勉強があった。クォーツの性質についての講義は、邪魔と言えば邪魔だった。しかし、その晩は勉強をほとんど終え、気分的に余裕があった。だから、喜んで彼の説明に耳を傾け、彼の語る「最近の物理の学生がいかにこういうことを何一つ学ぼうとしないか」という話にまで聞き入った。

そのときの気分も、私が置かれていた「環境」の一部だったと言える。いまでもはっきりと覚えている。そういう状態でなかったら、彼の講義を大人しく聞こうとはしなかっただろう。目や耳に入る情報の復元についての理論が正しいとするならば、その理論は心の内側の精神状態にも当てはまると示す必要があるのではないか。嫉妬、不安、不機嫌、確信など、頭のなかを駆け巡るありとあらゆる感情も、記憶を呼び戻すきっかけとなるはずだ。

だが、どうすればそれが証明できるのか？

「気分」は学習にどう影響するのか

学生のときに恋人とのつらい別れを経験したことのある人なら、気分が学習に影響すると聞いても何の疑いも持たないだろう。気分はありとあらゆる行動に反映し、それが行き過ぎると、何を思いだすかを気分が決めてしまうこともある。それをもっとも顕著に実証したのが、精神医学における双極性障害（そううつ病）の研究だ。双極性障害を抱える人は、極端な感情とつねに闘っている。彼らの気分は、非常に活動的で明るいそう状態の周期と、身体の自由がきかず暗いうつ状態になる周期が、週や月単位で交互に繰り返される。そして、何を思いだし、何を思いださないかは、その周期によって決まると痛感している。

「この種の狂気には、特有の痛み、高揚感、孤独、恐怖がついてくる」と、心理学者で自身も双極性障害を発症したケイ・レッドフィールド・ジャミソンは記している。「そう状態のときは最高だ。さまざまなアイデアや感情が流れ星のように次々と表れ、より良いアイデアや感情が表れたらそれに乗り換えればいい。だが、どこかで何かが変わる。アイデアが生まれるスピードや数が許容範囲を超え、明晰だった頭はそれらに圧倒されて混乱に陥る。そうなると、何も覚えていない[*12]」

確かに、1974年の研究で、双極性障害の人の記憶は状態に依存することが実証されている。彼らの場合、そう状態のときに起こったことは、再びそう状態になったときにもっともよく思いだせる[*13]。反対もまたしかりで、うつ状態になると、落ち込んだ気分のときの出来事やそのときに学んだ概念を思いだす。この研究の発表者も記しているように、「連想や逸話的な出来事は、同じ気分の状態のときのほうが、より完璧に再生することが可能になる」のだ。

とはいえ、双極性障害は特殊な状態なので、この状態でない人の感情に与える影響を測定するときの参考にはできない。ほとんどの人にとって、気分の変化は、経験を決めるものというよりも経験に影響を与えるものだ。気分が記憶に何かしらの重要な影響を与えるのだとしても、その影響力は双極性障害の人への影響とは比べものにならないほど小さいだろう。そして、その影響力を正確に測るためには、複数の人が安定的かつ継続的にまったく同じ気分になるよう誘発しないといけない。それは難しい注文なので、学習の研究者たちは、気分そのものではなく、「人に内在する精神状態」の違いの影響に意識を向けるようになった。要は精神状態の変化だ。

そういう意識が生まれたのは1970年代のことだった。何しろ当時は、何十万もの若者が、精神状態を変えるドラッグを試していた時代である。彼らが試したドラッグは、主にLSDとマリファナだ。ドラッグで快楽を得る若者の大半は大学生だったが、彼らはドラッグが成績に与える影響に関心があったわけではなく、ただ単に楽しむために使っていた。とはいえ、ドラッグが学習のメリットになりうるとのウワサは飛び交っていた。

幻覚剤は「思考を広げる」と言われ、世の中についてこれまでとは違う見方を受けいれられるようになるとされていた。マリファナは、以前は見えなかったつながりが見えるようになると言われていた（そのせいで、まったく無意味な話し合いを深夜に何度開いたことか）。ドラッグによって精神状態が変化することで、経験することの濃度は明らかに濃くなった。だが、記憶の濃度についてはどうなのだろう?

勉強しているときの内面の状態を正確に知ろうとする調査は、快楽目的のドラッグから始まることとなった。しかも、調査のメインスポンサーはアメリカ政府だった。というのは、1970年代の初めから、「ドラッグ影響下の学習」と呼んでも差し支えのない一連の実験に政府から資金が提供されることになったのだ。それ以前にも、ドラッグに関する研究報告はいくつか存在した。それらの報告は、バルビツール酸系薬剤やアルコールを含むいくつかのドラッグには、適量を摂取して学習にのぞむと、いわゆる状態依存を生む効果がある（「勉強の救世主」の効果と同じだ）と論じていた。政府の援助を受けた研究者たちは、この図式を明らかにしたいと考えた。

そのための実験は、どれも自然とよく似た形式に落ち着いた。被験者をハイにさせた状態で何かを勉強させ、その数時間後に再びハイにさせる、もしくは偽薬を摂取させて確認テストを受けさせるという形式だ。ここからは、これらの研究の一つに焦点をあて、科学者とドラッグユーザーが真剣に協力しあったら何ができるのかを見ていくとしよう。

マリファナを使ったアメリカ政府の実験

1975年、アメリカ国立精神衛生研究所でジェームズ・エリック・アイクが中心となり、マリファナが記憶の保持（ここでもまた単語の一覧だ）に与える影響を調べる実験が実施された。また、この実験を通じて、ドラッグの摂取によって、新たに勉強した情報を処理する脳にどのような変化が表れるかについても調べることになっていた。[*14]

アイクらは、30人の大学生もしくは卒業間もない元学生を集めると、彼らを研究室に招きいれてマリファナタバコを全員に与えた。といっても、本物のマリファナはそのうちの半分で、残りは「マリファナタバコの偽薬」だ。偽薬は見た目も匂いも本物そっくりだが、薬理作用のあるTHC（テトラヒドロカンナビノール）は一切含まれていない。「被験者は、タバコを深く吸い込んだ状態を15秒間維持するという行為を60秒ごとに繰り返した」と論文に記されている。「タバコに専用のホルダーを付けて1本まるまる吸ってもらうのに、約8分を要した」。被験者は、マリファナを吸うのが初めてではなかった。平均して週におよそ5回吸っている。吸い終えて20分もしないうちに、被験者は徐々にハイになっていった。その判断は、被験者自身の判断と脈拍などの物理的な計測にもとづいて下された。偽薬を吸った被験者には、生理的な変化は表れなかった。

この時点で、30人すべてが勉強に取りかかった。

被験者は紙を渡され、1分半のあいだに48の単語を覚えるようにと言われた。単語はカテゴリー別に並んでいた。「乗り物：路面電車、バス、ヘリコプター、電車」「楽器：チェロ、オルガン、トランペット、バンジョー」という具合だ。カテゴリーに分けたのも実験の一環だった。私たち人間は、長く連なった何かを覚えるとき、パターンを探そうとする。よく似た綴りや響きの単語、関連性のある言葉を、同じグループにまとめようとする傾向があるのだ。カテゴリーを設けたのは、マリファナの摂取が、後で単語を思いだすときに活用するそうした高次の手がかりに影響を与えるかどうかを確かめるためだ。90秒の制限時間が来ると、被験者に配られた紙はすべて回収された。

4時間後、ドラッグの影響が表れなくなると、被験者は研究室に戻って再びマリファナを吸った。今回は、最初に本物のマリファナを吸った人の半分に偽薬を吸わせるというように、最初と違うものを半数の被験者に吸わせた。そして20分後、一切復習させずに確認テストを実施した。

半数の被験者のテストは、6分間でできるだけ多くの単語を思いだした順に書くという「自由再生方式」で行った。残りの被験者には、カテゴリー（「乗り物」など）が記載されている用紙を渡し、それを見て思いだした単語を書くという「手がかり再生方式」でテストをした。そして案の定、自由再生方式でテストを受け、2回とも本物のマリファナを吸った被験者のほうが、2回目は偽薬を吸った被験者よりも40パーセント多く思いだした。これほどの差は見られなかったが、勉強のときに偽薬を吸ったグループの場合も、テストの前も偽薬を吸った被験者のほうが、テストの前に本物のマリファナを吸った被験者よりも点数が高かった。つまり、被験者の記憶は、単語を覚えたときと脳が同じ状態になったときに最大限に機能し、ハイになるかどうかは関係がなかったということだ。

なぜそうなるのか？　その答えは、手がかり再生方式のテストが教えてくれた。こちらのテストの点数は総じて高く、本物のマリファナを吸ったことや吸ったタイミングでの差は見られなかった。このことから、ハイになっていてもいなくても、脳に保存される単語の数はおおむね「同じ」だとわかる。マリファナを吸っても吸わなくても、単語は脳のなかにあるのだ。

ただし、後からそれを思いだすときのために、脳は独自のやり方で単語を整理する。そして、「思いだす手がかり」がいちばんはっきりと現れるのが、それらを覚えたときと脳が同じ状態になったときである。ハイになっていようと冷静でいようと関係ない。一方、テスト用紙にカテゴリーがすでに記載されていると、脳内の手がかりは不要なものとなる。脳から引っ張りだすよりも、目の前にあるものを使うほうがずっと楽だ。この実験の論文にも記載されているように、

「ドラッグを摂取した状態（適量のマリファナを摂取した状態など）で脳に組み込まれた〝手がかり〟は、思いだしたいときに同じ状態を復元したからといって、必ずしも引きだされるとは限らない[*15]」のだ。

「強い手がかり」ほど思いだす効力が大きい

このマリファナと偽薬を使った研究のおかげで、マリファナを摂取した状態で脳内に生成される「思いだす手がかりの効力」についても明らかになった。その効力はあまり強くない。カテゴリーの名称など、思いだす直接的な手がかりとなるものを与えれば、それが脳内の手がかりにあっさりと打ち勝つ。そして、アルコールやマリファナ以外のドラッグについても研究が進み、いずれの効力もあまり強くないことがわかった。脳内の手がかりも外的な手がかりも、ともに思いだすきっかけとなりうるが、強力な手がかりが現れれば、その存在はかすんでしまうのだ。

外的な手がかりや脳内の手がかりを探しているときの脳のふるまいは、キョロキョロと周囲をうかがう食事相手のようだと言える。食卓の中心となっている会話（宿題の内容、覚えないといけない楽譜や事実など）を絶えず追いながら、ときどき会話に参加する。その一方で、定期的に素早く周囲を見回したり室内を観察したりしながら、見聞きしたものや匂い、そのときの体内の反応、感情、感覚などのメモをとる。流れているＢＧＭ、ロウソクの炎のゆらめき、空腹感など、その出来事の特徴となる情報は、後から会話のポイントを思いだすときの役に立つ。未知のことが話題であればなおさらだ。ただし、どんなときも強い手がかりのほうが好まれる。

このことを踏まえたうえで、改めて幾何学図形を使ったピタゴラスの定理の証明について考えてみたいと思う。30年前の数学研究棟でのあの晩の場面を思い起こせば、証明も頭のなかで再現され始めるが、先にも述べたように、図形の内側の三角形の正しい位置を思いだすのにとまどう。だが、誰かが図形の一部を描いてくれさえすれば、直ちにすべて思いだす。図形の一部という手がかりのほうが、当時の環境の復元によって提供される手がかりに勝るのだ。

必要なときに強い手がかりが提供される世界であれば、このシステムは理想的だと言える。テストを受けるたびに、勉強したときの環境をそっくりそのまま気軽に再現できたら最高だ。勉強中と同じ音楽が流れ、同じ日差しの明るさになり、同じ精神状態になれたら、脳がその内容を最初に保存したときに表れていた、内面的な特徴と外的な特徴がすべて再現できたら、これほど素晴らしいことはない。

これは、例の「勉強の救世主」に当てはまると言える。この薬は、摂取する場所、タイミング、量を自分で決めることができる。そして、自分がいちばん必要とするときに、調子が出ない頭を有益な情報でいっぱいにしてくれるものだと信じている。これと同じ理由で、覚せい剤やそれに類するものが心理的な支えとなるケースは非常に多い。だから、研究者たちはドラッグを研究に使った。ドラッグは、特定の精神状態を素早く、そして確実に再生してくれる。

ただし、それが最善の方法というわけではない。特定の環境やドラッグに頼らなくても、内面的な手がかりや外的な手がかりがもたらす効果を活用する方法はある。

複数の知覚を関連づけるのがカギ

次ページの表を見て、覚えるときに活かせるパターン、または数字や文字の分類方法がないか探してみてほしい。

降参だろうか？　降参して当然だ。覚えやすくなるパターンは一切存在しない。そもそもこの表は、そういうパターンが存在しないように作られたものなのだ。できるだけ覚えづらい、無作為な数字と文字の羅列にすることが作成者の意図だった。

１９２０年代の中頃、モスクワ大学の神経心理学者アレクサンドル・ルリヤは、記憶について研究するなかでソロモン・シェレシェフスキーという新聞記者に出会った。シェレシェフスキーは地域紙の新聞記者として働いていたが、彼は編集長が疑念を抱くような態度をとっていた。その新聞社では、毎朝スタッフを集めてその日にすべきこと（編集長が彼らに追いかけさせたいイベント、人、記事になりそうな話題など）を伝えていた。記者はみな几帳面にメモをとっていたが、シェレシェフスキーだけは別で、メモ用紙すら持ってこない。編集長はそれを怠慢だと思い、シェレシェフスキーを問い詰めた。

数字や文字の分類方法は？

6	6	8	0
5	4	3	2
1	6	8	4
7	9	3	5
4	2	3	7
3	8	9	1
1	0	0	2
3	4	5	1
2	7	6	8
1	9	2	6
2	9	6	7
5	5	2	0
x	0	1	x

メモをとる必要がないのです、というのがシェレシェフスキーの返答だった。何でも覚えてしまうと彼は言う。そして、その朝に言われたことをすべて復唱した。間違いは一つもない。前日の朝に言われたことも、その前の日に言われたことも口にした。確かに「何でも覚えてしまうのです」という言葉どおりだ。彼の類いまれな能力に驚いた編集長は、ルリヤに会いに行くよう彼に勧めた。[*16]

そうして、ふたりの有名な共同研究が始まった。その後40年にわたって、ルリヤはシェレシェフスキーにさまざまな実験を繰り返し試し（プライバシー保護のため、論文のなかでは彼のことを「S」と呼んだ）、最終的には、量も正確さも最上級の記憶の全容を探究することとなった。Sの記憶の特徴は、説明できる範疇を超えているようだった。彼は無作為に並んだ数字の表を15分で覚え、1週間後、1カ月後、いや、10年後になってもその表を思いだすことができたのだ。

覚える対象が、単語、詩、短編になってもそれは変わらず、母国語のロシア語ではもちろん、イタリア語など彼がまったく知らない外国語でも覚えることができた。ルリヤはSの記憶のさまざまな側面について本人に尋ねた。その内容はルリヤの著書『偉大な記憶力の物語』(邦訳／天野清訳、岩波現代文庫)に詳しく描かれていて、Sには「共感覚」と呼ばれる能力があったことが明らかにされている。これは、複数の種類の知覚で恐ろしく鮮明に感じとる能力を表す。たとえば、音を聞いたら形や色を感じとり、文字を見れば味や匂いを感じとるという具合だ。

「数字を見ても映像が浮かぶ」とSはルリヤに言った。「たとえば数字の1。これは、誇り高くがっしりとした体つきの男性。数字の2は気高い女性で、3は塞ぎ込んだ男性。87は、太った女性と口ひげをカールさせた男性が浮かびます[*17]」。Sは、数字に似つかわしくない手がかりと一緒に数の一つひとつを記憶していた。その手がかりには、心のなかで生まれたイメージや、それを記憶したときの環境に関係すること(ルリヤの声の調子など)も含まれる。

Sは、単語も数字も声も完璧に覚えているため、同じ場所で二つのことが同時に起きたときなどはとくに、一つのことを思いだそうとしても、もう一つのことまで思いだしてしまうことがよくあった。だから、関係する記憶を遮断する努力をする必要があった。「何かを書きとめれば、それを覚えておく必要がないということになります。ですから、電話番号や会った人の苗字など、ちょっとしたことを書きとめるようになりました。でも、どうにもなりませんでした。書きとめたこともずっと頭のなかで見え続けるのです」[*18]と彼はルリヤに話した。Sには、一般に備わっている忘却のフィルターがなく、そのせいで苛立ちを感じることがよくあった。

1939年5月10日、ルリヤはSに数字とアルファベットの行列を覚えさせる実験を行った。Sはその行列を3分間じっくりと見た。短い休憩を挟んでテストをすると、彼は一切間違わずに暗唱した。行から行、列から列、あるいは斜めでも暗唱できた。数カ月後、ルリヤはこの行列表の確認テストを、Sに事前に知らせず実施した。「違いは唯一つ。最初の実験で覚えたときの状況全体を『よみがえらせる』ための時間が、2回目のほうが多く必要になったということだけだ」とルリヤは書いている。「表を覚えた部屋を『見る』ため、そのときの私の声を『聞く』ため、黒板を見ていた彼自身の姿を『再現』するための時間が必要だった」[*19]。Sは、5月10日に表を覚えたときの状況を再現して表を思いだしたのだ。

Sの能力は驚異的で、彼が思いだす方法は常人にはとても真似できない。覚えたときの状況をほぼそっくりよみがえらせることはできないし、仮にできたとしても、表を正確に最初の状態に戻すことは不可能だ。私たちの思考は、Sと同じようにはいかない。とはいえ、複数の知覚（見たこと、聞いたこと、感じたこと）を使うという彼のやり方は、背景情報の活用の仕方の参考になる。特定の記憶に複数の知覚を関連づけることなら容易にできる。単純に、覚えるものによって覚える場所を変えればいい。

勉強の場所を変えたほうが思いだしやすくなる

この単純な変化によって、どのくらい思いだしやすくなるのか?

1970年代半ばになると、3人の心理学者がこの問いに答えるための実験を行った[*20]。スティーヴン・スミスとロバート・ビョーク、そしてアーサー・グレンバーグは、当時ミシガン大学で研究していた。この3人は、同じものを場所を変えて2回覚えたらどうなるのだろうと考えた。そして、学生を集めて4文字からなる40の単語（「ball」や「fork」など）を見せた。グループAの学生には10分の学習時間を数時間あけて2回与え、その半数は地下にある雑然とした小さな部屋で、残りの半数は窓から庭が見えるきれいな会議室で覚えさせた。グループBの学生にも同じ学習時間と同じ回数を与えたが、1回目は窓のない小さな地下の部屋、2回目は庭の見える窓がある部屋だった。2グループに、同じ単語を、同じ順番で、同じ時間をかけて覚えさせた。ただし、グループAは2回とも同じ環境で、グループBは異なる環境が設定された。

「実験を主導する者として、自分自身のことも実験環境の一部であるとみなしていた」とスミスは私に言った。「窓のない地下の部屋では、長い髪はぼさぼさのまま、ネルシャツにワークブーツという普段と同じ格好をした。きれいな会議室のほうでは、髪を後ろに束ね、父が私のバルミツバー（ユダヤ人特有の成人の儀。男子は13歳のときに行われる）で着たスーツを着てネクタイを締めた。両方の部屋で勉強した学生のなかには、別人だと思った者も何名かいた」

2回目の学習時間が終わると、それぞれの単語にポジティブまたはネガティブな連想のどちらが生まれるかを決めさせた。これは、課題をやり終えたという印象を持たせるための策略だった。それ以上、単語について考えたり、覚えているか確認したりする必要がないと思わせるためだ。実際には、課題はそれで終わりではなかった。3時間後、実験の第3段階として、学生たちに10分の制限時間を与え、覚えた単語をできるだけたくさん思いだして書く課題を与えた。このテストは、ごく普通の教室という中立の部屋で実施された。背景情報の研究のときのように、環境を再現することはなかった。この第3の部屋に入ったことのある被験者はひとりもおらず、彼らが勉強に使ったほかの2部屋とはまったく似ていない。

テストの点数には著しい差が現れた。2回とも同じ部屋で勉強したグループは、40単語のうち平均16個思いだした。勉強する部屋が変わった学生は、平均24個思いだした。単純に勉強する場所を変えただけで、思いだす数が40パーセント以上増えた。論文の言葉を借りるなら、この実験によって、「被験者を取り巻く環境の変化に伴い、思いだす力に大きな改善が見られることが明らかになった」のだ。

勉強する部屋を変えたほうが、同じ部屋で勉強するよりも思いだしやすくなるのはなぜか？その理由は誰にもわからない。一つの可能性としては、最初の部屋で勉強したときに単語に付随する情報と、それとは若干異なる別の部屋で覚えたときに付随する情報が、脳内で別々に記憶されていることが考えられる。この2種類の情報には重なる部分があるが、情報は多いほうがいい。あるいは、2種類の部屋で覚えることで、勉強した単語、勉強中に目や耳に入った事実、勉強中に思ったことを思いだす手がかりの数が2倍になるのかもしれない。

たとえば、最初の部屋で「fork」を覚えたときは、ベージュの壁、蛍光灯、乱雑に積み重ねられた本がその記憶を彩り、次の部屋で「fork」を覚えたときは、窓から降り注ぐ太陽光、庭に立つ立派なオークの木、空調の音が結びついているかもしれない。そうすると、「fork」には2種類の知覚の層が組み込まれるので、勉強したときの環境を脳内で「よみがえらせ」て、単語もしくはその意味を思いだす機会が少なくとも2回生まれる。1号室の記憶がダメなら、2号室の記憶から想起を試みるというわけだ。

手順や環境に変化をつければ「学ぶ力」は強化できる

このように、視点を変えるということを、私たちはしょっちゅう行っている。たとえば、俳優の名前を思いだしたいときがそうだ。その俳優が出演した最新作の場面をたぐり寄せたが、顔はわかっても名前が思いだせない。新聞に載っていた顔、テレビ番組に出演していた姿、生で見たことがあればそのときの記憶まで引っ張りだす。このように、脳内にある複数のレンズを使って名前を思いだそうとするのだ。複数を使うほうが、自然と情報は多くなる。

スミスはこれ以降、デジタルを使った実験に移行した[*21]。学生に部屋を移動させるのではなく、短い映像を使って背景情報を生みだすようになったのだ。

彼の典型的な実験方法を紹介しよう。まず、被験者を2グループに分ける。そして、一方にはスワヒリ語の単語20個を、10分ずつ5回の学習時間で覚えてもらう。単語は1個ずつスクリーンに映しだされ、その背景に同じ映像（駅の風景など）が無音で映っている。これにより「同じ環境」という条件が生まれる。もう一方のグループも勉強する単語や学習時間は同じだが、背景の映像が5回の学習時間でそれぞれ違う（雨嵐、駅、砂漠、交通渋滞、居間）。視覚の情報は異なるが、それ以外の違いは一切ない。ところが、2日後にその単語のテストを実施すると、背景が変わったグループのほうが点数が高く、彼らが平均16個のスワヒリ語を思いだしたのに対し、背景がずっと同じだったグループは9個か10個しか思いだせなかった。

実は、私はこの手の話に目がない。というのは、じっと座って勉強するのが20分も続かないからだ。だから、落ち着きのなさが学習を深めると信じたい。また、背景の変化が学習に役立つ証拠が、もう少し確かなものになってくれたらと思う。

この分野の研究は、正直言って、行きつ戻りつしている感じがする。科学者たちはいまだ、どの手がかりがもっとも重要か、どのタイミングでどのように想起する力が本当に高まるのか、といったことを議論している。背景情報の影響はわかりづらいので、実験で再現するのは難しい。ついでに言うと、「背景情報」を定義するのも難しい。気分、動き、ＢＧＭなども含まれるのなら、単語、歴史の一節、スペイン語の宿題に取り組むときのあらゆる変化も背景情報になってしまう。

考えてみてほしい。手でメモをとるのと、キーボードを使ってタイプするのは別の活動だ。立って勉強する、座って勉強する、ルームランナーで走りながら勉強するのもそれぞれ違う。授業に学習テクニックの適用を勧めていることで有名なダニエル・ウィリンガムは、試験の復習をするときは真っ先にノートを見るなと学生にアドバイスしている。「ノートは脇に置いて一から自分で概要を作るようにと学生に伝えている。教科書の内容を再編するためだ」と彼は私に言った。「そうすれば、覚えることについて改めて考えざるをえなくなり、これまでとは違った見方でそれを見ることができる」

私たちは、このようなことを「環境」の一部にもしているのではないのか？

そのとおりである。ただし、背景情報の研究が私たちに伝えようとしているのは、結局のところ、環境を変えさえすれば、どの部分を変えるかは大した問題ではないということだ。

イギリスの哲学者ジョン・ロックは、厳格な儀式にもとづいてダンスを練習し習得した男性について語ったことがある。この男性は必ず同じ部屋でダンスの練習をし、その部屋には古いトランクが置いてあった。残念ながら、ロックの話はこう続いた。「この目立つ家財道具があったせいで、踊るときのターンやステップのすべてにその存在が混ざってしまった。素晴らしく上手に踊れるようになったが、部屋にトランクがあることが条件だった。ほかの場所へ行くと、そのトランクか別のトランクが所定の位置に置かれていない限り、踊ることができなかった」[*22]

部屋にあるトランクは外へ出そう。自分の力を発揮することになる状況を予測することはできないのだから、準備するときの環境はいろいろと変えたほうがいい。人生には、抜き打ちテストをされるときもあれば、自発的に何かに参加するときもあれば、即興で何かをしないといけないときもある。だが、従来のアドバイスどおりに順守すべきルールを確立しても、それらを必ず守れるとは限らない。それよりも、場所を変えてみるといい。時間帯を変えてみるといい。部屋にあるギターを外に出そう。部屋でしていたことを、公園や森でしてみよう。いつもと違うカフェに行こう。練習するコートを変えよう。クラシック音楽の代わりにブルースを流そう。

いつもの手順や環境に変化を持たせれば、予行練習の内容が豊かになる。学んだ知識や技術に磨きがかかり、それらを活用できる時間も長くなる。環境の何かを変えること自体が学習の強化につながり、自分を取り巻く環境に頼らなくても知っていることを思いだしやすくなる。

第4章

勉強時間を分散する

——一度に勉強するより分けたほうが効果的

「分散学習」は一夜漬けに勝る

記憶の研究でもっとも古くからある学習テクニックの一つは、もっとも強力かつ信頼性が高く、使い勝手がよいものの一つでもある。100年以上前から心理学者たちのあいだで知られ、外国語の単語、科学用語、概念、公式、楽譜といった暗記する必要のあるものの学習を深める効果があると実証されている。

にもかかわらず、教育の本流では無視され続けてきた。学習カリキュラムに組み込んでいる学校は皆無に近いので、このテクニックを知っている学生もほとんどいない。とはいえ、平然と聞き流していた母親のアドバイスに、次のようなものがあったのではないか。

「ねえ、一度に全部勉強するより、今晩少し勉強して明日もまた少し勉強する、というふうにしたほうがいいんじゃない？」

………………

このテクニックは、分散学習や分散効果と呼ばれている。一気に集中して勉強するのと、勉強時間を「分散」するのとでは、覚える量は同じでも、脳にとどまる時間がずっと長くなるのだ。母親のアドバイスは正しい。今日少し勉強し、明日また少し勉強したほうが、一度に全部するよりいい。そのほうがはるかにいい。場合によっては、後から思いだす量が2倍になることもある。詰め込みは無意味だと言いたいのではない。徹夜で勉強することの効果は、翌日の試験の点数が向上するという記録が昔からあるので実証ずみだ。ただし、前夜のラストスパートの信頼性については、荷物を詰め込みすぎた安物のスーツケースみたいなところがある。入りはするが、しばらくするとすべて落ちてしまう。

学習の研究者によると、一気に詰め込む勉強を習慣にしていると、新しい学期を迎えたときに、成績がガタ落ちする可能性があるという。それをした学生は、「次の学期が始まる頃には、前の学期に覚えたことを何一つ思いだせない」と、ミズーリ州セントルイスにあるワシントン大学の心理学者、ヘンリー・ローディガーⅢ世は私に話してくれた。「その授業をとったことがないかのような状態になる」

分散効果は、新しいことを覚えるのにとくに有効だ。たとえば、電話番号かロシア語の単語が

15個並んだリストを2種類用意する。一方のリストはその日と翌日に10分ずつ覚える時間を設け、もう一方のリストは翌日に20分かけて覚える。そして、1週間後に両方のリストをどれだけ覚えているかテストする。明らかに違いが現れるはずだ。ただし、なぜそうなったかははっきりとはわからない。

私は、分散効果と聞くとロサンゼルスでの芝の手入れを思い浮かべる。ロサンゼルスは海沿いにある街だが、湿度が低く雨もほとんど降らない。そして、この街には芝を美しい状態に維持する慣習がある。私はそこに住んでいた7年のあいだに、芝の緑を維持するためには、週に1回1時間半の散水よりも、週に3回30分散水するほうが効率的だと学んだ。芝を水浸しにすると、翌日は芝が多少活き活きしたように見えるが、その輝きはすぐに失われる。一方、数日おきに適量の水を与えていれば、隣人に会っても伏し目がちにならずにすむ。水の量は、週に1回のときと同じか、それよりも少なくすむ。分散学習もこれと同じだ。勉強時間を分散させるからといって、勉強時間は増えない。より多くの努力が必要になるわけでもない。にもかかわらず、覚えたことをより長く記憶にとどめておけるようになるのだ。

なぜ分散効果は世の中に伝わらなかったのか

これほど頼もしい原則であれば、直ちに研究室から学校の教室に伝えられたはずだ。余分な時間や努力を費やさずに学習効果を高めたくない学生がどこにいるだろう?

だが、その原則が教室に伝えられることはなかった。それにはちゃんとした理由がある。まず、親なら誰もが納得できると思うが、子どもを1回机に向かわせるだけでも大変なのに、それを何回も向かわせるのは無理な相談だった。また、この100年、分散効果の研究は、研究室での小規模の実験にとどまっていた。言ってみれば、医師が糖尿病の治療薬を発見したのに、患者にその治療を施すことなく、薬の分子構造の特定に50年かけているようなものだ。

学習時間を分散する最適な間隔について研究されるようになったのは、ここ数十年のことだった。毎日少しずつ、一日おき、週に一度……。いったい、どの勉強の仕方がもっとも効率が良いのか? 今日が火曜日で、金曜日に歴史の期末試験があるとしたら、どう勉強時間を分散させればいいのか? 試験が1カ月後の場合はどうか。試験までの期間に応じて、勉強時間を分散させる間隔は変わるのだろうか?

分散学習の歴史は、研究成果、とくに本書で紹介する類いの研究成果の受けとめられ方を如実に表す実例だと私は思う。科学という学問は、過去の実験から得た証拠の上に築きあげられてきた。可能であれば、分析、再現、適用範囲の拡大をするのが科学だ。

この伝統の価値は計り知れない。おかげで、科学者たちに共通の言語やツールが生まれ、イギリスのグラスゴーにいるスミス博士にも、アメリカのインディアナポリスにいるジョーンズ博士が研究論文に記した「対連合テスト」の結果に関する記述を理解することができるのだ。こうした共通言語がなければ、どんな分野にも見解の一致した調査結果という土台を築くことは不可能だ。研究者たちは独自の直感に従って行動し、独自の実験手法やツールを開発するだろう。その結果、ほかの研究と関連性があるかどうかわからない調査結果が大量に生みだされる。

しかし、この伝統は足かせともなりうる。だから、分散効果は世に出ることなく、何十年にもわたって難解な刊行物で議論されるだけにとどまった。この閉じ込め状態が解消されるのには、程度の差はあれ、ベトナム戦争による社会的な混乱、根気よく実験を続けたポーランドのティーンエージャーの研究、ベテラン研究者による苛立ちが必要だった。

そのベテラン研究者は、「これを実生活でどのように活用できるのか？」という根本的な問いを口にしたという。この問いは、学習の改善につながるありとあらゆる科学に対して投げかけられるべきだと私は思う。そしてこの問いのおかげで、研究者の興味の対象でしかなかった分散効果が、私たちが実際に有効活用できる何かへと変貌を遂げることとなった。

バーリック家4人の研究

先に紹介したヘルマン・エビングハウスは、学習の科学に初めて「言語」を与えてくれた研究者だ。その言語は無意味な音節だった。彼は成人してからの大半の時間を、無意味な音節を作り、それらの順序を入れ替え、短いリストや長いリストにまとめることに費やした。さらに、15分、

30分、あるいはそれ以上の時間を定めてリストを勉強し、その後覚えているかどうかのテストをし、覚えたリストと学習時間の長さに照らしてテストの結果を念入りに確認した。彼は複雑な記録をとり続けた。得た数値をすべて方程式にあてはめ、逆算してそれらを確認しては、学習に費やす時間を変えて再び覚え直してテストをした。

　彼の実験には学習時間の分散も含まれていた。そして、一日に68回繰り返し練習し、その翌日にもう7回練習すれば、12の音節をすらすら書けるようになることがわかった。ところが、覚える時間を3日に分散すると、たった38回の練習ですらすら書けるようになった。「ある程度繰り返し練習する場合、一度にまとめて練習するよりも、練習時間を適切に分散したほうが明らかに効率が良い」[*1]と彼は書き残している。エビングハウスは、学習という研究分野を創設するとともに、学習時間を分散することの効果も発見したのだ。

　しかし、彼の研究を引き継いだ科学者は、ほとんど進展のない調査を大量に実施しただけだった。優生学の信奉者として有名なオーストリア出身の心理学者アドルフ・ヨストは、間隔をあけた学習の効果について（無意味な音節を使って）独自に研究し、１８９７年に「ヨストの法則」として知られる理論を発表した。[*2]「二つの連合があり、強さは同等だが古さが異なる場合、新たに反復する価値は古いほうが高い」というものだ。わかりやすく言い換えると、「新しい概念を学んですぐに復習しても、記憶の定着を高める効果はあまりなく、１時間後、あるいは１日後に復習すると定着が高まる」となる。

ヨストは基本的に、エビングハウスの実験の一つを再現したにすぎない。それでエビングハウスとまったく同じことを発見し、自らの名前をつけた法則として発表した。エビングハウスの実験から何一つ進展していないにもかかわらず、進展したように思わせることに成功したのだ。

ほかの心理学者たちはヨストにならい、まずは無意味な音節の数を増やした実験から始め、しだいに単語や対になる単語へと実験の対象を変えていった。ある意味、20世紀前半のあいだに、学習の科学に関する研究は後退したと言える。ヨストに追随した心理学者たちは、少数の被験者に「一覧にまとめて」もしくは「一つずつ順に」何かを数分おきに見せていた(実験によっては秒単位で見せることもあった)。実験の細部にとらわれすぎていたため、1960年の時点で彼らが実証できたのは、非常に短い間隔における分散効果がほとんどだった。たとえば、第5代アメリカ合衆国大統領はジェームズ・モンローだと続けて3回聞けば、しばらくは覚えている。だが、10分間隔をあけて3回聞くほうが、もっと長く覚えていられる。

こういうことは、10歳の弟との雑学合戦の前に知っていたら便利だ。とはいえ、短い間隔での効果はわかったが、もっと大きな問いの答えはまだわからない。分散学習は、学校や人生で役立つ知識の土台を構築し維持する助けとなるのだろうか?

1970年代に入ると、この問いの答えを見つけようとする心理学者がしだいに増え始める。何か大事なことが見過ごされていると感じたのだ。この分野における従来の研究全体に疑問を投げかける者が現れた。エビングハウスの手法の信頼性も例外ではなかった。

「すべてはベトナム反戦運動が起きていたあいだに始まった。学生や若者がみな、権威というものに疑問を抱いていた時期だ」と、オハイオ・ウエスレヤン大学の心理学者ハリー・P・バーリックは私に話した。「そういう時期だったから、我々が抱いていたような疑問の解決に向けて動きだし、人々が声をあげるようになった。これまでずっと、この分野の巨人たちの前にひざまずいてきたが、それでいったい何が生まれたというのだ？　教師も学生も、研究室で10分勉強していくつ単語を覚えられたかといったことに興味はない。知りたいのは、分散学習がフランス語やドイツ語の習得にどのような影響を与えるのか、数学や科学の理解にどう役立つかということだ。だが、我々はそうした疑問に答えられなかった。答えるためには、これまでとはまったく違うことをする必要があった」

バーリックは、研究室で明らかになったことの延長に興味はなかった。閉じられていた扉を開け放して新しい空気を入れる、それが彼の目的だ。だから、エビングハウスやヨストといった先人の影響や思想を払拭し、週、月、年単位というように、実生活での学習に相対する期間で効果を試したいと考えていた。分散学習は、自動車整備や音楽の技術を身につけるときにどのような貢献をするのか？　役に立つのか、それとも、取るに足らない程度のメリットしかないのか？　この問いに自信を持って答えるためには、職場や新聞や友人から手軽に得ることはできない類いの知識の習得を試す必要があった。

バーリックは、その知識に外国語を選んだ。彼が思い描いた実験を行うには、被験者も吟味する必要があった。何年にもわたって実験に協力し、途中で投げださない人、自分の行動について嘘の申告をしない人。できれば、自分を律して勉強できる人が望ましい。

結局、被験者は彼の妻と子どもたちに落ち着いた。バーリック家は心理学者一家で、妻のフィリスはセラピスト、娘のロレインとオードリーはともに大学の研究者。まさに理想的な被験者だ。「家族が心からやりたかったかどうかはわからないが、私を喜ばせたかったのだと思う」自ら4人目の被験者となったハリーは私にそう言った。「それから数年にわたって、この実験は家族の楽しいプロジェクトとなった。団欒《だんらん》のときは必ずこの話題が持ちあがり、実験についてたくさん語りあった」

実験の基本ルールは、フィリス、オードリー、ロレインの3人はフランス語の単語を勉強し、ハリーはドイツ語を勉強するというものだった。ひとりにつき未知の単語を300用意し、それを各自で50個ずつ六つのリストに分け、所定のスケジュールに従って勉強する。スケジュールはリストによって異なり、2週間おきに勉強するリスト、1カ月おきに勉強するリスト、2カ月おきに勉強するリストというふうに分かれていた。片面にフランス語（ドイツ語）、もう片面に英語が書かれた単語カードを使い、リストにある単語すべての意味を覚えるまでを1回あたりの勉強時間とした。

勉強時間の大半は、単純な作業になる。退屈でしかない。時間をかけて勉強する見返りは何もない。だが、それが始まりであったことは確かだ。長期的に学習時間を分散した場合の効果を本当に探る実験が（彼らはこの実験を「バーリック家4人の研究」と呼んだ）、とうとう始まったのだ。[*3]

世界一の外国語習得法とは？

私が世界一だと思う外国語習得法がある。私はそれを「ジェームズメソッド」と呼んでいる。[*4]この方法を実行したいなら、ジェームズ兄弟の学習法にならうだけでいい。教養が高く裕福な両親の元に生まれたヘンリー・ジェームズとウィリアム・ジェームズは、幼い頃にアメリカとヨーロッパを行き来する生活を送り、外国の言葉を現地の家庭教師に教わった。ヘンリーとウィリアムの父親は、「五感に訴える教育」を息子に与えると決めていた。のちに小説家として有名になったヘンリーは、パリ、ボローニャ、ジュネーブ、ボンで家庭教師について語学を教わった。それぞれの地でまとまった時間を過ごし、大人になってからも定期的に訪れた。その結果、フランス語、イタリア語、ドイツ語を流暢に話せるようになった。

ジェームズメソッドは、幼少期の発達に外国語と一流の指導を組み込むというものだ。マルチリンガル家庭で育つこととまったく同じではないものの、それにかなり近い。子どもは、新しい言語を理解し使わざるをえない状況に追いやられると――その言語で生活する国に住むと――、素早くその言語を吸収する。ジェームズ兄弟はそういう状況に置かれたと言っていい。大人と同じように英語でない動詞や名詞を覚えないといけなかったが、彼らの場合は、脳の言語をつかさどる領域がまだ発達段階のときにそれを行った。

そういう機会が得られれば最高だ。

それが得られない人、たとえば、ジュネーブ、オハイオ、パリ、テキサスなどで幼少時代を過ごし、ペルシア語を身につけたいと思っている人は非常に不利だ。五感にあまり訴えない方法で言葉を覚えることになり、しかもその大半の作業は孤独のなかで行わないといけない。それ以外に身につける術《すべ》はない。裏技や秘密の暗号も存在しない。

世界には、特定の職種に就きたいがために、外国語である英語を習得する人が大勢いる。科学の仕事はもちろん、行政、ＩＴ、ツーリズム、貿易関係の仕事にも英語は必要になる。英語が母国語で教育を受けた人は、2、3万の単語に何百というイディオムや慣用句を知っている。ゼロから英語を学ぶ人にとっては、その半分を詰め込むだけでも大仕事だ。

ある調査によると、それだけ覚えるには、一日2時間の勉強を5年ほど続けないといけないらしい。それに、覚えればそれでおしまいというわけではない。例の「覚えるために忘れる理論」によれば、知識の保存と検索はまったくの別物である。「epitome」という単語を勉強した（脳に保存した）からといって、それを見聞きしたときに検索して引きだせるとは限らない。流暢に使えるようになる——永遠に増え続ける辞書がいつでも利用できて、瞬時に検索できる状態になる——ためには、単語を保存するための時間だけでは十分ではないのだ。

分散学習のソフトウェア「スーパーメモ」の誕生

では、どのくらいの時間が必要なのか？

1982年、バーリックが家族を被験者にした実験に取りかかったのとほぼ同時期に、ピョートル・ウォズニアックという19歳のポーランド人大学生が、やりすぎとも言える自身の経験にもとづいてこの問いの答えを算出した。[*5] ウォズニアックは自身の勉強スピードから、英語で科学論文を読んだりほかの科学者と会話できるようになるためには、一日4時間の勉強を何年も続ける必要があると判断した。

だが、彼にはそれだけの時間を捻出できなかった。コンピュータサイエンスや生物の講義を山ほど抱えているあいだは時間がない。だから、もっと効率のいい勉強法を見つける必要があった。あるかどうかもわからない方法なのだから、自らを実験台にして探すしかない。ウォズニアックはまず、覚えたい約3000の単語と1400の科学的事実を英語でデータベース化した。それを均等に3グループに分け、時間の分散の仕方を変えて勉強に取り組んだ。2日おき、4日おき、1週間おき、2週間おきというように、勉強時間の間隔を変えたのだ。そして、勉強の成果を詳細に記録し、新たに覚えた単語や事実が難なく思いだせるようになるタイミングを見極めようとした。

記録をつけ始めると、しだいに一つのパターンが見えてきた。1回勉強すると、新しい単語を2、3日覚えていられた。そして翌日に復習すると、覚えていられる時間が1週間前後に伸びた。その1週間後にもう一度復習すると、1カ月近くたってもその単語を思いだすことができた。ウォズニアックは、流暢な英語を保つのに最適な間隔を見つけるため、進捗状況を追跡できるようにコンピュータをプログラミングした。「最適な間隔は、相反する二つの基準にもとづいて算出される」と、彼は当時書き残している。「勉強と勉強の間隔は、復習回数を最低にし、いわゆる分散効果が最大限に高まる長さであること。そして、覚えたことを思いだせるかどうか確認できる短さであること」*6

ほどなくして、ウォズニアックは彼が構築した学習システムのリズムに従って生活し、すべての教科の学習にそのリズムを適用するようになった。英語学習の実験からアルゴリズムが生まれ、それに従うことがいつしか彼のミッションとなった。

そして1987年、ウォズニアックはとうとう、そのアルゴリズムを「スーパーメモ」というソフトウェアにしてしまった。「スーパーメモ」は、ウォズニアックの計算に準じて学習を支援してくれる。フラッシュカードとカレンダー機能がついていて、初めて単語を勉強した日を記録し、ウォズニアックが見つけた最適な間隔でその単語を表示する。前に勉強して覚えた単語を、脳が検索して引きだせなくなる直前にスクリーン上に映してくれるというわけだ。使い方は簡単で、1990年代にフリーソフトとして誰でも入手できるようになると、中国やポーランドで英語を学ぼうとする若者を中心に広まった（現在は、専用サイトとアプリで利用できる）。

ウォズニアックのこのソフトは、実質、エビングハウスの実験をデジタル世代に向けて焼き直したものである。彼が生みだしたアルゴリズムは、学習時間の間隔についての重要な問いに答えてくれた。外国語の語彙《ごい》や科学の定義など、事実に関する情報を習得して記憶にとどめたいなら、最初に勉強した1、2日後に復習し、その次は1週間後、その次は1カ月後に復習するのが最適だ。1カ月を過ぎると、復習する間隔はさらに長くなる。

1992年になる頃には、研究室での関心の対象として始まった研究は、教育に活かせる可能性を膨大に秘めていると考えられるようになっていた。

ある研究グループは、小学3年生に足し算を教える時間を毎日1回設けることを10日間続けるほうが、毎日2回設けて5日間続けるよりもはるかに効率的だと実証した。別のグループは、細胞、有糸分裂、染色体といった生物の定義を中学生が学ぶ場合、1回の授業で学ぶよりも、間隔をあけて複数回に分けて学んだほうが記憶に残りやすいことを実証した。そして、「スーパーメモ」のように、時間がたつにつれて学習の間隔を広げていくことが、知識を定着させるのにもっとも効果的だと思われるようになった。ネバダ大学の心理学者で分散効果に関する論文の査読者のひとりでもあったフランク・N・デンプスターは、分散効果のことを「学習に関する研究調査から生まれたもっとも素晴らしい現象の一つ」と評した。[*7]

年が明けた1993年、「バーリック家4人の研究」が『*Psychological Science*』誌に掲載された。ウォズニアックのことを、流暢に使える状態の維持に必要となる最小限の復習回数を教えてくれた人物と見るなら、バーリック家の４人は、実生活に学習を取りいれた場合、学習間隔を最大限にあけることを提案してくれたと言える。実験を始めてから5年後、バーリック家の４人は、もっとも復習間隔をあけてのぞんだテストで最高得点を記録した。このとき彼らは、２カ月おきに26回復習した。この最終テストでは単語の76パーセントを思いだすことができ、２週間おきに26回復習してのぞんだテストでは、56パーセントしか思いだせなかった。

この実験を始めた当初は、２カ月復習しないでいたときのほうが、２週間おきに復習するのと比べて多くの単語を忘れた。だがその差はすぐに縮まった。何しろ４人は、１回の勉強につき、リストにある単語をすべて覚えるまで勉強したのだ。実験の最終段階となり、２カ月の間隔をあけたときにはテストの成績が50パーセント向上した。「誰がこんな結果を想像できただろう」とバーリックは言う。「私は思いもしなかった。２カ月間隔があけば、すべて忘れるだろうと思っていた」

難しい題材を覚えるときの勉強法

学習時間の分散が学習にこれほど大きく影響する理由は、いまだ議論の的となっている。どうやら、間隔の長さによって、作用する要因が変わるらしい。非常に短い間隔（初期に実験された、秒単位や分単位間隔）で復習する場合は、短いあいだに何度も同じ情報が入ってくることで、脳がその情報に対する興味を徐々に失っていくことが考えられる。ジェームズ・モンローが第5代アメリカ大統領だという事実を知って保存したばかりのところに、同じ情報が2回、3回と繰り返されれば、脳はしだいに関心を払わなくなる。

日単位、週単位といった中くらいの間隔になると、別の要素がかかわってくる可能性がある。「覚えるために忘れる理論」を思いだしてほしい。忘却は、二つの形で学習を助けてくれる。一つは、重複する情報や矛盾する情報をふるいにかけるという能動的な役割。もう一つは、運動して筋肉が増えるように、忘却によって情報を検索する機会が増え、記憶のより深い定着を促すという受動的な役割だ。

第2章では、新たな隣人と初めて出会ったときの例を紹介した（「ジャスティンとマリアです」）。名前を聞いた直後は、検索の力が高いのですぐに思いだせる。だが保存の力は低いため、翌日の朝になると、口先まで出かかっているのに思いだせない。少なくとも数日は、塀の向こうから「ジャスティン！」「マリア！」と呼ぶ声が聞こえないと思いだせない。要するに、名前を再度聞くことで検索（「そうだった、お隣さんは、ジャスティン・ティンバーレイクのジャスティンとマリア・シャラポワのマリアだった」）という脳内活動が誘発され、以前よりも検索の力が高まるというわけだ。筋力トレーニングに1日の中休みを挟めば、その間に筋肉の強度が増すのと同じだ。

時間を分散した学習の多くは、たとえば、隣人の名前のようなケースも、第3章で述べたような背景情報の一つになるというとらえ方もできる。隣人の名前を初めて知ったのはパーティの席だった。そのときは、友人に囲まれておしゃべりをしていて、手にはワインの入ったグラスを持っていた。2回目は、塀の向こうで彼らが名前を呼びあうのを聞いた。これにより、彼らの名前が組み込まれている状況は、一つだけでなく二つになった。これと同じことが、新たに学んだ単語や事実をもう一度見直したときに起こる（最初のときと同じ場所で見直しをする場合は、背景情報は当然取るに足らないものとなるが）。

いま述べた現象はほぼ無意識のうちに起こる。意識しないところで起こるので、自分では気づかない。1カ月以上間隔をあけた場合、それも3回以上学習時間を設けると、間隔をあけることのメリットが明らかになるので気づくようになる。バーリック家の4人は、学習するまでの期間が長くなるにつれ、自分にとって覚えにくい単語がわかるようになったという。「次に学習する期間が長くなれば、忘れる単語は増えるが、自分の弱点に気づいて修正できる」とハリーは私に言った。「それぞれの単語について、どの手がかり、どの関連性、どのヒントが思いだすきっかけとして機能するのかがわかる。それらがきっかけとして機能しなくなれば、新たに思いだすきっかけを見つける」

たとえば、専門用語が登場する難しい題材（新しいソフトウェア、保険の詳細、精神疾患の遺伝的特徴など）を一から勉強するとき、1時間勉強して翌日に復習し、いくつかの専門用語を覚えるといった勉強の仕方をすることはできる。だが、それでは実質何もしていないのと同じだ。そこに出てくる言葉や理念は馴染みのないものばかりなので、脳はどういうカテゴリーに分類していいかも、どこに保存していいかもわからない。それは仕方のないことだ。

だから私は、そういうものと初めて対面するときは、ざっと目を通すだけになった。初対面の挨拶を交わすようなつもりで、20分程度しか時間をかけない。2回目になれば（このときも20分）、もっと内容に入り込めるとわかっているからだ。3回目（これもまた20分）は言うまでもない。こうすれば、それ以外の時間は一切使わなくても、多くを覚えていられるようになる。

1990年代に入り、研究室での長い培養期間が終わると、分散効果はひとり立ちして成長し始めた。そしてその過程で、本当に筋肉がつくことが明らかになった。学校の授業で取りいれた報告が次々に押し寄せた。間隔をあけて復習したら、九九のテスト、科学のテスト、単語テストの点数がよくなったというものだ。

実際のところ、学習手法のなかで、時間を分散させることほど、すぐさま大幅かつ確実に学習を改善できるものはない。それなのに、「間隔のあけ方」を教えてくれるマニュアルは、このときになってもまだ存在しなかった。復習するタイミングについても同じだ。試験の日程が決まっている場合、どのくらい勉強しない時間を設けるのが最適なのか？　どのように計算すればいいのか？　はたして、計算式は存在するのか？

試験までの期間に応じて学習間隔を変える

分散効果を日常の勉強に使えるようにしようと懸命に努力した人々には、一つの共通点がある。彼らは研究者であると同時に教師でもあった。学生が知識を詰め込んでも何一つ記憶にとどめておけないのは、一概に彼ら自身の責任とは言えない。学んだことを記憶にとどめさせるような授業をするべきであり、そのためには間隔をあけて授業で復習すればいい。もちろん、何らかの復習はすでに授業に取りいれられていたが、教師の直感かカリキュラムの一環として行われることが一般的で、記憶の研究にもとづいて行われてはいない。

「私の心理学入門講義を受けておきながら、何も覚えていなくて翌年にまた履修する学生にうんざりしています」と、カナダのヨーク大学で心理学を研究するメロディ・ワイズハートは私に言った。「そんなのは時間とお金の無駄です。せっかく高い学費を払っているというのに。それに教師としても、学んだことを覚えていられるような教え方をしたい。それが教師の務めです。要点を復習する最適なタイミングは、絶対に知っておくべきです。分散効果を踏まえると、一度教えた内容にどのタイミングで再度触れるのが最適となるのか。試験勉強はどういうスケジュールで行うのがもっとも効率的なのか。こういうことを把握する必要があります」

2008年、ワイズハートはカリフォルニア大学の同業者ハロルド・パシュラーとともに研究チームを結成し、先の疑問に初めてちゃんとした答えを与えるための大掛かりな実験を行った。[*8] まず、実験の被験者として幅広い年齢層から1354人を選んだ。選ばれたのは、オンラインで作業する「遠隔調査」の協力者として、アメリカ内外から登録したボランティアたちだ。彼らは、32のあまり有名でない事実を勉強することになった。たとえば、「スパイスの効いたメキシコ料理がもっとも食べられているヨーロッパの国はどこか？（正解は）ノルウェー」「雪上ゴルフを考案した人は誰か？（正解は）ラドヤード・キプリング」「1492年にコロンブスが新大陸に向けて出港したのは何曜日？（正解は）金曜日」「スナック菓子『クラッカー・ジャック』のパッケージに描かれた犬の名前は？（正解は）ビンゴ」というものだ。

被験者にはこれらを学習する機会が2回与えられた。グループAの被験者は、2回の学習時間のあいだに10分の休憩しか許されなかった。グループBの被験者は、1日あけて2回目の学習に取り組んだ。グループCは1カ月あけて2回目にのぞんだ。このように1回目と2回目の学習間隔をグループによって変え、最長間隔は6カ月となった。また、覚えたことの最終試験を受けるタイミングもグループによって変えた。こうして、パターンは全部で26種類となった。

研究チームは26種類すべての結果を比較し、試験の日程に応じた最適な間隔を算出した。「簡単に言うと、勉強時間を分散する最適な間隔は、いつまでそれを覚えていたいかで決まる」とワイズハートとパシュラーの研究チームはまとめた。[*9] 試験の日程と最適な間隔は、次ページの表のようにまとめることができる。

試験までの期間と最適な学習間隔

試験までの期間	2回目の学習までの間隔
1週間	1〜2日
2カ月	1週間
3カ月	2週間
6カ月	3週間
1年	1カ月

この表をよく見てもらいたい。これらの数字は厳密ではなく、どちらの項目も切りのいい数字にしている。とはいえ、厳密な数値にかなり近い。

試験が1週間後にあるときは、学習時間を2回に分け、今日と翌日、または今日と明後日に勉強する。学習時間をさらに1回増やしたいなら、試験の前日にするとよい。試験が1カ月後なら、今日勉強して1週間後にもう一度勉強するのがいい（学習時間が2回の場合）。もう1回増やすなら、そこから3週間ほどあけて、試験の前日に時間を設ける。試験の日程が遠い（つまり、準備する時間がたくさんある）ほど、学習時間の1回目と2回目の間隔が広がる。試験までの時間と2回目の学習までの最適な間隔を割合で表すと、試験までの時間が長いほどその割合は減少することが、この実験で明らかになったのだ。

試験が1週間後なら1~2日あけて勉強する

試験が1週間後にあるときの最適な間隔は、1日か2日だ（20~40パーセント）。試験が6カ月後なら、最適な間隔は3~5週間となる（10~20パーセント）。それ以上間隔をあけると、たちまち成績が下降する。大学生、高校生、中学生ならば、「基本的に、1日、2日、あるいは1週間の間隔をあけて勉強すればいいということです。それでほとんど対応できるはずです」とワイズハートは私に言った。

例をあげて説明しよう。学期末を迎える3カ月後にドイツ語の試験がある。そうすると、少なくとも2カ月は知識の習得に費やすことになるので、復習にかけられる期間はせいぜい数週間しか残らない（大学院生は除く）。仮に、復習できる期間が15日あるとしよう。また便宜上、ドイツ語の試験勉強に使える時間を9時間とする。この場合、復習の最適なスケジュールは、1日目に3時間、8日目に3時間、14日目に3時間となる（1日程度のずれは許容範囲）。どの時間も復習する内容は同じだ。そして15日目の試験当日には、少なくとも9時間一気に勉強したときと同等の力が発揮できる。

ただし、学習時間を分散したことにより、覚えたことははるかに長く記憶にとどまる。この例のケースでは、何カ月も覚えていることになる。だから、次の学期が始まってすぐの試験では、以前よりもいい成績を収める可能性が高い。仮に試験当日になって試験が数日延期されることになれば、一夜漬けで9時間勉強した学生よりもはるかに優れた成績を収めることになる。勉強した時間は同じだが、間隔をあけて勉強したおかげで、覚えたことが頭に残っているからだ。

念のため繰り返すが、切羽詰まった状況のときは一夜漬けでも問題ない。それで覚えたことは長く記憶にとどまらないというだけだ。学習時間を分散すれば、記憶に長くとどめることが可能になる。

こういう勉強は、事前に計画を立てることが必要だ。タダで手に入る優れたものなどない。とはいえ、間隔をあけた学習は、限りなく無料に近い形で手に入る科学の成果であり、試す価値は十分にある。時間を分散させる科目は賢く選ぼう。間隔をあけることは、覚えたことを記憶にとどめるための基本テクニックだ。外国語、科学の用語、名称、場所、年号、地理を覚えたり、スピーチする内容を暗記したりするのに適している。より多くの事実を覚えれば、理解も深まるのではないか。これについては、数名の研究者が数学をはじめとする理系科目について調査を始めているが、いまのところ、分散学習は記憶にとどめるためのテクニックの一つだと思っておいてもらいたい。

五感に訴える教育を受けたジェームズ兄弟のウィリアムは、アメリカにおける心理学研究の礎《いしずえ》を築いた哲学者となり、教える、学ぶ、覚えることに関するアドバイスを周囲に与え続けた

（彼自身が恩恵を受けた、語学教師や無償の海外旅行を強調することはなかった）。1901年に刊行された著書『心理学について――教師と学生に語る』（邦訳／大坪重明訳、日本教文社）のなかに、分散効果を思わせるくだりがある。

「詰め込み学習は、試練を前に集中して努力することでものごとを印象に残そうとする。だが、そうして覚えたことから想起のきっかけとなるものが形成されることはほとんどない。一方、同じことでも環境や日を変えて覚えると、異なる状況のなかで読む、暗唱する、思いだすという過程を繰り返し、ほかのこととの関連づけが生まれ、覚えたことを復習することになるので、頭のなかに深く刻み込まれる[*10]」

100年以上たったいま、科学者たちはようやく、ウィリアムの言う「日を変えて」がいつかを具体的に答えられるようになったのだ。

第5章

無知を味方にする

——最善のテスト対策は、自分で自分をテストすること

テストには悲惨な結果がつきもの

人生のどこかの時点で、人は必ず「努力しなくても試験でいい点数をとる子」に出会う。「何が起きたのか自分でもわからない」と言いながら、100点満点の試験で99点をとっている。「ろくに勉強しなかったのに」と彼女は言う。こういうタイプの子は、大人になってからも必ず周りに現れる。

自分の子どもが学校に通うようになれば、すぐに見つかる。子どもを迎えに行き、その場で会った母親から、「よくわからないのだけど、うちのダニエルが共通テストでいちばんだったの」と驚いたような顔で言われる。「私に似たんじゃないことは確かよ」。どれだけ準備をしても、ど

れだけ早起きして取り組んでも、大した努力もせずに自分以上の結果を出す子や、なぜか試合になると活躍する子は必ずいる。

そういう子の能力を解明しようというのではない。私は、試験を受けることを一つの技術として切りとった研究について何も知らないし、その能力が絶対音感のように生まれ持った才能だという証拠があるかどうかもわからない。そういうタイプの人間が存在すると教えてくれる研究は私には必要ない。この目でしょっちゅう見てきたからだ。それに、彼らの能力を羨《うらや》んだところでその差は縮まらないとわかる年齢でもある。そんな研究を探したり、羨んだりしても意味はない（経験者が語るのだから間違いない）。

テストで本当に力を発揮できるようになる何かが欲しいなら、テストそのものをもっと深く理解する以外に道はない。テストは決して単純なものではない。あなたが想像する以上にさまざまな顔を持っている。

まずは、テストを受ければ「惨事が起こる」可能性があるということから話を始めよう。惨事は誰の身に起こってもおかしくない。問題冊子を開いたら、全部別の授業に関する問題だった、という経験があなたにもあるのではないか？　これについては大好きな逸話があり、何かで挫折を味わうと、私は必ずこの話を思いだす。

ウィンストン・チャーチルは、イギリスの名門男子校であるハーロー校の入試に備えて何週間も前から準備をしていた。彼はどうしてもこの学校に入りたかった。１８８８年3月、いよいよ迎えた入学試験当日、チャーチルが試験問題を開くと、そこにあったのは歴史と地理の問題ではなく、まったく予想していなかったラテン語とギリシャ語の問題だった。頭が真っ白になった、と彼は当時のことを振り返っている。そして、1問も答えることができなかった。「答案用紙のいちばん上に自分の名前を書いた。それから、問題の番号である『1』と書いた。しばらく考えて、それにかっこをつけることに決め、『(1)』とした。だがその後、正しい答えも、答えに関係がありそうなことも、一切思いつかなかった。用紙に付いた染みと不鮮明な箇所がたまたま目に入り、まるまる2時間、その悲しい光景を見つめていた。そして終了時間になると、係の者がうやうやしく私の答案用紙を回収し、校長の机まで持っていった[*1]」

これがあのウィンストン・チャーチルの身に起きたのだ。

テストを失敗させる「流暢性の幻想」

次の話はちょっと意外に思うかもしれないが、こちらのほうがテストを台無しにする人に深く関係している。問題用紙を開いたときに、試験勉強で解いた問題や、黄色のマーカーで線を引いたことが目に入ってきたという経験は誰にでもあるだろう。前日にたやすく空で答えられた名称、理念、公式が並んでいる。引っ掛け問題も見たことのない問題もない。それなのに失敗する。いったいなぜなのか？　どうしてそんなことになるのか？

私自身、最低最悪の失敗をしでかしたことがある。高校生のとき、大学レベルの授業を行う上級クラスに入るには、三角法の学年末試験で高得点をとる必要があった。だから、私は何週間も前から準備をした。試験当日、上機嫌だったことはいまでも覚えている。問題冊子が配られてざっと目を通すと、私はほっとした。勉強しておいた概念がいくつか出題されていたほか、10回以上解いた問題とよく似た問題もあったからだ。

これはいけるぞ。

ところが、私の点数は50点台前半で、正真正銘の平均点だった（いまどきの親は、我が子のこんな点数を見たら精神科に電話したくなる人が大半だろう）。誰のせいか？　もちろん私自身だ。題材はわかっていても、内容が頭に入っていなかった。私は「試験を受けるのが下手な子ども」だったのだ。私は自分を責めた。しかし、自分を責めた理由はすべて間違っていた。

点数がとれなかったのは、勉強が足りなかったせいでも、試験に適した「遺伝子」が欠けていたせいでもない。自分の理解の深さに対する判断が間違っていた。私は心理学者が「流暢性《りゅうちょうせい》」と呼ぶものに引っかかったのだ。

流暢性とは、情報を適切に素早く処理し出力する能力のことである。事実や公式や要旨がその場ですぐに思いだせると、翌日や翌々日になっても思いだせると信じてしまうのだ。この流暢性が招く幻想は非常に強力だ。主題や課題の内容をつかんだと思えば、それ以上勉強する必要はないと思い込む。人は忘れるという事実を忘れてしまうのだ。

流暢性による幻想を生みだす「学習テクニック」は数知れない。マーカーで線を引く、試験対策を立てる。教師が配る章の概要や参考書だってそうだ。流暢性は自動的に錯覚を引き起こす。無意識に錯覚が生まれ、復習や練習の必要性を正しく判断できなくなる。「同じ内容の勉強を2回するとき、勉強する間隔をあけると2回目の勉強が大変になるとわかっているので、間隔をあけるのは非生産的だと考えてしまう」ウィリアムズカレッジの心理学者ネイト・コーネルは私に話した。「だが事実はその反対だ。たとえつらいと感じても、間隔をあけたときのほうが多くを学ぶ。流暢性が判断を惑わせるのだ」

だから、テストの悲惨な結果を「テストに対する不安」のせいにする。それ以上に、自分の頭が悪いせいにしてしまう。

ビョーク夫妻が「望ましい困難」と呼ぶ原理を思いだしてほしい。脳の記憶を掘り起こす作業が大変になるほど、学習の力（検索と保存の力）が高まる。流暢性はこの方程式の裏返しだ。事実を簡単に思いだせるようになるほど、学習の力が衰える。勉強して覚えた直後に復習しても意味はない。記憶に何のメリットも生まれない。

つまり、流暢性が生みだす幻想が、テストで平均点を下回る成績を招く主犯なのだ。不安のせいでもない。頭が悪いせいでもない。不公平が原因でも、運が悪いのでもない。

元凶は流暢性にある。

テスト対策のスキルを高める「自己テスト」

この幻想から逃れ、テスト対策のスキルを向上させるにはどうすればいいのか。都合のいいことに、学習効果の高いテクニックがその最善策となってくれる。このテクニックは近年になって生みだされたものではない。義務教育が誕生して以降、もしかするとそれ以前から使用されている。哲学者のフランシス・ベーコンは、1620年にこんな言葉を残した。「本の一節を暗記したいなら、20回読むよりも、暗唱を試みて思いだせないときに本を開くということを織り交ぜながら10回読むほうがいい[*2]」

そして1890年には、アメリカ心理学界の祖として知られるウィリアム・ジェームズもこんな言葉を残している。彼もベーコンと同じことを考えていたようだ。「記憶の奇妙な点で気になることが一つある。それは、受動的に繰り返されたことよりも、能動的に繰り返したことのほうが強く脳に刻まれるという点だ。たとえば、何かを暗記しようとしてほぼ覚えたと思ったとき、時間を置いてから記憶をたどって思いだすほうが、もう一度本を開くよりもいい。記憶をたどって思いだせば、次に思いだそうとしても思いだせるだろう。しかし、本を開いて覚えた内容を確かめれば、もう一度本を開かないといけなくなる可能性が高い[*3]」

つまり、「覚えているかどうかをテストする」のだ。ややこしい論理に聞こえると思うが、自分の記憶をテストすることが、本番のテストでの成績向上につながる。侮《あなど》ってはいけない。自分を試すことには、自分で思う以上の価値がある。テストは自分の力を測るツールとなるだけではなく、思いだす内容を修正し、それに伴い知識の整理の仕方を変える役割も果たす。それにより、後から思いだす力が格段に高まるのだ。

「覚える時間」と「練習する時間」の理想的な比率とは？

アメリカ大陸で掲載されることが名誉とされた最初の記録は、１８９９年に初版が発行された『*Who's Who in America*』という紳士録だった。ここに、政治家、起業家、聖職者、鉄道事業専門の法律家など、社会で活躍するアメリカ人８５００人以上の短い略歴が掲載された。[*4] コンパクトにまとめられたプロフィールに加え、歴史的な情報も含まれている。

30秒あれば、アレクサンダー・グラハム・ベルは１８７６年に電話の特許を取得したが、それは29歳の誕生日を迎えた数日後のことで、当時彼はボストン大学で発声生理学の教授をしていたことがわかる。そして、次に続くのは彼の父親であるアレクサンダー・メルヴィル・ベルだ。父親も発明家だったが、演説の専門家でもあり、聴覚障害者が特殊な記号を使って会話をする視話法を考案した。そして、そのまた父親のアレクサンダー・ベル（ミドルネームはなくエジンバラ生まれた）は、発話障害の治療を始めた先駆者だった。

ご存じだろうか？　電話を発明したベルとその父親のベルは、ともにエジンバラで生まれながら最終的にはワシントンＤＣに落ち着いた。父親のほうは35番通り１５２５番地に、息子はコネチカット街１３３１番地に住んでいた。そう、この紳士録には住所も掲載されているのだ（ヘンリー・ジェームズの住所はワイト島のライとなっている）。

１９１７年、コロンビア大学の若き心理学者があることを思いついた。紳士録という凝縮された情報の集まりは、ある問いの答えを見つけるのに役立つのではないか。アーサー・ゲイツは、暗唱という行為が記憶に与える影響に興味を持っていた。何世紀ものあいだ、学校の授業では、叙事詩、歴史上重要な人物の言葉、聖書の一節などの暗唱に膨大な時間が費やされてきた。いまではすっかり授業から消え去った学習法の一つだ。

ゲイツは、読む（覚える）時間と暗唱する（練習する）時間の理想的な比率があるなら知りたいと考えた。たとえば、旧約聖書の詩篇23篇（主は私の羊飼い……で始まる一篇）を30分で暗唱できるようになりたい場合、聖書を見て詩篇を覚えるのに何分使い、記憶を頼りに暗唱の練習をするのに何分使うべきなのか？　記憶にもっとも定着する比率はどれなのか？　この比率がわかっていれば、暗唱が授業の中心だった時代ではとくに重宝されただろう。

とはいえ、この比率は現代でも役に立つ。シェイクスピアの『ヘンリーⅤ世』に出てくる「聖クリスピンの祭日の演説」を覚えないといけない俳優はもちろん、プレゼンの準備、歌や詩の勉強をしている人にも役立つ。

この比率が存在するかどうかを確かめるため、ゲイツは地元の学校5クラスを使って実験を行った。[*5] クラスの学年は、小学3年生から中学2年生にわたる。ゲイツは紳士録を覚えて暗唱することを子どもたちに課した。覚える数は学年によって変え、最年長のクラスは5人分を、最年少のクラスは3人分とした。覚える時間は1人分につき9分とし、その9分の使い方も細かく指定した。Aグループは覚えるのに1分48秒使い、残りの7分12秒で暗唱の練習をした。Bグループは9分を半分にし、覚えるのと暗唱の練習に同じ時間を使った。Cグループは、覚えるのに8分使い、暗唱の練習は1分だけ。このように、グループごとに時間配分を変えた。

3時間後、暗唱を発表するときがきた。子どもたちは、割り当てられた略歴を覚えているかぎり暗唱した。

「エドガー・メイヒュー・ベーコン。作家。誕生日は、えっと、1855年の6月5日。バハマ諸島のナッソーで生まれて、ニューヨークのタリータウンにある私立学校に通いました。アルバニーの書店で働いて、それから確か芸術家になって、その後『ザ・ニュージャマイカ』と、えっと『スリーピー・ホロー』を書きました。たぶん」

このように、次から次へと発表させた。イーディス・ウォートン、サミュエル・クレメンス、ジェーン・アダムズ、ジェームズ兄弟……。100人以上の子どもが、覚えた略歴を暗唱した。

そうしてついに、ゲイツは独自の比率を割りだした。

彼の結論はこうだ。「総じて言うと、最高の結果が得られるのは、およそ40パーセントの時間を覚えるのに使った後で暗唱の練習を始める場合だ。暗唱の練習を始めるのが早すぎても遅すぎても、暗唱の精度は低くなる」。年長の生徒になると、覚えるのに使う時間の割合はもっと少なくすむようになり、全体の3分の1前後となった。「読む時間と練習の時間を最適な割合で使ったグループの結果は、読むことにすべての時間を費やしたグループに比べて30パーセント近く優れていた」[*6]と彼は書いている。

これは言い換えると、『ヘンリーV世』の「聖クリスピンの祭日の演説」を最短で暗唱できるようになりたいなら、最初の3分の1の時間を覚えることに使い、残りの3分の2を暗唱の練習に使えということだ。

ゲイツの研究を進展させたスピッツァー

これは画期的な発見だったのか？　答えはイエスだ。この発見は、初めて厳密な実験にもとづいて実証された学習テクニックであり、もっとも効果が高いテクニックの一つとみなされている。

しかし、当時そう考える人はひとりもおらず、学校に通う一部の子どもたちを対象とした、単なる一つの実験にすぎなかった。ゲイツ自身ですら、その結果が及ぼす影響の大きさに考えを巡らせていなかった。少なくとも、『*Archives of Psychology*』誌に掲載された論文「記憶の一要素としての暗唱」では触れていない。彼のこの研究は、議論されることも追跡調査が行われることもほとんどなかった。

その理由は至って明快だと私は思う。20世紀の半ばあたりまで、心理学は比較的若く成長が不安定な学問で、著名な学者たちが発展の足を引っ張っていた。当時はまだフロイトの考え方が長い影を落としていて、それに追随する研究プロジェクトが何百とあった。また、イワン・パブロフの実験をきっかけに条件づけ学習に関する研究が人気となり、その後何十年にもわたって動物実験が大半を占める刺激の反応実験が盛んに行われた。教育に関する研究は手探りの段階で、調査対象は、読むこと、学習障害、音声学、さらには、学校の成績に感情的な側面が及ぼす影響にまで及んだ。

ここで忘れてはならないのが、心理学もほかの科学と同じで、過去の参考になる研究の収集が、進展の一端を担っているということだ。科学者は、アイデアや理論を思いついたり、目標を持ったりすると、過去を振り返って足場になる研究はないかと探す。同じアイデアを抱いた人や、自分のアイデアを支持する成果に目を向けるのだ。

科学は偉大な巨人が築いた礎の上に成り立っているかもしれないが、現在進行形で研究を行っている科学者には、過去の文献をあたってその巨人たちが誰かを確認することが必要となる。また、過去のデータから有益な情報を引きだす、つまりは足場とする過去の成果を見いだすことは、研究プロジェクトの根拠を生みだすことにもつながると言える。

ゲイツの貢献の大きさは当時は明らかにならなかったが、その重要性に世間が気づくのは自明だった。教育の改善は、当時もいまも関心を集めるテーマの一つだからだ。そして、ゲイツの論文が発表されてから20年以上がたった1930年代後半、ゲイツの研究が自身の研究の根拠になると気づいた者がいた。アイオワ州立大学で博士課程の学生だったヘルベルト・F・スピッツァーだ。

1938年、彼は卒論実験のテーマを探していた。暗唱そのものには興味がなかったため、記憶の詳細について研究する従来の心理学者たちが結成した小さなクラブには所属しなかった。スピッツァーは指導法を改善する道を探したいと考えていた。一般に、教師がその職に就いたときから抱える最大の疑問は、もっとも効果的なテストのタイミングはいつかということだ。学期末で大きな試験を1回するのがベストなのか。それとも、学期の途中で定期的に何回かテストを課すほうがいいのか?

スピッツァーがどう思っていたかは、何も書き残していないので想像することしかできない。ただ、彼がゲイツの研究を読んだことは書き記している。[*7] また、彼がゲイツの研究をきちんと受けとめていたこともわかっている。具体的に言うと、スピッツァーは、ゲイツは暗唱という形で子どもたちに自らテストすることを課していたと気づいた。5分か10分かけてページの一節を読み、それからページを伏せて何も見ずに暗唱する。これは暗唱の練習になるだけではない。一種のテストでもある。ゲイツは、自分で自分をテストすることが本番での発表に大きく影響することを実証した。

要するに、テストを課すことは、効果的な勉強法の一種でもあるということだ。

テストをする最高のタイミングはいつか？

スピッツァーはそう理解すると、次の大きな疑問を自問した。テスト（暗唱、自己テスト、抜き打ちテスト、正式な試験のいずれも含む）で学習が向上するとすれば、テストをする最高のタイミングはいつか？

それを見つけるため、彼は大規模な実験を計画し、アイオワ州内９都市にある91の小学校の協力を得ることになった。総勢３６０５人の小学６年生が被験者だ。

スピッツァーは、小学６年生が読むのに適した６００ワードの記事を2種類用意した。記事の内容は学校で宿題に出されてもおかしくないレベルのもので、ピーナッツに関する記事と竹に関する記事だ。各児童にどちらか一方の記事を割り当て、１回読ませた。それから、児童を８グループに分け、その後2カ月にわたってグループごとに何度かテストを実施した。出題するテストの内容は同じにし、５個の選択肢から正解を選ぶ問題を25問出題した。たとえば、竹の記事を読んだ児童には次のような問題が出題された。

Q 開花期が終わった竹は、一般にどうなりますか？

① 枯れる
② 新芽が出る
③ 根から新たな茎が伸びる
④ 枝が広がり始める
⑤ 粗皮病《あらかわびょう》が発生する

スピッツァーのこの実験は、たぶんいまでも、抜き打ちテスト実験としては過去最大の規模で実施されたものだろう。子どもたちには、テストの日程はもちろん、テストがあることすら知らせなかった。テストの日程はグループによって変えた。グループ1の児童には、1回目のテストを記事を読んだ直後に、2回目を翌日に、3回目を3週間後に実施した。グループ6の1回目のテストは3週間後だった。子どもたちが学習する（記事を読む）時間とテストで出題される問題は同じという条件だ。

ところが、テストの点数に大きな開きがあり、一つのパターンが明らかになった。

2カ月後に最終テストを一斉に実施したところ、記事を読んですぐに1回目のテストを受けたグループ（1週間以内にテストを1回または2回受けたグループ）がもっとも成績がよく、問題の約50パーセントに正解した（彼らは記事を1回しか読んでいないということをお忘れなく）。対照的に、1回目のテストを2週間以上後に受けたグループの点数は低く、正解率は30パーセントに満たなかった。スピッツァーは、テストは学びを高める強力な学習テクニックの一つだと実証するとともに、勉強からあまり間隔をあけずにテストしたほうがいいことも明らかにしたのだ。「テストという形で勉強したことをすぐに思い返す。これは、学んだことを記憶にとどまりやすくするのに効果的だ。したがって、テストの回数はもっと増やすべきである」とスピッツァーはまとめた。「自分の知識を確認するテストや正式なテストは学びを高めるツールでもあるので、教え子の学力を測る手段でしかないと思ってはいけない」[*8]

記憶を保持する力を高める研究をしている者ならば、スピッツァーの発見を自身の研究に大きく関係するものとして受けとめるべきだったのではないか。

ここでちょっと、第2章で触れたバラードの「レミニセンス」に話を戻そう。「ヘスペラス号の難破」を教材にした実験に協力した子どもたちは、この詩を一度しか読まなかったが、その後数日にわたって詩を書きだすテストを何度か受けると、後になるほど多くの内容を思いだした。詩を勉強した（覚えた）日からテストを受ける日までの時間（1日、2日、1週間）に注目してもらいたい。この期間こそまさに、スピッツァーが見つけた記憶の保持にもっとも役立つものだ。ゲイツとスピッツァーの実験から、バラードの実験に協力した子どもたちのテスト結果がどんどんよくなったのは、奇跡でも何でもなく、その前に受けたテストが勉強時間となったからだと実証されたのである。しかし、スピッツァーの研究成果が『*The Journal of Educational Psychology*』誌に掲載された後も、それを記憶の保持に結びつける者は現れなかった。

これについて、ヘンリー・ローディガーⅢ世と、当時彼と同じワシントン大学にいたジェフリー・カーピックは、２００６年に発表したテストがもたらす影響について考察した画期的な論文で、「我々には理由を推測することしかできない」と記している。[*9] そして、考えられる理由の一つとして、当時の心理学者の主たる関心の対象がまだ忘却にあったことをあげた。「忘却の働きを測定するという目的においては、繰り返しテストをする行為は混乱の元凶とみなされ、避けたほうがいいとされてきた」。スピッツァーと同時代の心理学者の言葉を借りるなら、彼の発見は忘却という機能を「損なわせた」のだ。

機能を損なわせたのは事実であり、いまもその機能を損なわせている。そして、その忘却を損なわせる行為が思考や成績の改善を誘発するとは、当時は誰も予想しなかった。スピッツァーの研究から30年以上が過ぎてようやく、ゲイツとスピッツァーが見いだしたことの可能性に目を向ける者が現れた。

ウィンストン・チャーチルが提出した、染みと不鮮明な箇所があった答案用紙を思いだしてほしい。これはとうてい失敗とは呼べない。たとえ点数がゼロであったとしても、テストを受けたことには意味があると、いまならどの科学者も知っている。

どちらの文章を多く思いだせるか?

さて、学問としての考え方を追求することは一休みして、ちょっとした実験をやってみよう。簡単なので、課題に取り組むような気持ちにならずにすむはずだ。

いまから楽しい読み物を二つ紹介する。楽しいと思ってもらわないと困る。というのは、どれだけ足元がふらつこうとも、野性味あふれるユーモアを書かせたら世界一だと私が思う作家の作品だからだ。その作家とは、ブライアン・オノラン。ダブリンで役所の職員として長年働いていたが、変わり者でしょっちゅうパブに入り浸っていた。1930年代から60年代にかけてフラン・オブライエン名義で小説や戯曲を執筆し、また、マイルズ名義で『アイリッシュ・タイムズ』紙に連載していた風刺のきいたコラムはとりわけ世間から愛された。

それでは、次の2種類の文章を読んでもらいたい。それぞれ読む時間は5分とするので、4、5回は読めると思う。両方とも読み終えたら本を置き、仕事や用事などに取りかかってもらえばいい。どちらの文章も、オノランがマイルズ名義で書いたコラムを集めた作品集『*The Best of Myles*』の「退屈な人々」という章に収録されたものの抜粋だ。[*10]

［文章1］

荷造りができる男

この怪物は、あなたがアタッシュケースに衣装ダンス二つぶんの荷物を詰めるところをじっと見ている。もちろん、荷物はちゃんと入ったが、ゴルフクラブを入れ忘れてしまう。あなたが険しい顔で悪態をついている一方、その「友だち」は嬉しそうだ。彼にはそうなることがわかっていたのだ。あなたのそばへやって来ると、慰めの言葉をかけ、「後はうまくやっておくから」と言って下でくつろぐようあなたを促す。数日後、グレンギャリフに着いてカバンを広げたあなたは、ゴルフクラブだけでなく、寝室のカーペット、家で作業していたガス会社の作業員のカバン、装飾花瓶が二つ、カード用のテーブルまで入っていると知る。家で目に入るものすべてが入っているのだ。唯一入っていないのはカミソリだけだった。このガラクタをすべて家に持ち帰るには、自宅のあるコークへ7ポンドを送金して新しい革のカバン（という名のダンボール）を手に入れねばならない。

［文章2］

靴底を自分で付ける男

現代の靴の質について不満をもらすからといって、とくに深い意味はない。あなたは顔をしかめて剝がれた靴底を見せながら、「明日修理に出さないと」となにげなくつぶやいただけだ。この受け身の姿勢に驚愕するのが怪物だ。いつの間にかあなたを椅子に座らせて靴を脱がせ、それを手に流し場へ消える。恐ろしく短い時間で戻ってくると、あなたに靴を履かせ、「これでもう新品も同然だ」と言う。彼の靴にふと目を向けた瞬間、あなたは彼の足が変形している理由を悟った。帰りの道中、あなたは足元がおぼつかない。竹馬に乗っているような感じがするのだ。靴底を見ると、おがくずとセメントをニスで固めた3センチもの厚さの「革」が貼りつけられている。

読み終えただろうか？『妖精の女王』（邦訳／エドマンド・スペンサー著、和田勇一、福田昇八訳、ちくま文庫）のような大作ではないが、ここでの実験では十分だ。5分ずつかけて両方を読み終え、1時間後にもう一度文章1を読んでほしい。先ほどと同様に5分かけて繰り返し読む。後からテストするつもりで読んでもらいたい（実際にそうしてもらう）。

5分たったら休憩をとる。おやつをつまんで一休みしたら、文章2に移る。ただし、もう一度勉強するのではなく、自分で自分をテストする。何も見ずに、文章2の文言を思いだせるだけ書きだすのだ。10語でもいい。3行ならもっといい。書きだしたら、見直しをせずにすぐに紙をどこかへ片づける。

そして翌日になったら、両方の文章を自分でテストする。それぞれの制限時間を決めて（たとえば5分）、思いだせるだけ書きだすのだ。

どちらの文章のほうがたくさん思いだせただろうか？ 結果に目を凝らし、思いだせた語句の数を数えてみてほしい。数えているあなたの後ろから用紙を覗かなくても、私にはどちらをたくさん書けたか見当がつく。文章2のほうが圧倒的に多く書けたのではないか。

この実験は、カーピック（現在はパデュー大学に在籍）とローディガーのふたりが共同で行った実験と基本的に同じだ。彼らは、10年ほど前から継続的に行っている研究でこの実験様式を活用している。あらゆる年齢層の学生に何かを覚えさせる実験を繰り返し行っているのだ。覚えるものは、散文、対の単語、科学の話題、医療の話題など多岐にわたる。いまから、彼らの実験の一つを紹介しよう。それを見れば、自分で自分をテストする効果がよくわかる。

実験で明らかになった「自己テスト」の効果

2006年、カーピックとローディガーは、120人の大学生に科学に関係する2種類の文章を勉強させた。[*11] 太陽に関する文章と、ラッコに関する文章だ。学生たちは、どちらか一方の文章を7分ずつ2回勉強した。もう一方の文章については、7分間勉強し、次の7分で思いだせるだけの文章を書きだした（先ほどオノランの文章の実験でやった「テスト」と同じだ）。要するに、太陽かラッコのどちらかの文章は2回の学習時間の2回とも勉強し、残ったもう一方は、2回の学習時間のうち1回しか勉強せず、もう1回の時間で思いだせるだけ書くテストを行ったのだ。

カーピックとローディガーは学生を3グループに分け、グループ1の学生にはそれぞれの学習時間の5分後、グループ2には学習時間の2日後、グループ3には学習時間の1週間後に確認テストを実施した。結果は次ページのグラフのように一目瞭然だった。

この実験で特筆すべきことが二つある。一つは、カーピックとローディガーは確認テストの準備にかける勉強時間を平等にしたこと。両方の文章を勉強する時間は、どの学生も等しく同じだった。もう一つは、1週間後の確認テストという大事なテストで、「自己テスト」が「勉強」を上回ったことだ。つまり、同じ準備でも、テストと勉強はイコールではないということだ。実際、自分で自分をテストすることのほうが勉強よりも効果が高い。それも、本番の試験までの期間が長ければ長いほど、その差は顕著になる。

「誰も見たことのない何かを見つけたのかというと、そうではない」とローディガーは私に言った。それをすでに見つけていた心理学者は何人かいる。なかでも有名なのが井沢千鶴子で、彼女は1960年代から70年代にかけて、スタンフォード大学で同様の効果を実証している。「当時

「自己テスト」は「勉強」よりも効果的

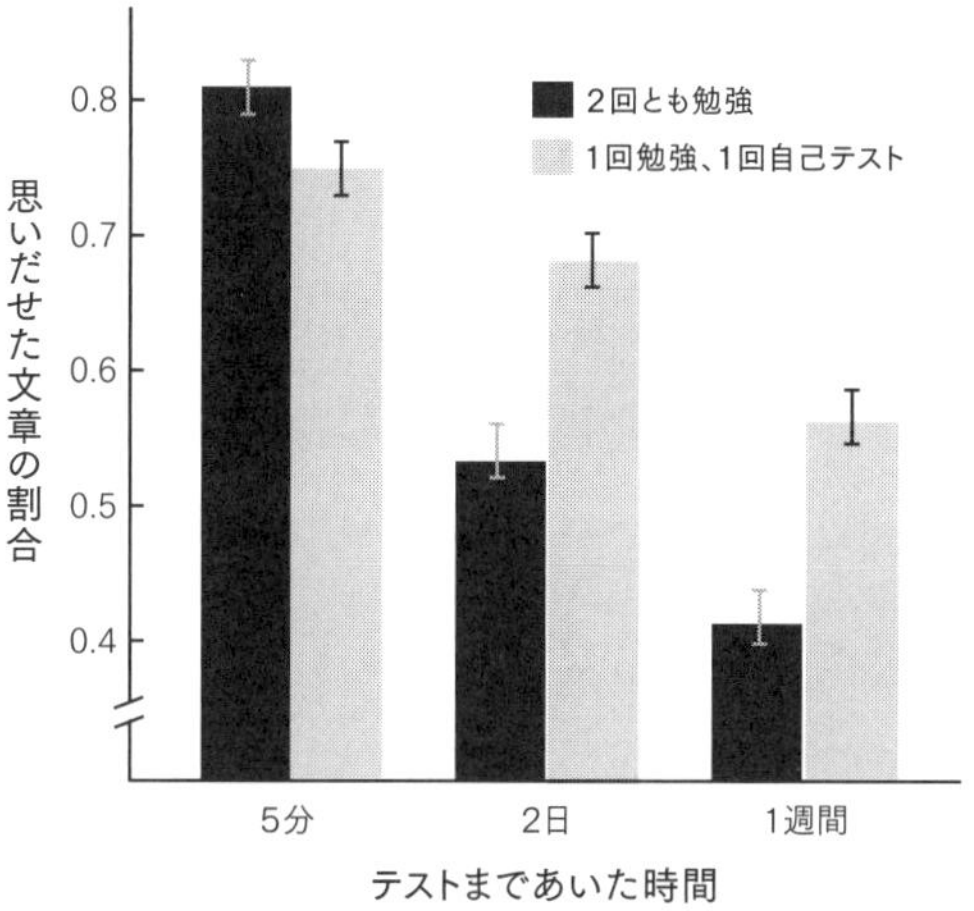

から自己テストの効果は知られていたし、その効果に期待もされていた。我々の実験に関心が集まったのは、以前とは異なる種類のもの（紹介した実験では文章の一節）を覚えさせたからだと思う。我々は、実際に学校の授業に適用できること、そしてその効果の高さを実証した。その瞬間、この研究は羽ばたき始めたのだ」

ローディガーは、実験と理論の両方で学習の科学に多大な貢献をしているが、それに伴い、この分野における過去の研究を紐解く役割も果たしている。

2006年に刊行された総説誌で、彼はカーピックとともに1世紀ぶん相当の実験を分析した。[*12] そしてそのなかで、記憶にとどめるためのありとあらゆる手法（学習間隔をあける、繰り返し学習する、学習環境を変えるなど）

を分析した結果、自己テストの効果については以前から知られていたが、忘却のスピードを遅らせる強力な「天敵」とみなされてきたと示した。結局、どんな種類の学習も、それを測定するためには何らかのテストを実施しないといけない。とはいえ、テストのことを体育の授業での腕立て伏せ大会と同じだと思っていては、大会に参加すること自体が参加者の記憶という筋肉の強化になると気づかない。

「テストの実施」という言葉は、学習の科学とは関係のない形で使われることが多い。教育の専門家たちは何十年にもわたって、テストの実施を標準化することの価値について議論を続けている。また、2001年にジョージ・W・ブッシュ大統領によって導入された、テストの活用増加という改革が議論をさらに加熱させた。

教師の多くは「テストのための授業」をしなければならないことに不満を抱いている。それでは、担当する教科を十分に探求する時間が得られないからだ。ほかにも、テストでは創造的思考に一切目を向けないので、学習現場の尺度として不完全だという声もある。こうした議論は、カーピックとローディガーが行っているような研究とは無関係である。だが、このふたりやほかの科学者たちの発見をカリキュラムの一環として授業に正式採用することは、実質避けられてきた。

「教師が『テストの実施』という言葉を聞くと、その響きが持つ否定的な意味合いや負担から、『これ以上テストは必要ない。むしろ減らす必要がある』と言いだす」UCLAの心理学者ロバート・ビョークは私にそう話した。

こうした抵抗感を和らげようと、テストの実施を「検索の練習」と呼ぶ研究者が現れ始めた。この呼び方は、理論的にも筋が通っている。学ぶべきことを学んだ後は、自分で自分にテストするほうが続けて勉強するよりも効果が高いというなら、それには理由があるはずだ。

理由の一つは、ビョークの「望ましい困難」の原理から直接得ることができる。勉強したことのある文章、名称、公式、技などを検索する脳の働きは、見たことのある情報をもう一度見たり、復習したりする働きとは異なり、もっと複雑だ。その複雑な労力が、脳に保存される内容の質や検索の力を深めるのだ。事実や技術をより深く知識として習得するのは、単に復習するのではなく、自らそれを脳内で検索するからである。

ローディガーの考えはその先を行く。必要な情報を検索してうまく引きだすと、その情報は以前とは違う形の記憶として再保存される、と彼は主張する。保存の力が上昇するだけでなく、記憶自体も新しくなり、これまでとは違うつながりが生まれる。検索のときに一緒に引きだされた、関連性のある新たな情報とつながったということだ。それにより、記憶を保持している細胞のネットワーク自体も変わる。要するに、記憶を活用すると、自分で気づかないところで記憶が変わるのだ。

そして、こうした動きから、テストの実施に関する調査は奇妙な方向へと進んでいく。

知らないことをテストする「事前テスト」

何かの手違いで、新学期の初日に期末試験の問題を手に入れてしまったらどうする？　教師の誤送信により、あなたのメールボックスに問題が送られてきたと想像してみてほしい。問題が手元にあると、どんな影響が生まれるだろう？　期末試験に向けた勉強の助けとなるだろうか？　もちろん、助けとなるだろう。問題を注意深く読めば、何に気を配り、何をノートにとればいいのかがわかる。授業中は、試験問題に関係することを教師が口にするたびに耳が反応する。几帳面な性格であれば、期末試験までに全問題の正解を暗記してしまう。そうして期末試験の当日、誰よりも先に回答を終え、A+の成績を確信しながら悠々と教室を出る。

当然、これは不正行為である。

では、新学期の初日、期末試験とまったく同じ問題ではないが、その学期で習うことを包括的に網羅した総合テストを受けた場合はどうか？　いい点数がとれないのは確かだろう。1問も理解できないかもしれない。とはいえ、先ほど紹介したテストの実施のことを思えば、テストを受けるという経験によって、翌日からの授業に対する姿勢が変わる可能性がある。

こういう考えから、テストを実施する効果として、新たに「事前テストの実施」が提唱されるようになった。ローディガー、カーピック、ビョーク夫妻、コーネルといった心理学者たちは、さまざまな実験を通じてあることに気がついた。状況によっては、記憶を検索して失敗しても（つまりは答えを間違っても）、単なる失敗で終わらない。失敗どころか、検索を試みたことによって考え方に変化が生じ、問題に含まれる情報が保存される。テストの種類にもよるが、選択形式の場合はとくに、答えを間違うことが学習となる。この学習効果は、回答後すぐに正解を教わったときにとくに顕著となる。

要するに、「間違った推測」をすることで、次のテストでその問題もしくはそれに関係する問題に正解する確率が増すのだ。

ずいぶん漠然とした話だと思うかもしれない。自分の知らないことをいきなりテストとして出題され、間違った回答をする——こう言われると、有効な学習手法というよりも、やる気を失い失敗するためのレシピのように思えるだろう。この手法のよさを知るには、あなた自身で試すのがいちばんだ。

試すとは、自分自身にテストするという意味だ。テストの内容は、あなたがよく知らないことであれば何でもいいいし、短いテストでかまわない。私はアフリカ諸国の首都をよく知らないので、それを例に話を進めよう。アフリカの国を12選び、友人に5択形式でそれらの首都を答える問題を作ってもらう。1問につき、考える時間は10秒。1問解くたびに、友人に正解を教えてもらう。

手順はこれでわかったと思う。それでは、携帯電話やノートパソコンは脇に置いてやってみよう。問題の例をいくつかあげておく。

Q　ボツワナの首都は？

●ハボローネ
●ダルエスサラーム
●ハルゲイサ
●オラン
●ザリア

（友人：「正解はハボローネ」）

Q　ガーナの首都は？

●ウアンボ
●ベニン
●アクラ
●マプト
●クマシ

（友人：「正解はアクラ」）

Q　レソトの首都は？

- ルサカ
- ジュバ
- マセル
- コトヌー
- ンジャメナ

（友人：「正解はマセル」）

こういう問題を12問作るのだ。そして、テストをして答えを想像してみよう。あなたも私と同じでアフリカ諸国の首都に詳しくないなら、ほとんどの答えを間違ったはずだ。このテストを受けたことで、12の首都に関する知識は向上したのか？　もちろんだ。何しろ、問題に答えるたびに、友人から答えを教えてもらったのだ。知識が向上して当然だ。

実験はこれで終わりではない。これは、事前にテストを実施する実験の第1段階にすぎない。第2段階は、従来の勉強の仕方で勉強する。この段階に進むため、あまりよく知らない国をさらにもう12選ぶ。そして、首都とあわせて書きだした表を作り、それを覚える。ナイジェリア－アブジャ、エリトリア－アスマラ、ガンビア－バンジュール、という具合だ。覚えるのにかける時間は、5択問題を解いた時間と同じにする。

これで、アフリカの国の首都を実質24覚えたことになる。最初の半分は、事前に勉強することなく5択の問題に答えるという形で勉強した。そして残りの半分は、見て覚えるという昔ながらの方法で勉強した。次は、最初の12国と残りの12国の知識の比較だ。

翌日になったら、24カ国すべての首都を5択問題でテストする。テストを終えたら、最初の半分と残りの半分で結果を比較する。ほとんどの人は、最初に覚えた国の問題で、10~20パーセント高い点数をとる。自分で答えを推測した後に正解を聞くやり方で覚えたほうだ。心理学用語を使った言い方をするなら、「検索の失敗が学習を促進し、その後のテストでの検索で成功する確率を高めた」ということだ。シンプルな言い方をするなら、「答えを推測したおかげで、勉強して覚えるときよりも覚えたいという意識が強く働き、正しい答えがより深く脳に刻み込まれた」となる。さらにシンプルに表すなら、事前テストを実施することで、いつもの勉強とは違う形で情報が脳に伝わったと言える。

なぜ「事前テスト」が学習効率を高めるのか

なぜそうなるのか？　確かなことは誰にもわからない。可能性としては、事前テストの実施が「望ましい困難」として機能することがあげられる。真っ先に正解を覚えるのではなく、まずは答えを推測することにより、作業が少々大変になる。
もう一つ考えられるのは、間違った推測のおかげで、流暢性が招く幻想が排除される可能性だ。何も勉強せずいきなり推測するのだから、「エリトリアの首都の名称を見た（勉強した）ばかりだから知っている」という錯覚に陥らずにすむ。また、ただ覚えるだけのときに見るのは正解だけで、5択問題を解くときのように、残る4個の選択肢は目にしない。

「外国の首都を勉強していて、オーストラリアの首都はキャンベラだと学んだとしよう」ロバート・ビョークは私にこう説明を始めた。「そうすると、簡単に覚えられると思うかもしれない。しかし、試験の問題では、ほかの選択肢が提示される。シドニー、メルボルン、アデレードなどが正解と一緒に並んでいると、とたんに自分の答えに自信がなくなる。正しい答えだけ覚えようとすれば、脳裏や問題用紙に現れるかもしれないほかの選択肢のことを何も理解できない」

予行演習としてテストを受けることには、教師の手の内を垣間見ることができるというメリットもある。「たとえ答えを間違っても、その後の学習効果は向上すると考えられる」とロバート・ビョークは言い添える。「そのテストによって、理解する必要のあることに意識が向くようになるからだ」

これについては、メリットがあるのは学ぶほうだけではない。教師の役にも立つ。教師は事実や概念を好きなだけ教えることはできるが、結局のところ、生徒がそれらをどうとらえるかが何よりも重要だ。学んだことを頭のなかでどのように整理し、学んだことを活かして何が重要で何がそうでもないかをどのように判断するかが大切なのだ。

エリザベス・ビョークは、事前テストがその後の学習効率を高める理由はここにあると考えた。事前テストを行うと、生徒がその後の学習で大事なことに気づけるようになるのではないか。それを調べるため、彼女は自身が受け持つ講義で事前テストを実施することにした。

実験の対象としたのは、ビョークがUCLAで受け持つ心理学入門Ⅱという講義だ。このクラスで小規模な実験から始めた。といっても、講義の初日に期末試験の予行演習テストを実施するつもりはなかった。「これは初期段階の実験ですから、3講義ぶんの事前テストにしました」と彼女は言う。「講義の1日か2日前に事前テストを実施しました。このテストを受けることで、講義の内容をより深く覚えられるかどうか確かめたかったのです[*13]」

彼女は博士研究員のニコラス・ソーダーストロームに協力してもらい、3講義それぞれの事前テストを作成した。いずれも5択形式が40問のテストだ。3講義すべてを受講した後に実施する総合テストの問題も同様に作成した。

ビョークが何よりも知りたかったのは、次の問いの答えだ。「事前テストを受けてから講義を受けると、事前テストには出てこなかった内容よりも、事前テストに出た内容のほうをより深く理解し、かつ長く覚えているのか？」。ふたりは、総合テストの問題を工夫してその答えを得ようとした。何をしたかというと、事前テストの内容に関係する問題とそうではない問題の2種類に分けたのだ。「事前テストで理解が深まるのであれば、講義でだけ習った内容よりも、事前テストの内容に関係する問題をより多く正解するはずです」とビョークは言う。

この実験は、先ほど紹介したアフリカ諸国の首都名のテストと同種と言っていい。首都のテストは、最初の12都市は「事前テスト」をし、残りの12都市はテストはせず普通に都市名を見て覚えた。だから、両方あわせた24カ国の総合テストで最初と残りの12問を比較することで、事前テストの影響の有無を判断することができた。

ビョークとソーダーストロームも、総合テストを実施して、事前テストに関係する問題とそうでない問題との正答率を比較するつもりだ。事前テストに関係する問題は以前と文言を変えるが、大半の問題の選択肢には前回と重複するものがいくつか含まれる。例をあげよう。

［事前テストで出題した問題］

Q 「科学的な説明」について正しいものは次のどれか？

① ほかのタイプの説明に比べて、経験的観察によって検証されることが少ない。
② 信頼できる情報源または権威ある人物から発信された場合に認められる。
③ 暫定的にしか認められない。
④ 科学的な説明と矛盾する証拠が見つかった場合、その証拠が吟味される。
⑤ 科学的な説明として、右記の四つはすべて正しい。

［総合テストで出題された問題］

Q「確かな情報にもとづいた説明」について、正しいものはどれか？

①ほかのタイプの説明に比べて、経験的観察によって検証されることが多い。
②信頼できる情報源または権威ある人物から発信された場合に認められる。
③絶対的な真実だとみなされる。
④確かな情報にもとづく説明と矛盾する証拠が見つかった場合、情報の真偽が吟味される。
⑤②と③が正しい。

事前テストを実施したところ、どのテストも成績は散々だった。テストの1日か2日後、学生たちはテストの内容に関係する講義を受けた。講義というよりも、テストの答え合わせに近い授業だった。事前テストは、その後直ちに答えを教えることで効果がもっとも高くなる（アフリカ諸国の首都のときと同じだ）。

散々な成績に終わったテストは、その後の学習に何か変化を与えたのか？　それについては、3講義を網羅する総合テストが教えてくれた。総合テストは、3番目の講義の2週間後に実施された。事前テスト同様に5択問題が40問で、事前テストに関係する問題とそうでない問題の両方が含まれている。はたして、この実験の結果はどうなったのか？

実験は成功だった。総合テストを実施した結果、事前テストに関係する問題の正答率は、そうでない問題の正答率よりも10パーセント高かった。大差というわけではないが、初めての実験の成果としては悪くない。「このデータだけを踏まえて結論を述べるなら、講義で扱う内容を事前テストとして学生に出題すると、講義を終えた後に実施するテストでは、事前テストと同じ内容の問題の正答率が高くなると言えます」とビョークは私に言った。また、たとえ事前テストの点数が悪くても、その後に受ける講義に出てくる用語を目にするので、どういう種類の問題、どの概念が大事かがわかるようになるという。

テストはきわめて強力な学習テクニック

事前にテストを実施するという概念は目新しいものではない。本番のテストに慣れる目的で模試を受けた経験は誰もがあるだろう。そして、その効果を疑問に思っているのではないか。

アメリカのティーンエージャーは何年にもわたってSAT（大学進学適性試験）の模試を受け、大学を卒業しても、MCAT（医科大学院入学試験）、GMAT（経営大学院入学適性試験）、LSAT（法科大学院入学試験）の模試を受ける。とはいえ、SATのように一般知識を問うテストの模試を受けるいちばんの目的は、本番に対する不安を軽減し、テストの形式や制限時間に慣れることだ。しかし、ビョーク夫妻、ローディガー、コーネル、カーピックらが行った実験は違う。彼らが事前テストの効果を適用したのは、科学の基本理念、聖書の分析、音楽理論など、特定の知識の土台となる概念や用語の学習に対してである。

学校のテストは、やはりテストだ。それはこれからも変わらない。少なくとも基本は同じだ。では、何が変わるのか？　私たちのテストに対する認識だ。ゲイツがコロンビア大学で行った暗唱の実験により、テストを受けることは少なくとも勉強になることがわかった。問題に答える行為は、覚えていることを測るだけでなく、思いだす力全般を高める。そして、さまざまな科目において、見て覚える勉強時間を増やすよりも、覚えたことをテストするほうが有効だということも明らかになった。それは音楽やダンスの場合も同じで、記憶を頼りに練習するほうが効果が高い。いまようやく、テストにはその後の学習効果を高める種類があることが明らかになりつつある。そういうテストは、たとえテストの成績が散々でも関係ない。

教師や教授が、授業の初日に「事前期末テスト」を実施する日がいずれ来るのだろうか？　それは何とも言えない。アラビア語や中国語の入門クラスの場合は、見たことのない表記法や記号や文字が並ぶので、初日の事前テストは時間の無駄かもしれない。事前期末テストは、人文系や社会学系の科目のほうが適しているように思う。そういう科目の場合は、問題を解く足がかりとなる知識が多少は頭のなかにあるからだ。「現段階では、事前テストの理想的な適用法はわからない」とロバート・ビョークは言う。「この分野の研究は、まだ始まったばかりにすぎない」

それに本書の目的は、自分の時間に自分ひとりでできる有効な方法を見つけることにある。私は、記憶を検索する力の限界を引きあげることについて、ビョークやローディガーをはじめとする研究者たちとさまざまな意見を交わした。そのときの会話を踏まえたうえで私に言えるのは、テスト（暗唱、自己テスト、事前テストなどという意味でのテスト）の実施は、単に知識を測る以上のことを可能にする、非常に強力な学習テクニックの一つだということだ。

その場ですぐに（流暢に）思いだせないと、自分はテストが苦手だと思い込む人は多い。そういう流暢性の罠を、テストは打ち負かしてくれる。また、学習時間の価値も高めてくれる。それに、これは事前テストに限った話になるが、事前にテストすることで、その科目への取り組み方を具体的に細かくイメージできるようになる。

テストに恐怖心や苦手意識を抱いている人は多いので、テストの実施に対する認識を改めることはそう簡単にはいかない。わだかまりがあまりにも多い。とはいえ、テストの実施にはさまざまな形があり、試験はその一つにすぎないという考え方ならできるのではないか。

そのように考えるとき、私はアルゼンチンの偉大な作家ホルヘ・ルイス・ボルヘスが作品づくりについて語った言葉を思いだす。「長編作品の執筆は、多大な時間と労力を費やし自らを消耗させる愚かな行為だ。数分で完璧に説明できるアイデアを、５００ページに広げるなんてバカげている。だから、その作品はすでに存在しているものとして、まとめや意見を提供するつもりで書くほうがずっといい[*14]」

要するに、書こうと思っている本はすでに存在しているものとし、何を書けばいいか、自分でわかっているフリをするということだ。ギターの名手、サビカスのように弾けるフリをする。「聖クリスピンの祭日の演説」をすべて覚えているフリをする。ドアに貼っておいた哲学の論理が頭に入っているフリをする。自分はすでに専門家であるというフリをして、要点や意見を述べる。このように、できるフリをして実際にやってみるといい。

これが、自分で自分にテストすることの本質だ。知識や技術が身についていると自分に言い聞かせたうえで、実際にどこまで身についているかを確認するのだ。歴史の教科書の新章を読む前に章末のまとめ問題に目を通すだけでは、方向性としては正しいが、自分で自分をテストすることにはならない。

テストは家にいてもできる。たとえば、ギターで曲をマスターしたいとき、私はまず数小節のフレーズをゆっくりと慎重に覚え、それから記憶を頼りに何度か繰り返し弾いてみる。難解な科学論文を読むときは、2、3回通して読んでから、誰かにその内容を説明する。聞いてくれる（聞いているフリをする）人が誰もいないときは、ひとりで声に出して説明する。論文の要点となる箇所を、できるだけ書いてあるとおりの言葉で説明しようと試みる。

教師の多くは、誰かに教える状況にならないと、誰かにきちんと説明しないといけない状況にならないと、本当に理解したことにはならないと口にする。まったくそのとおりだ。自分で自分をテストすることは、「よし、この勉強はできたぞ。いまから兄（パートナー、十代の娘）に勉強したことを教えよう」と言うことだと思うようにするのが効果的だ。必要ならば、記憶を頼りに勉強したことを書きだしてもいい。私は実際にそうしている。書きだすときは、できるだけ理路整然と、明瞭簡潔になるよう心がけている。

覚えておいてほしい。学んだことを自分自身や自分以外の誰かに説明するという行為は、単純なことのように思えるかもしれないが、慣習的な意味での自己テストの一形態にとどまるものではない。これは非常に効果の高い学習だ。机に向かって教科書をじっと見続ける勉強に比べると、その効果は20~30パーセント高い。そのうえ、流暢性が招く幻想を払いのけてくれる。そして、知らないこと、混乱している部分、忘れていたことを、あっという間に明らかにしてくれる。

このとき明らかになる無知は、最高に価値のあるものなのだ。

Part3

解決力を高める

第6章

ひらめきを生む

――アイデアの「孵化」が問題解決のカギ

パズルを使った「洞察問題」

学校に通うようになると、心理テストを課される数以上に、心理的に試される場面に遭遇する。廊下での無視、校庭でのケンカ、心ないウワサ話、悪い成績、食堂のメニュー……。だが何よりも心の傷となりやすいのは、人前での発表だ。

教室で前に立ち、ブラックホール、フランスのレジスタンス運動、ピルトダウン人について、何も見ずに発表しないといけないとき、人生に早送りボタンがあればいいのにと思った人は多いだろう。大きな声では言えないが、私もそんなひとりだ。人前に立って発表しようと口を開いても、か細い声しか出ない子どもだった。

それは子どもの頃だけの話だと思っていた。ところが、２０１１年のある冬の朝、そうではないことが明らかになった。私はその日、ニューヨーク・シティ郊外にある学校に出向いた。20〜30人の中学1年生（11〜12歳）を前にして、私が執筆した子ども向けのミステリー小説についてざっくばらんに語ってほしいと頼まれたからだ。その小説は、中学生で習う数学に謎を解くヒントが隠されていた。

ところが、学校に着くと、大きな講堂の壇上に案内され、コンピュータやパワーポイントなど、用意が必要なＡＶ機器はないかと尋ねられた。もちろん、そんなものは何一つ必要なかった。発表用の資料など何もない。数冊の本を持参し、執筆に関する質問の答えをいくつか用意してきただけだ。講堂にみるみる人が集まってきた。各クラスの担任が生徒を率いて次々に入ってくる。明らかに、学校規模のイベントだった。

私はパニックになる気持ちを必死で抑えようとした。謝罪して壇上を降り、手違いがあって大勢を前に話をする準備ができていないと説明しようとも考えた。だが、もう手遅れだった。聴衆が席についていると、学校の図書館員が唐突に壇上にやって来て、片手をあげながら静粛を呼びかけた。図書館員の女性は私を紹介し、ステージを降りた。とうとう私の出番が来ると、私は11歳の頃に逆戻りした。頭のなかが真っ白になった。ずらりと並ぶ生徒たちの顔を見ると、期待と好奇心に満ちていた。後ろのほうには、すでに退屈している子もいた。

私には時間が必要だった。この場を切り抜ける魔法でもいい。

6本の鉛筆を使って四つの正三角形を作ろう

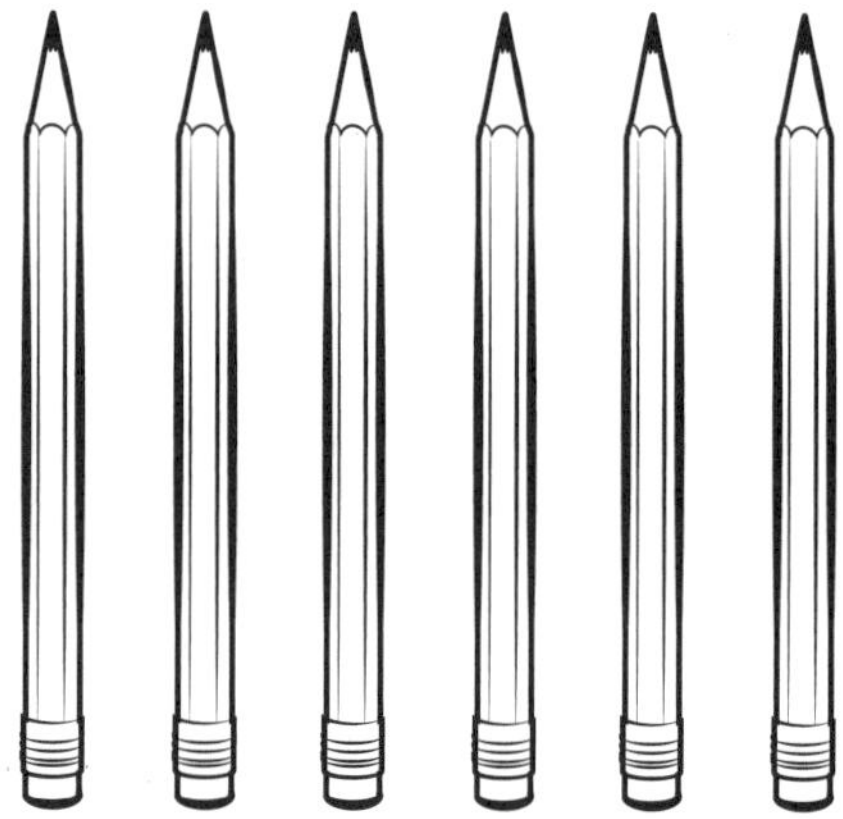

　だがどちらもなかったので、パズルの出題から話を始めることにした。そのとき、昔からあるパズルが頭に浮かんだのだ。たぶん、最初にそれを考えたのは、7世紀あたりのアラブの数学者だと思う。近年では、創造的な問題解決の研究に科学者が使うようになった。創造的な問題解決の研究とは、山勘や目に見える手がかりに頼らずに答えを見いだす能力についての研究だ。

　このパズルは誰でも簡単に答えがわかるもので、中学生なら確実に答えられる。ステージの裏手に黒板があったので、私はそれを中央に持ってきた。そしてチョークを取りだすと、黒板に6本の鉛筆を縦に描いた。柵の支柱のように、それぞれ15センチメートルほど間隔をあけた。

「これはとても有名なパズルです。このなか

正三角形のサンプル

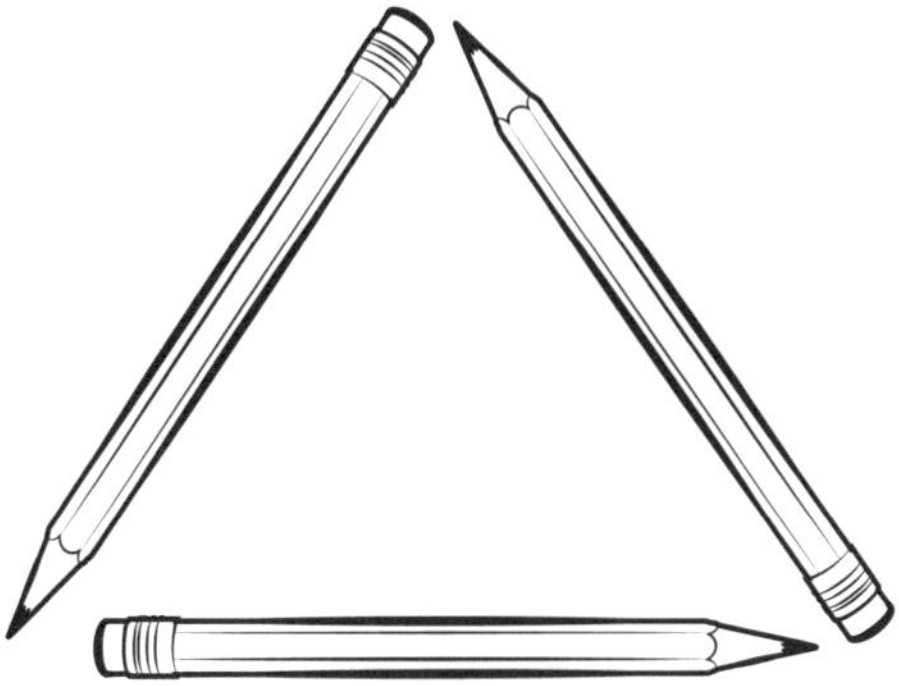

に、この問題が解けない人はひとりもいません」と私は言った。「この鉛筆を三角形の一辺として、正三角形を四つ作ってください」。念のため、正三角形とは3辺の長さが等しい三角形だとつけ加えた。

「6本の鉛筆を使って四つの三角形を作る。簡単でしょ？　さあ、やってみてください」

ざわついていた会場が静かになり、とたんに全員の目が黒板に向いた。私は、彼らの脳回路が動きだす音が聞こえたような気がした。

このパズルは、心理学者のあいだで「洞察問題」と呼ばれている。くだけた言い方をすれば、ひらめきが必要となる問題だ。なぜそう呼ばれるのか？　最初から正しい解き方を思いつく人が少ないからだ。思いついた解き方をいくつか当てはめてみても、うまくいかない。しばらく黙って天井を見つめ、気を取り直して別の方法を試すが、やはり行き詰まる。そうしてこれまでとはまったく違う方向から考え始めると、あるとき「これだ！」とひらめく。

洞察問題は、視点を変えてこれまでとは違う見方をすることが求められる問題だと定義されている。なぞなぞにも似たこの種の問題を解く能力が、ＩＱや創造性や分析力に関係しているのかどうかは長きにわたって議論されている。パズルを解く才能があるからといって、数学や化学や英語が得意とは限らない。この議論の是非はさておき、私はこう考えている。「パズルを解く才能は、あるに越したことはない」

現実の問題を解決するときは、創造的な思考が必ず必要になる。執筆に関する問題でも、数学や経営に関する問題でも関係ない。たとえば、金庫の扉がいつもどおりの組み合わせ番号を入れても開かなければ、別の方法を考えないといけない。金庫を開けるまったく別の方法を探さないといけなくなるというわけだ。

頭に浮かんだアイデアを捨て、視野を広げる

私がこの話をするあいだ、生徒たちは黒板を見つめながらひそひそと話していた。５分ほどたつと、何人かの生徒が立ちあがって黒板のところにやって来て、思い思いに図を描いた。だがどれも正解ではなかった。三角形のなかで鉛筆を交差させて小さな三角形を描いて四つにしても、

アルファベットを入れて言葉を完成させよう

SEQUENC_

辺の長さが等しくならない。みな真剣に考えてくれたが、開かない金庫の扉を開けるアイデアは出なかった。

そのうち、生徒たちがざわつき始めた。とくに後ろのほうの生徒がそわそわしている。私は、数学を謎解きのように考えるコツを話し続けた。利用できる情報のすべてを確実に使うこと。バカバカしいアイデアだと思っても、必ず突き詰めてみること。問題を小さく分割できないか考えること。だが、私が何を言っても、生徒たちの耳にはチャーリー・ブラウンと同じように「ワーワーワー」にしか聞こえていないようだった。彼らにはハミングにしか聞こえていないだろう私の言葉は、だんだん小さくなっていって消えた。

何か別のことをする必要がある。そう考えた私は、先ほどとは別の洞察問題を思いだし、鉛筆の下に上のような文字を描いた。

「では、先ほどの問題はちょっと忘れてこちらをやってみましょう」と私は言った。「最後にアルファベットを入れて、この言葉を完成させてください。ただし、『E』を入れてはいけません」

この問題なら数学の匂いがしないので、三角形の問題よりもとっつきやすいだろうと思った(図形や数字が関係したとたん、数学に苦手意識を持っている生徒のやる気が失われる)。アルファベットのパズルなら、誰もが自分にも解けそうだと思う。この問題に取り組むことで、集中力を保つとともに、鉛筆の問題を解くのに適した精神状態になってくれればと願った。

新たな問題を出題すると、生徒たちの空気が一変するのがわかった。講堂が競争心に包まれたのだ。まるで、生徒一人ひとりがその問題を自らの問題だと受けとめ、誰よりも先に解きたいと感じているようだった。教師たちも生徒を応援し始めた。

「集中しなさい」

「考え方を変えてみなさい」

「静かにしなさい、後ろのほう」

「問題に取り組みなさい」

それから数分が過ぎると、前のほうにいたひとりの女子生徒が手をあげ、ほとんど聞き取れない声で答えを言った。間違えるのを恐れているようだった。だが、彼女の答えは正解だった。私はその生徒を前に呼び、黒板に答えを書かせた。生徒たちから「マジか!」の大合唱や「えっ、それだけ?」といった声があがった。こういう問題を「洞察問題」と呼ぶ、と私は彼らに説明した。この種の問題を解くときは、最初に浮かんだアイデアを捨て、与えられている情報を細部まで念入りに検証し、視野をもっと広げて考えないといけない。

これで持ち時間の4分の1が過ぎたが、まだ鉛筆の問題は正解が出ないまま黒板に残っている。とっておきのヒントはいくつか頭にあったが、もう少しだけ待とうと思った。

そのとき、後ろのほう――「問題に取り組みなさい」と注意された辺り――にいた男子生徒が手をあげた。「数字の4と三角形じゃダメですか?」と言いながら、何かが描かれた紙を見せたが、私の位置からは何が描いてあるのかよくわからなかった。私は彼に前に来るよう促した。彼の答えには何かあると感じたのだ。

男子生徒が壇に上がると、黒板にシンプルな図を描いた。描き終えると私のほうを見て肩をすくめた。それは奇妙な瞬間だった。見ていた生徒たちが彼を応援しているのはわかった。ただ、彼の解答は、一般にこの問題の正解とされているものではなかった。かすりもしていない。だが、条件はすべて満たしていた。

創造的な問題を解決しようとすると、このような答えが生まれることがある。研究室が中心の心理学の世界から見れば、答えの導きだし方そのものが異質であり、導きだされた結論も、一見すると間違っているように思える。問題を解くときによく言われる、「問題に集中し、邪魔になるものを遮断して考えなさい」というアドバイスにも従っていない。それでも、ちゃんと問題を解決できる。

洞察力はどのように生じるのか

「洞察問題」の「洞察」とは、問題の答えや本質を見抜く力を意味する。いったい、この力はどういうものなのか？　問題の答えがもっとも頭に浮かびやすいタイミングはいつで、なぜその考えが頭に浮かぶのか？　答えがX線画像のように透けて見えるとき、頭のなかでは何が起きているのか？

人類が誕生してからというもの、こうした疑問はつねに、詩人、哲学者、聖職者らにつきまとってきた。古代ギリシャの哲学者プラトンにとって、思考は観察と議論を交流させる活動だった。彼はそこから「形」が生みだされると説き、それを「イデア」と呼んだ。思考によって生まれたイデアは、私たちが五感を通じて感じとる、絶えず変化するものごとよりも現実を正しく表している。

そして、アリストテレスがここに論理を加えた。論理とは、一つの命題から別の命題へと移る仕組みである。たとえば、カケスは鳥で、鳥には羽があるのであれば、カケスには羽がある、という具合だ。つまり、ものごとの定義に不可欠な要素や、複数のものごとの関係性を見いだすための仕組みが論理である。アリストテレスは、現代の私たちに、「演繹《えんえき》法」（ある原理から論理を組み立てていく論法）や「帰納《きのう》法」（注意深い観察にもとづいて結論を導きだす論法）という語彙を与えてくれた。そして、この二つの論理が科学研究の土台となった。

17世紀になるとデカルトが現れ、創造的な問題解決のためには自分の内側に引きこもることが必要だと述べた。つまり、五感の背後にある知性の領域まで後退しろということだ。そこまで行くと、奥底から人魚が現れるように真実が表面に浮かびあがってくるという。

この種の話題は、深夜の寮での議論や大学院生たちの論戦に最適だ。これは、一般原理や論理のルールに特化した哲学であり、「真実」と「不可欠な要素」の探究である。一方、微分積分に頭を悩ませている学生や、ソフトウェアの問題を修正しようとしているエンジニアにとっては、まったく無意味なものだとも言える。

問題の答えがいつどのように浮かぶのかという疑問は、もっと身近で日常的な問題だ。そして、イギリスで知識人として知られるひとりの教育者が、この疑問に非常に関係の深い疑問への答えを見つけようと最初に踏みだした。彼の疑問は次のようなものだった。「問題に行き詰まり、その後解決策を見いだしたとき、頭のなかでは実際に何が起きているのか？　難題を解決する工程はどのようになっていて、解決に不可欠な洞察力はどのように生じるのか？」

その知識人というのはグレアム・ウォーラスだ。彼は、社会の発達に関する論文でその名をあげ、また、ロンドン・スクール・オブ・エコノミクスの創設者のひとりとしても知られていた。1926年、彼は研究の晩年に『*The Art of Thought*』を刊行した。[*1] これは学習と教育についての考えをまとめたもので、回顧録のようでもあり、提言書のようでもある。この本のなかで、ウォーラスは彼自身に関する話や交流関係を語り、お気に入りの詩を転載している。ライバルの知識人に異を唱えている。また、歴史上の科学者、詩人、小説家をはじめ、創造的思考を駆使した人々が書き残した、問題を解決する考えが浮かんだときの記述をさまざまな角度から分析して論じてもいる。

ウォーラスは、そうした人々の言葉を転載したり、それらについて考えたりするだけでは満足しなかった。彼はそこから公式のようなものを見いだすことにした。どういうことかというと、優れた洞察力を持つ人たちが答えを見つけるまでの思考の過程を特定し、誰もが活用できるフレームワークを見いだそうとしたのだ。当時の心理学の世界には、そういう工程のことを表す言葉もなければ、その工程を示す正確な定義もなかったので、人間の能力の土台である思考の工程を研究する術がなかった。その状況に気づいたウォーラスはぞっとした。だから、解決策が生まれるまでの工程を表す言葉を自らつくると心に決めたのだった。

ウォーラスが転載している素材は素晴らしいものばかりだ。たとえば、フランスの数学者アンリ・ポアンカレに関しては、フックス関数と自ら名づけたものの性質を解き明かそうとしていたときのことについて詳細に記した部分を引用している。「難しい疑問に取り組んでいて、一度目の挑戦で成果があがることはほとんどない」とポアンカレは分析している。「その後休憩をとる。長いときも短いときもあるが、休憩を終えたら、気持ちを新たに疑問に向きあう。最初の30分は先ほど同様に何の発見もないが、あるとき突然、疑問を解決に導く考えが脳裏に現れる」[*2]

ドイツの物理学者ヘルマン・フォン・ヘルムホルツは、問題に懸命に取り組んでいて壁にぶつかったとき、どうやって新しい考えがわき起こるかを語っている。「幸せな気持ちになる考えは、思いがけずやってくる。一切努力をしなくても、ひらめきのように生まれる」と彼は言う。「私だけかもしれないが、精神的に疲れているときや、仕事机に向かっているときにそうした考えが浮かんだことは一度もない。浮かびやすいのは、天気のいい日に木々に囲まれた丘をゆっくりと登っているときだ[*3]」

また、ベルギーの心理学者ジュリアン・ヴァーレンドンクは、洞察力は一定の時間仕事をした後ぼんやりすることで生まれると考えた。その理由を、彼は次のように語っている。「自分の前意識（その時点では意識にのぼらないが、努力によって意識できる記憶などが貯蔵されているとされる領域）には、研究テーマに直接関係する何かが生まれようとしているに違いない。だから、しばらくのあいだ読むのをやめて、その何かが意識の表層に現れるようにしてやるべきだ」

これらの引用の言葉自体は、格別示唆に富むわけでも、目を引くわけでもない。しかし、彼らの言葉を次から次へと読んでいくと、特定の分野や綿密な計算に精通しているという事実を抜きにしても、しだいに、試合を終えたプロスポーツ選手の「俺はゾーンに入っていた。すべてがスローモーションに見えたんだ」といった言葉に似ているように思えてくる。

問題解決の四つのプロセス

そしてウォーラスは、彼らの描写には根本的に共通するものがあると気づいた。彼らはみな問題に取り組んで壁にぶちあたり、その場を歩き去った。突破口は見えていなかった。それ以上は何も思い浮かばない状態だった。問題を解くカギとなる考えが浮かんだのは、それまでやっていた作業を打ち捨て、意図的にそのことを考えないようにした後だ。カギとなる考えが浮かんだときの経験には、いくつかの段階が含まれているのではないか。ウォーラスはそう考え、それらを「カギとなる考えを左右する段階」と呼んだ。

第1段階は「準備」だ。これは、論理的思考または創造性が必要となる問題に奮闘している期間を指し、数時間のこともあれば数日（あるいはそれ以上）のこともある。ポアンカレの場合は、15日間にわたってフックス関数は存在しえないと証明しようとした。彼の専門分野を思えば、証明の構築を始める前に思いにふけった時間としてはかなり長い。「毎日机に向かい、そのまま1、2時間かけて膨大な数字の組み合わせを試したが、何の成果も得られなかった」[*4]と彼は書いている。準備の段階では、解決を必要とする問題を詳細に理解し、解決のヒントや手順の候補が手元にあるが、それだけではまだ足りない。一度アイデアをすべて出しきるまでが準備だ。そこまでしないと行き詰まっているとは言えない。完全に行き詰まったときに、準備段階が終わる。

第2段階は「孵化《インキュベーション》」だ。この段階は、問題を一時的に脇に置いたときに始まる。ヘルムホルツが孵化の段階に入ったのは、朝の仕事を放棄して森の散歩をそのまま続けたときだった。彼は意図的に自らの研究について考えないようにした。ウォーラスによると、夜中に孵化段階に入る人もいれば、食事中や友人と出かけているときにこの段階に入る人もいる。

ウォーラスは、この休息期間に知性が密かに何らかの行動を起こしていると考え、その活動が非常に重要だと確信した。彼は心理学者であって読心術者ではないが、頭のなかで起きていることを次のように推測した。「知的活動の処理の一環として、既存の情報に新しい情報の関連づけが行われている。どうやら自ら意識しないところで、情報の再編のようなことが起きているらしい」[*5]。要するに、知性はオフラインで問題に取り組んでいるということだ。問題の解決に使っていた情報を見てまわりつつ、解決に関係するとみなされなかった情報を新たにつけ加えたりしているのだ。

週末に自宅で行う手仕事を思い浮かべるとわかりやすいだろう。たとえば、古くなって壊れたドアノブを新しいものに取り替えるとしよう。簡単な作業に思えたが、一つ問題が発生した。ノブをはめる新しい枠がラッチと合わず、正しく取りつけられないのだ。新たに穴をあければ、ドアが台無しになってしまう。いろいろと試してみるが、どうやってもうまく取りつけられない。諦めて昼食をとっていると、不意にある考えがひらめいた。「そうだ、前に使っていた枠に新しいノブを取りつければいいのではないか？」。前に使っていた枠は捨てたと思い込んでいたが、その考えが浮かんだとたん、車庫にとっておいたことを思いだす。

この例のようなことが最低限起きていると思えばいい。ウォーラスのとらえている「孵化」には、この段階特有の特徴がいくつかある。一つは無意識に知的活動が行われるということ。この段階に入ってから脳内で起きている知的活動を、本人は認識していない。そしてもう一つは、問題そのものを、一度構成する要素まで分解し、再度組み立てるということだ。私が中学生に出題した鉛筆の問題を例にするなら、この段階のどこかの時点で、第1段階では思いださなかった「既存の情報」(三角形の性質に関する知識など)が組み込まれる。

第3段階は「ひらめき」だ。これがいわゆる「アハ体験」を得る瞬間で、雲が晴れ、解決策が突如として現れる。このときの感覚は誰もが知っているように、とても気持ちがいい。またポアンカレの例になるが、彼がフックス関数の謎を解くのを諦めかけたときのことだ。「ある晩、普段は飲まないブラックコーヒを飲んだせいか、なかなか寝つけなかった。さまざまな考えが頭に浮かんだ。はじめはどれもいいとは思えなかったが、やがてある組み合わせがぴったりと嚙みあった。確かな組み合わせが生まれたのだ。翌朝目覚めたとき、私はその結果を書きだしさえすればよかった[*6]」

最後となる第4段階は「検証」だ。ひらめいた考えが本当に問題を解決するかどうかを確かめる。

脳は休息中も問題と向きあい続ける

ウォーラスの最大の貢献は、「孵化」の段階を定義したことにある。彼はこの段階を、脳が休息し「一から考える状態」に戻るだけの受動的な段階だとはとらえず、この間に、問題を意識はしないが、無意識で問題と向きあい続けていると考えた。無意識下の頭のなかでは、脳がさまざまな概念や考えと戯《たわむ》れながら、上の空でジグソーパズルをするかのように、ある考えを脇にどけたり、複数の考えを一つにまとめたりしているのだ。

その作業の成果は、再び机に向かってパズルの四つ角がすべて埋まったと気づくまでわからない。そうしてパズルの絵の一部が明らかになれば、残りのピースをどうすればいいかも自然とわかる。ある意味、成り行きに任せることで、自分独自の考え方から抜けだせるとも言える。顕在意識から「どこへ行け」「何をしろ」と命令を下されることなく、無意識自身に活動する機会が生まれる。

ウォーラスは、孵化の段階が続く期間については言及しなかった。また、この期間にどういう活動（散歩、昼寝、はしご酒、趣味の本の読書、料理など）が最適なのかも明言していない。また、孵化の段階で脳内に起きていると思われることを科学的に説明しようともしていない。なぜなら、調査した内容を説明することが目的ではなかったからだ。

彼の目的は、問題を解決する過程を表す言葉をつくり、「現代心理学によって集積された知識が、問題を解決しようとしている人の思考プロセスの改善にどれだけ役に立てるかを知る」ことだった。ウォーラスは、「これ（彼の書いた本）を読んだ人が自分よりも上手に問題を解決できるようになってもらいたい」[*7]という控えめな希望を記していた。

彼のこの本が私たちに大きく貢献するとは、彼自身は思いもしなかったことだろう。

「孵化」段階でも脳はヒントを探している

ウォーラス以降、創造性を必要とする問題解決は、白衣を着た研究者の主たる研究対象とはならなかった。研究初期の頃、それは研究というよりも実習に近かった。問題を解決する過程を心理学者たちが厳正な研究対象とするには、いままでにない問題を考案しないといけない。それは簡単ではなかった。

たいていの人は、子どもの頃から、なぞなぞ、ジョーク、言葉遊び、算数の問題と当たり前のようにつきあっている。つまり、問題解決の手がかりに利用できる経験が、たまりにたまっているということだ。純粋に問題を解決する能力を試すには、いままでにない何かが必要だった。それも、「学術的な」匂いの一切しないものが望ましい。そうして、記号や文字ではなく、ごく一般に家庭にあるものの使用が求められる難題を出題することで落ち着いた。そのため、彼らが実験を行う部屋は、実験室というよりも祖父の家のガレージのようだった。

もっとも独創的な実験を行ったひとりが、ミシガン大学の心理学者ノーマン・マイヤーだ。彼は、解決策に直接つながる知的活動を解明すると心に決めていた。1931年の実験で、マイヤーは61人の学生を一斉に大きな部屋に招きいれた。[*8] 室内には、机と椅子、クランプやペンチなどの工具類、金属製の棒、延長コードなどがあった。そして、天井から床まで2本のロープが吊るされていた。1本は部屋の真ん中に、もう1本は壁から4・5メートルほど離れた位置だ。マイヤーは協力者たちに向かって、「この2本のロープを結んでください」という指示を与えた。一目見ただけで、一方のロープの先を持ってもう一方のロープのほうへ歩けばすむ問題ではないとわかる。それでは届かない。さらに、室内にあるものは自由に使ってよく、ロープを結ぶためならどんな使い方をしてもよいとの説明がつけ加えられた。

この難問の解決策は四つだ。比較的わかりやすいものもあれば、そうでないものもある。

一つは、1本のロープを椅子に結び、もう1本のロープに椅子ごと近づけるという方法だ。マイヤーはこれを「わかりやすい答え」に分類した。もう二つは少々難易度が高く、1本を延長コードに結んでもう1本のロープに近づける、あるいは、金属棒を使ってロープを近づけてもいい。そして四つ目は、中央に吊るされたほうのロープを振り子のように揺らし、もう1本のロープのそばに振りあがったところでキャッチして結ぶという方法だった。これがもっとも高度な方法だとマイヤーは考えた。ロープの先に何か重いもの（ペンチなど）を結ばないと、壁側のロープに届くほど振りあがらないからだ。

10分後、40パーセントの学生が、何の助けもなく四つすべての解決策にたどり着いた。しかし、マイヤーの興味をひいたのは、残りの60パーセントのほうだった。彼らは、少なくとも一つの解決策を見いだしはしたが、もっとも高度な、オモリをつけて振り子にする方法には気づかなかった。さらに10分が経過したところで、彼らは途方に暮れた。もう何も思い浮かばないとマイヤーに告げると、マイヤーは彼らに数分の休憩を与えた。ウォーラスの言い方を用いるなら、彼らは「孵化」期間に入ったのだ。マイヤーは、この重要な期間に何が起こるのかをしっかりと見極めたかった。四つ目の解決策は、完成された状態で突如として頭に浮かぶのだろうか？ それとも、休憩前に考えていたことがきっかけとなって、徐々にその方法が明らかになっていくのだろうか？

それらの答えを知るため、マイヤーは行き詰まった学生に自ら振り子の方法を指南することに決めた。休憩の後、彼は立ちあがって部屋の窓に向かって歩いていき、途中でわざと中央のロープにぶつかった。ロープがわずかに揺れる様を、室内にいる全員に見せるためだ。それから2分もしないうちに、ほぼ全員がロープを揺らし始めた。

実験が終わると、マイヤーは四つ目の方法がすぐにわからなかった人全員に向かって、どうやって四つ目の方法にたどり着いたのかと尋ねた。何人かは、なぜかわからないがロープを動かすという考えが何となく頭にあり、マイヤーがくれたヒントで方法が完全にわかったと答えた。つまり、彼らの場合は方法が徐々に明らかになり、マイヤーの後押しでピンときたということだ。これは何も目新しくはない。誰もがそういう経験をしている。ゲーム番組の『ホイール・オブ・フォーチュン』がいい例だ。この番組の出場者は、徐々に明らかになっていく文字を頼りに隠れている言葉を推測する。明らかになる文字が増えるたび、正解に近づいていると実感し、どの文字が見えたときに答えがわかったかをはっきりと自覚している。

しかし、本当に役立つ意見を提供してくれたのは、その数名以外の学生のほうだった。ほとんどの学生が、四つ目の方法はパッとひらめいたと言った。しかもヒントは一切もらわなかったとも言っている。あれほどはっきりとヒントをもらったにもかかわらずだ。「オモリになるものを結べばロープが振り子になると気づいただけです[*9]」と、ある学生は言った。物理の授業からその方法が浮かんだと答えた学生もいた。

このように答えた学生たちは、気恥ずかしさから事実をごまかそうとしただけだろうか？ そうとは考えづらい、とマイヤーは言う。「問題の解決策を思い浮かべるというのは、ばらばらになったパズルの完成図に気づくのに似ている[*10]」と彼は書いている。「ヒントをもらったという意識がないのは、突然現れた解決策に意識が支配されたからだ[*11]」。別の言い方をするなら、答えを見抜いた洞察力の輝きがまぶしすぎて、答えに導いてくれた要素がかすんでしまうのだ。

マイヤーの実験は、後世に語り継がれるようになった。それは、孵化段階の知的活動は無意識に行われることがほとんど（全部と言っていいかもしれない）だと証明したからだ。孵化の段階であっても、脳は意識の外でつねに周囲に目を光らせながら、答えのヒントとなるものを探している。マイヤーは、実験のなかで自らヒントを与えた。そしてそのヒントは優れたものだった。しかし、孵化段階の脳は、答えに関係のありそうなあらゆる情報に敏感なはずではないのか。振り子時計の動き、窓から見えるブランコ、人の腕を振るしぐさなどがヒントになることもあるかもしれない。

生きていれば、ヒントに恵まれないときも当然ある。だから、マイヤーの実験で孵化の段階が完全に説明されたことにはならない。人は、ヒントがなくても創造性を使って日常的に問題を解決している。地下の研究室へ行き、周囲から遮断された一角で目を閉じたまま、問題を解決する。ということは、答えがうまく見つかったときは、孵化の段階でヒント以外の要素も活用しているに違いない。だが、いったいどの要素を？　それが何かと尋ねることはできない。そのときの活動はすべて無意識で行われているからだ。この謎を解き明かすのは容易ではない。

「孵化」の助けとなる脳の二つの働き

だが、もし、本人がそうと気づかない形で、創造的な解決策にたどり着くことを妨害できたとしたらどうだろう。また、妨害するものを密かに取り除き、解決策に気づく確率を高めることもできるとしたら？　それにより、孵化期の隠された秘密は明らかになるだろうか？　そもそも、そんなことが可能なのか？

このように考えたのが、ドイツの若き心理学者カール・ドゥンカーだ。彼は、創造的思考が必要となる問題を解決しようとするときに、人はどうやって「余計なものを取り除いた状態」になるのかということにも関心があったので、マイヤーの研究論文を読んでいた。先ほど述べたように、マイヤーはこの論文で、「問題の解決策を思い浮かべるというのは、ばらばらになったパズルの完成図に気づくのに似ている」と結論づけている。

ドゥンカーはパズルを使った研究を熟知していた。マイヤーがロープの実験を実施していた頃、彼はベルリンにいてマックス・ヴェルトハイマーの下で研究していた。ヴェルトハイマーは、ゲシュタルト心理学という学派を創設したひとりだ。ゲシュタルトはドイツ語で「形態」や「まとまり」を意味し、人は、ものや考えやパターンをまずは全体としてとらえ、何がどのように合わさっているかを考えるのはその後であるという理論がゲシュタルト心理学だ。

たとえば、外界の視覚的なイメージを構築する（要するに、何かを見る）とき、脳は目を通して入ってくる光の情報を一つにつなぎ合わせるだけでなく、もっとたくさんのことをしている。まず、さまざまな前提を当てはめる。目に見える対象は一つのまとまりとなるものであり、表面の色は均一で、一緒に動く点は一つの物体の一部をなす、という具合だ。こういう前提は幼少期に身につく。そのおかげで、光に目が眩《くら》んで一瞬見失ったボールを追うことや、藪の向こうへ続く足跡を見て、迷子になった飼い犬は藪の向こうにいると気づくことができる。要するに、脳が藪の向こうの様子を「補塡」するのだ。そして、脳が補塡した情報は、ものの見方に影響を及ぼす。

ゲシュタルト心理学派は、脳の働きは特定のタイプのパズルに取り組む活動に似ているという理論を立てた。どういうことかというと、脳内に組み込まれている前提にもとづいて、目に映るものを一つのまとまりとしてとらえて見る（知覚したものを思い浮かべた「脳内イメージ」を構築する）のだ。

たとえば、私が初めて例の鉛筆の問題に遭遇したとき、私は紙に描かれた平面の正三角形を思い描いた。そして、残りの鉛筆をその三角形の周りに置くことを考えた。私はずっと、図形の問題は紙に書いて解いてきた。だから、この問題を違う方法で解こうとは思わない。つまり、私は「鉛筆は平面上にある」という前提を立て、その前提にもとづく「イメージ」を構築したのだ。そのイメージは、問題の解き方だけでなく、問題そのものの解釈にも影響を与える。なぞなぞには、こうした自動的な思い込みを突くものが多い(注)。

ドゥンカーは、この「脳内イメージ」がもたらすバイアスが、解決策にたどり着くことを妨害してくれるかもしれないと考えた。そして、彼は誰も試みたことのない難問を生みだした。箱、板、本、ペンチといったごく普通に目にするものを、解決策にたどり着くのを邪魔する（が取り除くことも可能な）「障壁」として問題に組み込んだのだ。な

注：私の祖父母世代に眉をひそめさせたなぞなぞを一つ紹介しよう。「ボストンに暮らす医師にはシカゴで医師として働く弟がいるが、そのシカゴの医師に兄はいない。いったいどういうことなのか？」。祖父母世代では、「医師」と聞けば男性だと思い込む人がほとんどだったため、その脳内イメージからふたりの医師の関係がありえないものとなったのだ。答えはもちろん、「ボストンに暮らす医師が女性だから」である。

かでも有名なのが、ロウソクを使う問題だ。[*12]

ドゥンカーは、実験の協力者たちをひとりずつ部屋に入れた。その部屋には椅子と机があり、机の上には、カナヅチやペンチなどの工具類、ペーパークリップ、紙、粘着テープ、糸、そして、物の入った小さな箱がいくつか置いてあった。画鋲《がびょう》の入った箱、誕生日ケーキに使うようなロウソクの入った箱、ボタンの入った箱、マッチの入った箱などだ。協力者に下された課題は次のようなものだった。「3本のロウソクを、火をともせるように扉の目の高さの位置に固定しなさい。机の上にあるものは、何でも使ってよい。制限時間は10分とする」

ほとんどの人は、画鋲でロウソクをとめる、粘着テープで貼るなどいくつかの方法を試して行き詰まった。ところが、ドゥンカーがたった一つのことを変えただけで、課題をクリアする確率が劇的に上がった。大したことはしていない。箱の中身をすべて机の上に出しただけだ。

空っぽの箱を机の上に置くと、被験者は、箱を画鋲でドアにとめればロウソクを立てる台になると気づくようになった。協力者に対する指令や、用意したものは何一つ変えなかった。だが箱を空っぽにすることで、協力者たちの脳内イメージが変わった。箱が空の状態で置いてあることで、単なる「入れもの」ではなく、課題をクリアするために利用できる材料の一つとみなされるようになったのだ。ドゥンカーの言葉を借りるなら、物が入っている箱は「使い道が定められた」状態だった。だから、協力者たちには箱の存在がないもののように感じられたのだ。

この「あらかじめ決まっている」という固定観念は、私たちが日々遭遇するさまざまな問題のとらえ方に影響を及ぼす。たとえば、袋を開けたいとき、ポケットに入っている鍵で開けることもできるのに、どこかの引き出しにあるはずのハサミを探すのに5分かけたりする。ミステリー作家は登場人物に対する固定観念を生みだす名人で、真犯人を犯人ではないと思わせるよう、クライマックスまで密かに読者を誘導する(アガサ・クリスティーの『アクロイド殺人事件』はその最たる例だ)。先ほど紹介した「SEQUENC_」の問題も、固定観念があるからこそ問題として成立する。最後の「_」を見れば、それは空欄を表す記号で、その上にアルファベットを書くものだと自動的に思い込む。自分ではそういう思い込みに気づいてすらいないので、この思い込みを振り払うのは至難の業だ。

ドゥンカーはロウソク問題と同類のさまざまな問題を使って比較実験を行い、次のように結論づけた。「我々が課した実験条件において、使い道が定められていないものの存在は、使い道が定められているものに比べて2倍近く目に入りやすい」

これと同じ原理は、マイヤーのロープの実験にもある意味当てはまる。この課題の解決策にたどり着くためには、まず、ロープが振り子のように揺れることに気づく必要がある。だが、それだけではまだ十分ではない。ロープをもう一方のロープに届くほど振りあげるためにペンチを結ぶという方法も考えださないといけない。ペンチは何かをねじるための工具だが、ロープに結べば振り子のオモリとなる。ただし、使い道に対する固定観念がなくならないと、ペンチをオモリにするという考えは浮かばない。

マイヤーとドゥンカーは、孵化の助けとなる脳の働きを二つ見つけてくれた。一つは、周囲から解決のヒントを見つけること。そしてもう一つは、ペンチの使い方や医師の性別といった固定観念から脱することだ。ただし、問題がある。マイヤーもドゥンカーも、行き詰まった被験者にヒントを提供したことで、そうした脳の働きを実証した。しかし、行き詰まるたびに孵化を助けてくれる心理学者を呼びだすことは無理だ。ほとんどの人は自分の手で何とかするしかない。さて、それにはどうすればいいのか？

「孵化」からひらめきを得るには？

あなたの乗っている船が難破した。あなたは必死に泳ぎ、何とかひと気のない島に流れ着いた。1・5キロ四方を見渡しても砂しか見えない。よろよろと歩きながら海岸線を調べていると、あることに気がついた。この場所は何かの本で読んだことがある。そこはプクール島と呼ばれる島で、奇妙なカースト制度があることで有名な場所だった。

最上層に属する人は、決して本当のことを口にしない。最下層に属する人はつねに本当のことを言い、中間層に属する人は、本当のことを言うときもあれば、嘘をつくときもある。外見からは、誰がどの層に属するかの区別はつかない。この島に漂流した者が生き延びるためには、30メートルの高さの「洞察の塔」にたどり着くしかない。この塔にのぼれば、島の周りを見渡すことも、遭難信号を送ることもできる。曲がりくねった道をたどっていくと、この島で唯一の分かれ道に着いた。3人のプクール人が、暑さでぐったりして座っている。塔へ続く道を見つけたいが、あなたは彼らに二つしか質問することができない（それがプクールの決まりごとなのだ）。

さて、何と質問すればいい？

これは私の大好きな問題の一つだ。好きな理由はいくつかある。まず、その人の洞察力がほかの要素抜きに直接試されるという点があげられる。問題を聞いた瞬間は難しいと思うかもしれない。数学の論理問題として有名な、ふたりの門番と人食いライオンの問題（注）を思いだす人も多いだろう。だが、数学の知識は一切必要ない。かえって邪魔になるくらいだ。この問題は5歳の子どもでも解ける。おまけに、孵化と問題解決に関する最新の調査について考える手段にもなってくれる。粘着テープと画鋲を実験に使っていた時代以降、この調査はブドウのつるのように広がっている。

確認しておくと、ウォーラスによる孵化段階の定義は、問題に行き詰まって意識的に考えることをやめた瞬間から始まる中断（休憩）を意味し、それは突破口となるひらめきを得た瞬間に終わる。マイヤーとドゥンカーは、この期間に脳内で起きている、解決策に導く知的活動に光を当てた。

注：あなたは、観衆が集まる競技場で残酷な生き残りゲームに参加させられている。競技場の二つの扉は固く閉ざされ、扉の前には門番がひとりずつ立っている。一つの扉の向こうには腹を空かせたライオンがいて、もう一つの扉の向こうには、外へと続く道がある。門番のどちらかひとりは必ず本当のことを言い、もうひとりの門番は必ず嘘をつく。だが、どちらがどちらかはわからない。あなたには、どちらかひとりの門番に、一つ質問することが許されている。無事に外へ出るためには、何と尋ねればいい？

その後20世紀の後半にかけてこの分野についてまわるようになったのが、「どのようにしてひらめきを得るのか」という疑問だ。現実の生活のなかで、どういう状況で孵化段階に入ればひらめきがもっとも生まれやすいのか？　ウォーラス、マイヤー、ドゥンカーは、彼らの理論に孵化という中断の期間を組み込んだ。しかし、その期間の理想的な長さはどのくらいなのか、中断のあいだ何をするのが最適なのか、といったことは誰も特定しなかった。

ヘルムホルツのように、森のなかを散歩するのがいいのか？　45分ジョギングをするべきなのか？　ぼんやりと宙を見るべきなのか？　昼寝を好む人もいれば、ゲームを好む人もいるだろう。また、厄介な計算問題に行き詰まったら歴史の本を読む学生もいる（私もそういう人になりたい）。違う勉強をするのも中断の一種だ。宗教改革で知られるマルティン・ルターや、たくさんの随筆を書き残したフランス人哲学者のミシェル・ド・モンテーニュは、トイレにいるときに最大のひらめきを得たという。中断するときは、トイレにこもるべきなのか？

こうした疑問に答えたい心理学者たちは、昔ながらの試行錯誤を繰り返してきた。過去50年で彼らが行った実験の数は100を超える。組み合わせを解くパズルを大量に実施したほか、中断の長さやその間の活動の種類をいろいろと変えて試してみた。

たとえば、言葉のパズルを解くときは、5分の休憩をとってゲームをしたり、20分の休憩をとって読書をしたりするほうがより多くパズルを解けるか、という具合だ。そのどちらでもなく、数分ぼんやりするほうがいい、あるいは、休憩時間に卓球をするほうが効果的ではないか。休憩時間に違う種類のパズル（なぞなぞ、判じ物、空間の問題など）を考えさせ、最初のパズルのヒントを得て最初のパズルに戻ることが、もっとも生産的な中断時間の使い方ではないのか。

心理学者たちはこのように、別のことに移行して複数の活動を経験したときのことを解明しようとしているのだ。彼らの実験とはどういうものなのか。有名な実験を例にあげよう。

忘却は問題解決にも役立つ

いまから紹介する実験は、テキサスA&M大学のふたりの心理学者が行った。ひとりは第3章でも登場したスティーヴン・スミス、もうひとりはスティーヴン・ブランケンシップだ。彼らはRAT（遠隔連想テスト）と呼ばれる単純な言葉のパズルを実験に用いた。[*13] これは、三つの言葉（たとえば、「trip」「house」「goal」）を被験者に提示し、三つのどれとも組み合わせることができる言葉を当てさせるパズルだ（例示した三つの場合、共通する言葉は「field」で、「field trip」「field house」「field goal」という表現が存在する）。

スミスとブランケンシップがこのパズルを選んだ理由の一つは、パズルの難易度を容易に調節できることにあった。先ほどの例なら、三つの言葉とともに「sports」という言葉をヒントに出せば、「field trip」と「field goal」の二つがスポーツに関係する言葉なので、答えを思いつきやすくなる。これは良いヒントだ。反対に、間違った答えを連想させるヒントは悪いヒントだと言える。たとえば、「road」という言葉をヒントに出せば、「trip」と「house」に組み合わせることはできるが、「goal」と組み合わせられないため、正解にたどり着きづらくなる。「sports」のようなヒントは、マイヤーがロープの実験で与えたヒントと同種のものだ。一方、「road」のようなヒントは、ドゥンカーによる物を入れた箱と同じだ。固定観念が与えられると、それ以外の考えが浮かびにくくなる。

スミスとブランケンシップの実験では、答えにたどり着きにくくするヒントが使用された。悪いヒントを与えた場合（固定観念を与えた場合）とそうでない場合とでは、孵化のための短い休憩の効果に違いが生まれるかどうかを知るためだ。

そうして被験者となった39人の学生に、20問のＲＡＴを出題した。被験者は2グループに分けられ、一方のグループの問題には誤った答えに導く言葉をイタリック体で添えた（例：「DARK *light*」「SHOT *gun*」「SUN *moon*」）。そしてもう一方のグループには、同じ問題を何も添えずに出題した（例：「DARK」「SHOT」「SUN」）。制限時間10分でできるだけ多くの問題を解くようにと指示したが、どちらのグループも成績はあまりよくなかった。固定観念を与えたグループの平均正解数は2問で、もう一方のグループの平均は5問だった。

その後、さらに10分、最初のときに解けなかった問題を解く時間が与えられた。このときは、2グループそれぞれをさらにＡチームとＢチームに分け、Ａは最初のテスト後直ちに2回目を実施し、Ｂは5分の休憩を与えられ、その間にＳＦの読み物を読んだ。つまり、固定観念を与えられたグループと与えられなかったグループが、休憩を与えられたグループと与えられなかったグループにさらに分割されたのだ。

結果はと言うと、孵化のための休憩が効果を発揮した。ただし、効果が表れたのは悪いヒントをもらったグループのほうだけだった。彼らはこの2回目のテストで、何のヒントももらわなかったグループの倍の数を正解したのだ。

スミスとブランケンシップは、この結果を「選択的忘却」に起因すると考えた。誤った方向に考えを固定させる言葉を与えれば、一時的にほかの答えの可能性を遮断するが、「最初の試みに失敗した後、時間がたつにつれ、遮断する力が徐々に弱くなると思われる[*14]」と彼らは論じている。たとえるなら、悪いヒントによって被験者の脳が一時的に凍りつき、5分の休憩によっていくらか解凍されたようなものだ。

このようなことは、日々の生活のなかでしょっちゅう起きている。目的地の場所がわからないときのことを想像してみてほしい。「薬局なら、ファウラー通りの突き当たりを右ですよ。絶対にわかります」と教えられ、その場所にたどり着く。しかし、行きつ戻りつ辺りをうろうろと探し、通りの名前を再度確認しても薬局は見つからない。そのときは、気づかずに通りすぎてしまったと思い込んでいる。しかし、ベンチに座ってぼんやりと数分鳥を眺めていると、こんな考えが頭に浮かぶ。「待てよ。道を教えてくれた人は、通りの反対側の突き当たりを意味したのかもしれない」「薬局が移転したのかもしれない」「そもそも、教えてくれたあの男性は、薬局の場所を知らなかったのかもしれない」……。このときの頭のなかはもう、「薬局はどこかこの辺にあるはずだ」という最初の前提だけではない。ほかの選択肢も入り込んでいる。

恋愛のもつれも典型的な例の一つだ。好きな人ができて夢中になり、向こうも自分のことを好きだと思っていても、時間がたつにつれ、その思いは弱くなっていく。相手の欠点が目につくようになり、しょせん、この人は運命の相手ではなかったのかもしれないと思い始める。自分は何を考えていたのか、とすら思う。

先にも触れたが、忘却は学習を助けてくれる。フィルターとして情報をふるいにかけるという能動的な役割を果たすとともに、その後の学習を通じて記憶の強化を可能にするという受動的な働きも持つのが忘却だ。そして、それらとはまた別の形で、創造的な問題解決でも役立ってくれる。

スミスとブランケンシップはすぐさま結論を出したが、孵化期間に選択的忘却が起きているというのは、彼らが設定した状況（固定観念を与えるヒントを添えてRATを出題し、5分の休憩時間に読書をさせる）において起こる可能性の一つでしかない。それに、彼らの実験は数ある実験のなかの一つにすぎない。ほかの研究者による実験では、若干異なる結果が生まれていた。休憩時間は長いほうがよい、休憩中にゲームをするのも本を読むのも変わらない、鉛筆の問題のように空間が関係する問題の場合は、休憩中に何かを書くとひらめきが促進されるらしい、といったものだ。

どの研究の場合も、ひらめきを得る瞬間に向けて起きていることについて複数の理論が提案された。選択的忘却が起きているのかもしれない。問題が脳内で再構築されているのかもしれない。ただ単に、頭のなかにある考えを模索しながら、自由に連想しているだけかもしれない……。ひらめきのカギとなるプロセスがどれなのかを確信している研究者はいない。今後も解明できる見込みは薄そうだ。ならば、もっとも有力な説はどれか？　どれも横並びである。

それは私たちにとってどういう意味になるのか？　たくさんの実験が実施されたのに結果はばらばらで、しかも相反する結果が多い場合、どのように勉強法を確立すればいいのか？

一歩引いて周囲を見回す

それでは、プクール島に戻って相反する結果が生じる意味を解明するとしよう。洞察の塔はどうすれば見つかるのか？　３人のプクール人に聞いたところで、結局はそれぞれが違う方向を指す。誰が本当のことを言っていて、誰がそうでないかを見極めるのは難しい。

どうすればいいのか？

簡単だ。上を見ればいい。塔は30メートルの高さがあり、島は見渡す限り平らで、面積は都会の大きな公園ほどである。複雑な数学の論理を持ちださなくても、塔は数キロ離れたところから見える。友人で集まっていてクイズを出しあう雰囲気になったら、この問題を出題してみるといい。すぐに正解に気づく人もいれば、まったく気づかない人もいるだろう。私はまったく気づかなかった。何時間にもわたって、「3人のうちふたりが同じ答えになるための質問は……」というように、バカバカしいうえにややこしい質問を作りだした。可能性のある答えを紙に書きだし、知っていることすら忘れていた数学記号を使った。

正解を教えられたとき、私にはどこかずるい小細工のように感じられた。しかし、「一歩引いて周囲を見回す」は、孵化に関する近年の研究の意味を理解するために必要なことを表す言葉としてぴったりだ。別の言い方をするなら、利用できる情報をすべて活用していることを確かめ、最初に抱いた思い込みを振り払って一から考え、脳内にある考えの在庫を確認する必要があるということだ。研究を一つずつ個別に見ていくことは、プクール人と一対一で向きあうようなものであり、立体画像を至近距離で凝視して3次元の存在に気づかないのと同じだ。木だけ見ていても森は見えない。

幸い、一歩引いて全体像を見る方法を科学者たちは確立している。彼らはその方法を使って、さまざまな結果が生じた意味の理解に努めている。具体的にどうするかというと、肯定的、否定的を問わずすべての結果を「貯蔵」し、その証拠の大部分が言っていることを見極めるのだ。このような手法は「メタ分析」と呼ばれ、これを用いることにより、優れた一つの研究成果よりも事実がより明確に浮き彫りになることがある。

例をあげよう。2009年、イギリスのランカスター大学に在籍するふたりの心理学者が、この手法をひらめきに関係する研究に適用した。[*15] 入手可能な文献をくまなく探し（未発表の原稿まで探しまわった）、高いレベルで伝統的なメタ分析を行ったのだ。ウト・ナー・シオとトーマス・C・オーメロッドは、とくに厳格な条件のもとに実施された37の研究を取りあげ、孵化の効果は確かに存在するが、その働きは状況によって異なるという結論を下した。

ふたりは孵化のための中断時間を三つのカテゴリーに分類した。一つは休息で、ソファに寝そべって音楽を聴くなどの行為が相当する。二つ目は、ネットサーフィンなどの緩やかな活動。三つ目は高い集中力を要する活動で、短い作文を書く、別の課題に取り組むなどがこれに当たる。鉛筆の問題のような数学や空間が絡む問題に取り組んでいる場合は、どのカテゴリーの使い方をしても効果が期待できるので、どれを選んでも違いはあまり感じられない。一方、RATのような言葉のパズルの問題に取り組んでいるときは、中断時間を緩やかな活動（ゲームをする、テレビを観るなど）にあてるのが最善のようだ。

シオとオーメロッドは、中断時間は短いよりも長いほうがよいとも言っている。ただし、「長い」といっても20分、「短い」といっても5分程度で、研究者が任意に選んだ狭い範囲での定義にすぎない。また、孵化のために中断しても、行き詰まった状態に達していなければメリットは享受できないとも言っている。「行き詰まった状態」がどういうものかは明言されていないが、減速すれば乗り越えられる段差と壁の違いなら誰でもわかるだろう。要するに、ゲームを始めるのが早すぎれば、何も得られないということだ。

休憩は問題を解くための貴重な武器になる

今後も、問題の種類に応じた孵化に要する具体的な時間が科学者から提示されるとは思えない。孵化の時間は、問題に取り組む人や取り組み方によって個別に変わる。だから気にする必要はない。どのくらいの時間にどんな活動をするのが効果的なのか、自分でいろいろと試せばいい。改めて言われなくても、問題を解決している途中で中断するということは、誰もがすでにしている。しばらくテレビの前で横になる、フェイスブックを見る、友人に電話をかけるといったことをして、中断したことに罪悪感を覚える。だが、そこに罪悪感を覚えるのは間違いだと科学は言う。それだけではない。行き詰まったときにそうした休憩をとることは、問題を解く助けになることが多いとも言っている。

私が行き詰まったときは、外に出て近所を散歩したり、ヘッドホンをして大音量で音楽を聴いたり、愚痴を聞いてくれる相手を求めて廊下をうろうろしたりする。何をするかは、そのときに許される時間で変わる。だが、これまでの経験から言って、3番目の選択肢がもっとも効果があるようだ。好きなだけ愚痴をこぼしてエネルギーを充電し、20分ほどたって再び作業に戻ると、何を考えていたにせよ、凝り固まった頭が少しほぐれている。

この調査には、徐々に熱を帯びてきたソーシャルメディアに対する危険性や、電子機器が勉強の邪魔をすると叫ぶ声を覆すだけの重みがある。これにより、デジタル製品が私たちの思考力を低下させようとしているといった不安は、見当違いなものとなる。とはいえ、こうした考え方の転換は、当然ながら、継続的な集中力が必要になる学習（講義や音楽のレッスンなど）に対してある程度邪魔になることは確かだ。勉強時間の半分をフェイスブックやテレビにあてるようになれば、やはり勉強の邪魔になる。しかし、あなたやあなたの子どもが、洞察力を必要とする問題で行き詰まりながらも解決したいと思っているとき、邪魔とは正反対の役割を担う。学習の邪魔をするものではなく、問題を解くうえでの貴重な武器となる。

鉛筆の問題を解いたあの少年に関しては、何が問題を解く助けとなったのかはわからない。私が黒板に6本の鉛筆を描いたとき、彼は間違いなくその問題について考えていた。あの場にいた生徒全員がそうだった。すぐには答えがわからず、彼は行き詰まった。そして、彼は複数の種類の孵化期間を得た。彼はもっとも落ち着きのなかった後方に友人とともに座っていた。互いに考える邪魔をしあっていたはずだ。

それから、「SEQUENC_」の問題を私が出題し、全員の注意が数分間その問題に向けられた。その間、彼も鉛筆の問題から離れた。また、数名の生徒が（固定観念にとらわれた状態で）前にやって来て、四つの三角形をすべて平面で表そうとした後、20分近くの時間も生まれた。つまり彼には、シオとオーメロッドが分類した、休憩、緩やかな活動、高い集中力を要する活動の三つすべてを行う時間があったのだ。鉛筆問題は空間が関係する問題だ。三つのどれもがひらめきを得るきっかけとなりうるし、三つとも経験するほうが、ひらめきを得る確率は高くなる。

改めて問題を振り返ってみよう。「まったく同じ鉛筆を6本使って正三角形を四つ作りなさい。1本の鉛筆が各三角形の一辺を構成するものとします」。まだ答えがわかっていない人は、ここまで読むことで考えることを中断したのだし、もう一度考えてみよう。

わかっただろうか？　十分すぎるほどのヒントを与えてきたので、正解は発表しない。その代わりというわけではないが、あの11歳の少年が前に来て描いた答えを紹介しよう。

11歳の少年が描いた答え

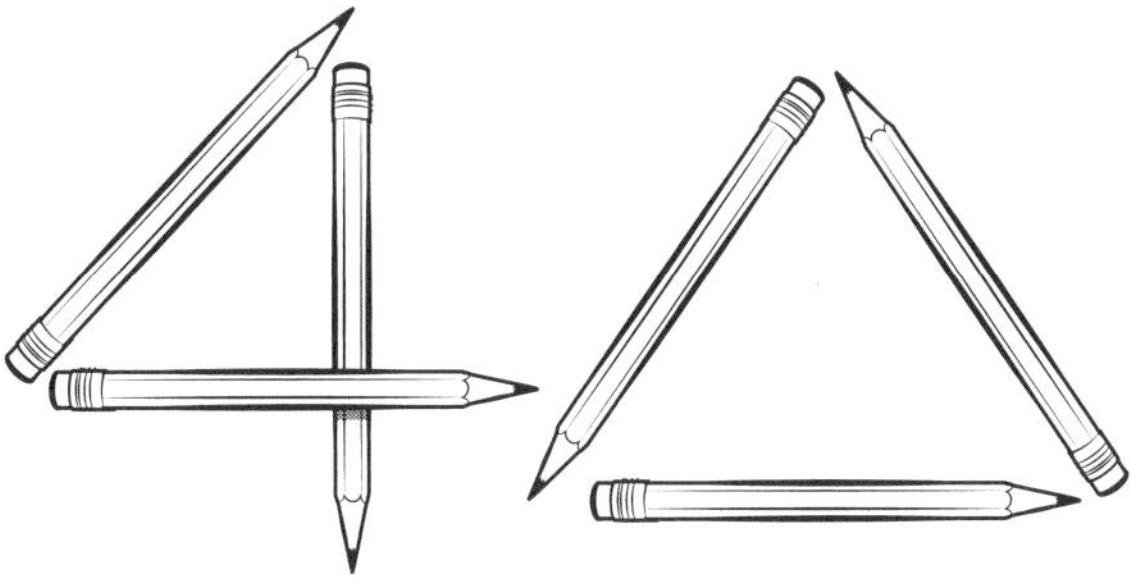

アルキメデスにこれを見せられないのが残念でならない！　11歳の少年が披露したこの天才的な発想は、100年以上さかのぼって文献や教科書を調べても、この問題に関する議論を調べても出てこない。彼は孵化を経て、彼ひとりの力でこの答えを生みだしたのだ。

第7章

創造性を飛躍させる

――無から有をつくりあげる「抽出」のプロセス

「孵化」の適用範囲を広げる

私は、孵化段階に入ることを「薬を摂取するようなもの」だと思っている。そう思っているのは私だけではない。少なくとも、科学者たちもそう言っている。摂取する薬は何でもいいわけではない。ニコチンのように即効性があり、かつ、孵化期間中その効果が持続するものでないといけない。だから、先ほど見たように、孵化段階の研究は5～20分という短い中断時間にほぼ限定されている。その短い時間に起こるひらめきが、すぐに正解がわからない問題に取り組む人々について調べるうえで、いちばんの関心の対象となっているのだ。

どういう問題を解くかというと、たとえば図形の証明問題。哲学の論理を解明する問題。化学構造を解明する問題。前の章で紹介した鉛筆の問題などだ。そういう問題に取り組んでいて行き詰まったときに、「孵化という名の薬」を適宜取りいれれば、学習の力を促進する強力な特効薬となってくれる。少なくとも、正解と不正解がはっきりしている問題を解くときには効果が見込める。

とはいえ、それは万能薬とは程遠い。学習は、パズルやなぞなぞがすべてではないからだ。短距離走にだけ出場すればいい陸上大会とはわけが違う。10種競技への参加が求められる。一つの解決策やスキルだけでなく、長い時間を通じて多くの策やスキルを組み合わせて使うことも、学習には含まれる。

期末レポート、ビジネスプラン、建築物の青写真の作成、ソフトウェアプラットフォームの構築、楽曲、短編小説、詩の創作……。こうしたことは、パズルのように正解が突然ひらめくというわけにはいかない。それはむしろ、ほんのときたましか先の見えない迷宮を、ひたすら進んでいくようなものだ。うまくやり遂げるには、孵化を適用する範囲を広げる必要がある。場合によっては、かなり広げることが求められる。

そうした厄介で時間のかかる問題を解決するためには、特効薬として短い中断の時間を設けるだけでは十分ではない。もっと広範囲に効く薬が必要だ。とはいえ、厄介な仕事に取り組むとき、すでに多くの人がもっと長い中断の時間を設けている。1時間、1日、1週間、あるいはそれ以上中断する人もいる。取り組んでいる仕事から再三にわたって離れるのは、単に疲れたときだけではなく、行き詰まったときであることが多い。これには本能も関係しているようだ。人は中断することで、頭のなかのもやが晴れ、自分がとらわれている茂みから抜けだす道が見えないかと期待するのだ。

「抽出」が創造性を飛躍させる

長い孵化期間について観察し、最大の収穫を得ているのは科学者ではない。芸術家、なかでも作家だ。当然ながら、彼らが口にする「創造の過程」は少々凝っていて、やりたくないとすら思えてくる。「私のテーマは勝手に拡大し、秩序と定義が生まれる。非常に長くなることもあるが、全体は頭のなかでほぼ完成しているので、絵画や美しい彫刻のように、パッと見ただけで全体をつかめる」とモーツァルトの手紙にある。[*1] そういうふうにできれば素晴らしいが、それができる芸術家はほとんどいない。また、その事実をためらいなく口にする人も多い。

たとえば、小説家のジョゼフ・ヘラーは、貴重なアイデアが生まれやすい状況について次のように述べている。「私はひとりにならないといけない。ひとりでバスに乗る、または犬の散歩に行くのがいい。歯を磨く時間は最高で、『キャッチ＝22』を書いていたときは本当に助かった。すごく疲れているときは、ベッドに入る前に顔を洗って歯を磨いているあいだに頭がすっきりと冴《さ》えてくることがよくある。そして、翌日の書きだしの1行や、話の展開についてアイデアが生まれる。実際に執筆している最中に最高のアイデアが生まれたことはない」[*2]
もうひとりの例を紹介しよう。詩人のA・E・ハウスマンは、自分の頭が空っぽになったときに仕事を中断し、リラックスするのが常だった。「昼食時にビールを1杯飲むと、ビールは脳の鎮静剤なので、その後は頭を使わない。2、3時間散歩に出る。歩いているときは、とくに何も考えない。周囲に目を向けて、季節の経過を見守っているだけだ。そうすると、突然わきおこる説明のつかない感情とともに、詩の1、2行、ときには1節（スタンザ）が頭のなかに流れ込んでくる。その瞬間、それらは執筆中の詩の一部となる運命にあると漠然と思う。流れ込んでくる前から詩のことを考えているわけではない」。ハウスマンは、それで詩全体が書けるわけではないと念を押す。埋めないといけないギャップがある、と彼は言う。「自らの頭で埋めなければならないギャップがある。それは、問題や不安の元凶になりやすく、試行と失望、そしてときには失敗がついてくる」[*3]
いまあげたふたりは、私が選んでここに引用した。それには理由がある。自分自身の精神状態を観察する「内観」という概念が誕生してからというもの、数々の芸術家が自らの内面で起きていることを描写してきたが、このふたりほど明快に描写している人がいないからだ。ヘラーとハウスマンは、彼らの内側で起きていることの鮮明な青写真を示してくれた。
創造性の飛躍は、ストーリーやテーマに浸っていた後の中断時間に起こることが多い。それも段階的に起こる。といっても、決まった形式があるわけではなく、飛躍の大きさや内容にはばらつきがある。大きく組織だったアイデアが浮かぶこともあれば、詩の1節や修正すべき行、変えるべき言葉といった、前に進むための小さな一歩を踏みだすこともある。

こうした飛躍が生まれるのは作家に限らず、デザイナー、建築家、作曲家、メカニックをはじめ、次善策を必要としている人、ピンチをチャンスに変えようとしている人なら誰にでも起こる。私の場合は、十分に考え尽くしたときにだけ、グツグツと沸き立つ鍋に入れた肉団子のように、新しいアイデアが一つか二つ浮かんでくるように思う。

自分のことをハウスマンやヘラーと同列に並べるつもりかと言われれば、そのとおりである。あなたも彼らと同じだ。大学の成績で可から優にあがりたいと思っていても、オックスフォード大学から学費を含む一切の経費免除を申し渡されていても関係ない。創造性が生まれるときに内面で起きていることに関しては、違いよりも似ていることのほうが多いのだ。（注）

長期にわたって創造性を積み重ねていく孵化は、前章で説明した短い時間における孵化とは性質が異なるので、新しい名称が必要だ。よって、ここからは「抽出《パーコレーション》」と呼ぶことにする。そして、この過程が脳内に存在し、その内容は個人によるところが大きいと思ってもらいたい。

どんな厳密な方法を用いても、「抽出」を研究することは不可能だ。仮にできたとしても（「Aチームはペンを置いて公園へ散歩に出てください。Bチームはビールを飲んできてください」という指示を与えたとしても）、ヘラーやハウスマンに効果があったことがほかの人にも効果があるかどうかはわからない。しかし、心理学を通じて、被験者の心理を掘りさげて抽出の働きを説明するこ

注：モーツァルトについての説明は専門家にお任せする。

とはできる。それがわかれば、創造性が必要になる作業に適用できる。

ここで注目すべきは、「創造性が必要になる」という点だ。心理学者のあいだでは、抽出は存在しなかった何かをつくりあげるための過程と定義されている。その何かは、期末レポート、ロボット、オーケストラの曲など、迷宮をさまよいながら成し遂げることを指す。

完了までの工程を分解して明らかにするため、ここからは、社会心理学と呼ばれる分野に足を踏み入れよう。社会心理学は、とりわけ人間の動機と目標形成の解明を追究する学問として知られている。社会心理学の研究者は、自らの理論を（学ぼうとしている学生を被験者にして）直接試すことができる学習の研究者と違い、社会的な状況のシミュレーションが中心となる。よって、彼らが証拠とするものは間接的に得たものとなる。社会心理学の発見について考慮するときは、そのことを心にとめておく必要がある。とはいえ、彼らが提示する証拠を一つに集めると、貴重な話が見えてくる。

留学生ツァイガルニクが選んだ研究テーマ

１９２０年代のベルリンは西ヨーロッパの文化的中心都市で、芸術、政治、科学の知が集結する場所だった。「黄金の20年代」と呼ばれるこの束の間の戦間期に、ドイツ表現主義、デザイン学校のバウハウス、ベルトリト・ブレヒトの演劇が台頭した。この頃のベルリンでは、政治が議論の的だった。また、モスクワでウラジーミル・レーニンが革命を起こし、マルクス主義という新たな政治哲学のもとにソビエト連邦を成立させると、悲惨な経済状態にあったドイツ全域から、大々的な改革を求める声があがるようになった。

その少し前から科学の世界も揺れていた。新たなアイデアが次々に現れたのだ。それも、革新的なものばかりだった。

オーストリアの精神分析学者であるジークムント・フロイトが、自由連想法として知られる心理分析手法を考案し、それは人間の魂の窓を開く手法とみなされるようになった。ベルリンの若き物理学者だったアルベルト・アインシュタインは（当時はカイザー・ヴィルヘルム協会の物理学部長だった）、相対性理論を発表し、空間、時間、重力の関係は永遠に再定義され続けるとした。マックス・ボルンやヴェルナー・ハイゼンベルクなどの物理学者は、物質の基本となる特性を理解するための新しい理論（量子力学）を確立しようとしていた。

何でも可能に思えた時代だった。ベルリン大学の心理学者で、当時37歳だったクルト・レヴィンも、その知性の波に乗ろうとしていた若き科学者のひとりだ。レヴィンは新たに誕生した社会心理学という学問の期待の星で、とりわけ行動理論の研究に熱心だった。行動理論とは、個々の性格（内向的、攻撃的など）が社会生活のさまざまな場面で果たす役割にもとづいて、人々の行動を説明しようとするものだ。

レヴィンはカリスマ性があり社交的だったので、彼が職務を終えた後に大学の近くのカフェでよく会っていた学生は、みな彼の信奉者となった。大学のオフィスよりもリラックスできる場所で、コーヒーやビールを飲みながら意見を交わしていたある日、レヴィンはあることに興味を惹かれた。その日は、リトアニア出身の留学生、ブルーマ・ツァイガルニクと一緒に次に研究するテーマを探していた。カフェで話していると、ふたりのうちのどちらかが（どちらかは定かではない）、ウェイターが注文を書きとめないことに気がついた。すべて頭のなかにとどめているのだ。会計がすむまでは、追加注文があってもすべて頭のなかにつけ加えている[*4]。

ところが、会計がすむと、勘定書に含まれていた商品は何だったかと尋ねても、すっかり忘れてしまっていた。何一つ思いだせないのだ。会計が終わったとたん、ウェイターの頭のなかのチェックマークがはずされ、会計までのやりとりのすべてが記憶から消されてしまったかのようだった。レヴィンとツァイガルニクには、それが短期記憶と呼ばれる領域で扱われる記憶でないことはわかっていた。短期記憶とは、その場で初めて見た電話番号などを記憶する領域のことである（ここで保持される時間は30秒前後と言われている）。ウェイターは、少なくとも30分は注文を覚えていた。

彼の頭のなかでは何が起きていたのか？

レヴィンとツァイガルニクは、一つの仮説を考案した。「完了していない仕事や目標は、完了したものよりも長く記憶に残るのではないか？」。少なくとも、これでツァイガルニクに研究するテーマができた。そして、彼女は次のように問いの内容を狭めた。「途中で邪魔の入る活動とそうでない活動とでは、記憶にどのような違いが生まれるのか？」

人は、何かを割り当てられると完了させたくなる

ツァイガルニクは、実験に協力してくれる学生、教師、子どもを164人集め、各自に割り当てられた作業を「できるだけ早く正確に完了させるように」と指示を出した。[*5] 作業は一度に一つずつ与え、その内容は、ダンボールの箱を組み立てる、粘土で犬を作る、言葉のパズルを解くといったものだ。ほとんどの被験者は、どの作業も3～5分で完了させた。ただし、それが許された場合の話だ。というのは、ツァイガルニクが定期的に彼らの作業の邪魔をしたのだ。作業をしている彼らの手を止めさせて、別の仕事を与えた。邪魔を入れる間隔は無作為で、被験者には何の説明もしなかった。

実験終了後（18～22の作業を各自に割り当て、途中で邪魔が入って最後まで完了させられなかった者もいれば、一切邪魔されずに完了させた者もいた）、ツァイガルニクは被験者に向かって、割り当てられた作業を思いだせるだけすべて紙に書きだすようにと告げた。そうしてできたリストは、次のことを教えてくれた。

平均すると、ちゃんと完了させた作業に比べ、邪魔が入って完了させられなかった作業のほうを、90パーセント多く覚えていた。それだけではない。リストの上位は、邪魔が入って完了させ

られなかった作業が占めていた。完了した作業で思いだしたものがあっても、それらはリストの下のほうだった。「かかわった時間だけを考えれば、完了した作業のほうに分があるはずだ。作業を完了させた被験者は、当然、完了させられなかった人よりも長くその作業に携わったのだから」とツァイガルニクは書いている。

邪魔が入るという「刺激」により、その経験が記憶に残りやすくなる、そんなことが現実に起きたのだろうか?

ツァイガルニクは、被験者を変えて別の実験も行った。今度は、すべての作業に邪魔を入れた。その後完了した作業もあれば、完了しなかった作業もあった。しかし、1回目の実験のときと、ある項目でほぼ同じ結果が表れた。今回もやはり、完了しなかった作業のほうを、90パーセント多く覚えていたのだ。

その後も実験を続けた彼女は、邪魔が記憶に及ぼす効果は、相手が作業に没頭しているときを見計らって邪魔をすればさらに高まることを突きとめた。興味深いことに、「最悪」のタイミングで邪魔をされると、記憶にとどまる長さが最大になるらしい。ツァイガルニクはこう書き残している。「誰もが知っているように、パズルを解き始めたときよりもあと1文字で完成するというときに邪魔が入るほうが、はるかにイライラする」

割り当てられた作業に夢中になると、人はそれを完了させたいと思う。その思いは、完了に近づくにつれて強くなる。ツァイガルニクは次のように結論づけた。「作業を完了させたい欲求は、最初のうちはうわべだけのものかもしれない。しかし、その作業に夢中になるうちに、本物の欲求が生じる」[*6]

「ツァイガルニク効果」と目標の関係

1931年、邪魔の効果に関する論文を発表してから間もなく、ツァイガルニクは夫とともにモスクワへ移り住んだ。夫のアルベルトがソビエト連邦の対外貿易人民委員部で働くことになったためだ。彼女は高次神経活動研究機関という高名な機関で職を得た。

だが、夫妻の幸運は長く続かない。1940年、アルベルトがドイツのスパイ容疑で逮捕され、ルビャンカの収容所に送られたのだ。ふたりの幼い子どもとともに残されたブルーマは、ひとりで仕事と子育てを切り盛りすることとなった。心理学者として仕事を続けたが、疑いが飛び火することを恐れた西洋出身の同僚たちからしだいに避けられるようになり、1988年、研究の痕跡を一切残さずに亡くなった（彼女の親戚であるA・V・ツァイガルニクは、彼女自ら研究成果をすべて破棄したと思っている）。[*7]

だが、彼女の研究が示唆したことは生き残ったので、それに伴いいくつかの研究は生き残った。彼女が発見した邪魔の効果は、いまでは「ツァイガルニク効果」と呼ばれ、目標や目標形成の研究の土台となっている。

目標と聞くと、自分が抱いている夢を思い浮かべがちだ。クラシックカーを復元する。海外へ移住する。起業する。小説を執筆する。マラソン大会へ出場する。いい父親になる。生涯をともにするパートナーを見つける……。だが、心理学者が意味する目標は、そういう壮大なことではない。彼らの言う目標は、まだ実現していないが、保有または達成したいことすべてを意味し、実現に要する期間の長短は関係ない。博士号を取得することも、服を着ることも、望んでいるならどちらも目標だ。

この定義に従うと、私たちの頭のなかは目覚めているあいだじゅう目標でいっぱいで、互いに関心を引こうと競いあっていることになる。犬の散歩に行くべきか、それともコーヒーを淹れるのが先か？　キャンプに行く息子の荷造りを手伝うべきか、宿題を手伝うべきか？　ジムに行くべきか、それともスペイン語を練習するべきか？

ツァイガルニクの研究により、脳には目標に関して二つのバイアス（本能とも言える）が備わっていることが明らかになった。一つは、割り当てられた作業に着手すると、たとえ意味のない作業でも、それを心理的に目標に感じるようになるというもの（ツァイガルニクの実験で被験者に割り当てられた作業は、粘土の塊から犬を作るようなものだった。作ったところで、やり遂げたという達成感しか得られない）。そしてもう一つは、作業に没頭しているときに邪魔が入ると、その作業が記憶にとどまる期間が長くなることだ。しかも彼女の実験によれば、その作業は脳内リストの上位に押しあげられるという。

重要な仕事の最中に邪魔をされればイライラする。おせっかいな隣人がやって来る、外に出せとネコにせがまれる、営業電話がかかってくる、といった類いの邪魔は本当に腹立たしい。ただし、敢えて自ら邪魔をするのはまったくの別物だ。小説家のディケンズはそれを得意とした。彼の小説は、続きが気になる場面で次の章に続くことが多い。テレビドラマの脚本家も、シーズン1が終わるとき、シーズン2を視聴者に期待させる終わり方にする。だから、叫び声、真っ暗な廊下から聞こえる足音、予想外の人間関係の破綻で最終回の幕が閉じる。

この種の邪魔は謎を生む。それに、ツァイガルニク効果により、未完のエピソード、章、作業が脳内リストの上位に押しやられ、次はどうなるのかという気持ちにさせられる。それこそまさに、長期にわたって何かを成し遂げたいときの理想の状態だ。

つまり、長期にわたって創造性を積み重ねていく「抽出」という過程に真っ先に含まれるのは、学習の敵とみなされている「邪魔」なのだ。

喉が渇いていると何が目に入るのか

オランダ生まれの「ビサルドロップ」は、5セント硬貨ほどの大きさの黒いリコリス菓子だ。クセになるタイプの菓子で、塩辛さのなかにほのかな甘味があり、冷たい水を飲みながら食べると最高だ。ここで覚えておいてもらいたいのは、ビサルドロップを舐《な》めるとすぐに喉が渇くということだ。というのは、この特徴を利用して、人間の知覚に目標が及ぼす影響を測定する実験が2001年にオランダで実施されたからだ。[*8]

実験の中心となったのはライデン大学の心理学者ヘンク・アーツで、彼の実験は被験者に嘘をつくところから始まった。被験者に嘘をつくことは、科学者にはよくあることだ。被験者が実験の目的に即した行動をとったり、結果を操作したりしないようにするため、真の目的を明かさずに行われる実験は多い。アーツの実験で被験者として集められた84人の大学生は、「舌が感じている味覚によって、文字を推測する力はどのように変わるのか」を調べる実験だと説明された。

被験者は2グループに分けられた。グループ1は実験室に連れて行かれ、アルファベットが刻印されたビサルドロップを3粒ずつ与えられた。そして、それを舐め、ドロップに刻印された文字を1分以内に答えるようにと言われた。グループ2（対照実験の比較対象となるほうのグループ）も実験室に連れて行かれたが、ドロップは一切与えられず、その場に置いてある三つのもの（どれも単純な形のもの）を紙に描くようにと指示された。これは実験の目的とは一切関係のない、単なる時間つぶしだった。

その後、被験者は担当者からひとりずつ部屋に呼ばれた。その部屋は担当者のオフィスだと説明されたのち、被験者は簡単な質問表に回答するように言われた。質問はドロップとは無関係で、「リラックスしたいときに何をするのが好きですか?」といった質問が並んでいた。この質問表も、実験の目的とは一切関係がなかった。実験の目的に関係していたのは、被験者を招きいれた部屋だ。それは、大学内のオフィスとしてごく標準的なものだった。その小さなスペースには、机と椅子、紙、本、鉛筆、大量のファイル、コンピュータがある。また、飲みものに関係するもの――水の入ったペットボトル、グラス、炭酸飲料の缶が一つずつにカップが数個――が室内に散らばっていた。質問表の回答が終わると、被験者はその部屋に4分間ひとりにされた。

その後担当者が部屋に戻ってくると、被験者を再び実験室へ連れて行った。そして、思いもよらない問題を出題した。制限時間4分で、オフィスにあったものを思いだせるだけ書きだすようにと告げたのだ。被験者はきっと、それのどこが科学的なのか、舌と文字を推測する力に本当に関係するのかと不思議に思ったに違いない。だが彼らは指示に従った。一つしか思いだせなかった学生もいれば、六つ思いだせた学生もいた。そうなるのは当然だ。部屋にひとりにされた4分のあいだ、ぼんやりしていても、棚にある本を見ていてもおかしくない。

心理学者の関心の対象は被験者たちが何と書きだしたかにあり、そこに大きな違いが見られた。ビサルドロップを与えられたグループのほうが、もう一方のグループに比べて飲みものに関係するものを2倍多く思いだしたのだ。ドロップを舐めた彼らは喉が渇いていた。飲みものに関係するものを思いだす理由はわからないかもしれないが、喉が渇いている状態が、オフィスにある何を意識し、後から何を思いだすかに影響したのだ。

この実験は、社会心理学の原理を正攻法で賢く活用したものだと言える。脳内のトップに一つの目標（この場合は「飲みもの」）を据えれば、人の知覚はその実現に向く。それにより、どこを見て何に気づくかがある程度決まると実証して見せたのだ。「この結果から、基本的なニーズや動機が、それを満たすのに役立つものを周囲から知覚する力を増大させるのだとわかる」と、実験を発表した論文で結論づけられていた。「別の状況であれば見過ごしてもおかしくない、コーラの缶やグラスに入った冷たいビールを探そうとする働きが強まることで、喉の渇きがいくらかおさまるのだろう」[*9]

当たり前の話をしていると思った人もいるだろう。喉が渇けば、水飲み場を探すのは当然だ。空腹を感じれば、菓子の自動販売機を探す。だが、実験で喉が渇いた学生は、ペットボトルや炭酸飲料の缶だけでなく、コーヒーカップ、カップの受け皿、ペットボトルの蓋など、飲みものに関係するものすべてにおいて、喉が渇いていなかった学生に比べてその存在に気づく確率が高かった。自覚の有無は関係ない。喉が渇いているという状態が、飲みものにつながる何かを周囲から漁ろうとする脳内ネットワークを活性化させたのだ。

「ツァイガルニク効果」を目標達成に活用する

何十年も前から、知覚する働きが特定のことに向くという性質を実証した研究はたくさんある。心理学者たちはそれらを通じて、その性質を喉の渇きのような人間の根本的なニーズだけでなく、脳内リストのトップに上がったあらゆる目標に適用できると実証してきた。これは、誰もが身に

コンバースのオールスター

覚えのあることだとも言える。特定のブランドのハンドバッグ、特定のモデルのスマートフォン、特定の形のジーンズを買おうと心に決めたとたん、路面店やショッピングモールにいても、通りを歩いていても、その商品がこれまでにないほど目に飛び込んでくるようになる。

私は自分の身にその現象が初めて起きたときのことを、いまでもよく覚えている。11歳のとき、初めてコンバースのオールスターを買ってもらった。当時のその年頃の男の子は、当たり前にそれを履いていた。だが私は、白や黒といったありふれた色を毛嫌いし、緑のオールスターが欲しかった。明るい黄緑色のやつだ。それを買ってもらって家に持ち帰り、さっそく履いて外に出た。すると突然、そのスニーカーがどこにでもあるものに思えた。初めて履いて出かけた日、同じ色のスニーカーを履いている人を6人は見かけたと思う。しかも、黄緑よりももっと奇抜な色を履いている人がいることにも気がついた。靴の色だけではない。形や靴紐が変わっているスニーカーも目についた。

数週間のうちに、特定のサブカルチャーの脳内マップができた。1971年のシカゴ郊外における、ティーンエージャーになる前の子どもたちのコンバース着用事情だ。自分でコンバースを買うまではまったく目に入らなかった、とらえにくく込み入った世界だ。私はそれについて一切「勉強」していない。少なくとも、一般的に勉強とされることは何もしなかった。

このことは、たとえば奴隷解放宣言についての論文を書きあげることと何か関係するのだろうか？　すべてが関係すると思っていい。学校の勉強も目標の一種なので、強烈な喉の渇きや新しいスニーカーのときと同じように、知覚する働きをそれに向けることができる。奴隷解放宣言のレポートを書いている最中は、身の回りにある人種に関係する文献に敏感になる。人種暴動や差別是正措置に関する報道。友人のなにげない発言。リンカーンの自伝の新聞書評。バーや地下鉄の車両内でのくつろぎ方にまで、人種による違いに目が行く。「目標の達成に向けて行動を起こすと、それが最優先事項となり、知覚、思考、言動が突き動かされる」と、イェール大学の心理学者ジョン・バーは私に話した。

ということは、目標の達成をもっとも効率よく実行に移すにはどうすればいいのか？

重要で難しいことをやっている瞬間に邪魔を入れればいい。ツァイガルニク効果を活用し、その作業を脳内リストのトップに押しあげるのだ。

そうして意識が高まったからといって、当然ながら、「突破口」が開けたり、論文を明快にする素晴らしいアイデアが浮かんだりするとは限らない。それはそれで問題ない。つけ加えることが見つかる、冒頭の文章や話題をスムーズに転換するアイデアが浮かぶ、といったことがあれば儲けものだと思えばいい。意識が高まることで感覚が研ぎ澄まされていくので、ものごとをはっきりと理解したときに生じるひらめきを得やすくなる。このひらめきこそ、創造性を必要とする人々が求めてやまないものだ。

フランス人微生物学者のルイ・パスツールも言っているように、「チャンスはそれに備えた頭を好む」のだ。この言葉を目にするたびに、私は「なるほど。でも、チャンスに備えるとはどうすればいいのだろう?」といつも思っていた。だが、社会心理学のおかげで、いまの私はその頃より成長した。パスツールの言葉ほど詩的ではないが、私なら、「チャンスはそれに意識を向けた頭を満足させる」と言い換えたい。

それが起こるときのことを表現した作家のユードラ・ウェルティーの言葉が私のお気に入りだ。1972年のインタビューで、ウェルティーは小説のなかの会話はどこから生まれるのかと尋ねられた。彼女は次のように答えている。「物語に入り込むと、すべてが物語に当てはまるように思えるの。たとえば、市バスのなかで何か耳に入ってくると、そのとき書いているページで登場人物がまさに言いそうなことだと思ったり。どこにいても、物語の一部がそこにある。たぶん、物語に自分の波長を合わせているんでしょうね。だから、耳を磁石だとするなら、物語に適したことが耳に引き寄せられてくるのよ[*10]」

彼女の言葉では語られていないが、バスのなかで耳に入ってきた言葉は、物語の登場人物に命を吹き込むとともに、物語を動かす一助にもなっている。そういう状態のときに拾いあげた情報は、たまたま耳に入った会話を記録する場所に放り込まれて終わりにはならない。そのとき頭のなかにある物語、論文、デザインのプロジェクト、大規模なプレゼンテーションに対する考え方にも波及する。奴隷解放宣言の論文を書いているときは、地下鉄車両の人種の分布に気づくだけではない。それに気づいたときの自分の反応にも意識が向く。ただし、それが明らかになるかどうかは時と場合による。

先にも述べたように、私たちの頭のなかでは、どんなときもさまざまな思考が競いあい、信じがたい不協和音を奏でている。何が「耳に入ってくる」かは、その瞬間に抱えている要求、障害、不安などによって変わる。奴隷解放宣言の論文を例にするなら、頭のなかでせめぎあいが起きていても、人種についての自分自身との対話のほうがよく聞こえる。そして、その対話もまた、論文の材料となってくれる。

それを証明することはできるのか？　証明はできない。私に限らず、誰にもできないはずだ。だからといって、その目に見えないプロセスを可視化しようとした人がいないわけではない。

「抽出」の過程を可視化したダイヴリーのカリキュラム

それでは、再び学校に通っていた頃を振り返るとしよう。

私が高校生や大学生だったとき、作文や論文を課されると、自分が便乗できる先人の意見を延々と探し求めるのが常だった。課題によく似たテーマについて、専門家と称される人が書いた記事を探しまわった。完璧な「お手本」となる論文は、まず存在しなかった。あったとしても、見つけられたことは一度もない。だからいつも、目を通した記事や本に書いてあった言葉や考えをつなぎ合わせるしかなかった。誰かがそう言っているのなら、本質を突く意見に違いないと思い込んでいた。

念のために言うと、これはそれほど悪いことではない。古代ローマにおけるキリスト教の広がりについて調べるとき、そのテーマの専門家は誰で、その人がどう考えているかということは知っておくべきだ。問題は、何かを調べることになったとき――それも若いときに――、その分野を代表する専門家の見つけ方をわかっているとは限らないという点だ。そういう人が存在するかどうかすらわからないこともよくある。

高校から大学生活の大半にかけて、私は論文の進め方を教えてくれる誰かをいつも求めていた。自分で考えようとせず受け身の姿勢でいた。というのは、本当に興味があることや自分の信念を表に出して恥をかくのが怖かったのだ。その結果、簡単に尋ねることのできる思想家に相談することはめったになかった。その思想家とは自分自身である。自分よりも優れた意見、賢い意見を探し求めるあまり、何一つ自信を持って書く（考える）ことができなくなっていた。

1992年、イリノイ州の大学院生が、彼女が受け持つ学生の提出物を見て、私と同じような自信のなさや先人への敬意を感じとった。ロンダ・レザーズ・ダイヴリーは、イリノイ州立大学で英語学の学位を取得して大学院に進学すると、大学2年生と1年生を対象に、学術誌に発表する論文の書き方を教えるようになった。権威ある著者の文献を使って説得力のある議論を展開する方法を伝授するクラスだ。しかし、学期が終わる頃になると、彼女は失望した。クラスでは、社会、政治、文化など毎回テーマを変えて3〜5ページの小論を6回書かせた。テーマについて理解し鋭い議論を展開した小論を期待していたが、ダイヴリーが受けとったのは「学者が発表した研究を切り貼りしてまとめたもの」だった。何よりも彼女にとって気がかりだったのは、学期の終わりになっても一向に小論が改善されないことだった。それは彼女の責任であって学生のせいではない。指導が十分ではなかったのだ。[*11]

ダイヴリーは、自分の作ったカリキュラムが抽出（彼女は「孵化」と呼んだ）を妨げていると考えた。1本の小論を書くのに、学生に与えられた期間は2週間。そのわずかな時間で、廃棄物処理、デイケアが子どもに与える影響、ドラッグの合法化といった難しく扱いづらいテーマを理解しないといけなかった。要するに、それらのテーマについて熟考する時間がないのだ。当然、抽出のために中断することも許されない。

ダイヴリーはそのカリキュラムを破棄すると決めた。そして、実験のようなことを行おうと考えた。といっても、グループに分けた対照実験や、科学の基準にもとづく厳密な実験ではない。彼女の講義は大学生に論文の書き方を教えるクラスであって、人の理解について研究するクラスではない。とはいえ、カリキュラムの最初から最後までを彼女自身で見直すことが許されていた。だから、彼女は実験を試みることにしたのだ。

翌学期のクラスでは、学期中に小論を6回書くという構成を廃止し、次々に講義で扱うことを変えた。構成は変わっても、学生には同じ量の文章を書くことを要求した。ただし、書く内容は以前とはまったく違う。

まず、学期の終わりに一つのテーマで小論を1本書いて提出することを課した。ただし、その調査の過程において、5回の「事前課題」も課した。調査という経験そのものを文章にさせるのだ。一つは専門家にインタビューしたときのことを書く。一つは、小論のテーマのキーワードや、そのテーマで議論となっている場所（たとえば廃棄物処理がテーマなら、ごみ処理をする埋立地）を明示する。一つは、そのテーマの反対派の意見や反応について書く。また、調査のあいだ日記をつけることも要求した。課題を書く材料となったものに対して個人的に思ったことを書きとめるのだ。読んだ記事の筋は通っているか？　その記事はテーマの主要ポイントに賛同しているか？　それを書いた専門家の意見に矛盾はないか？　という具合だ。

こうした工程（事前課題と日記）を設けたのは、学期の最初から最後までずっと、小論のテーマを学生の頭から離れさせないようにするためだ。そうすれば、継続的とはいかなくても、そのテーマについて頻繁に考えるようになる。心理学の言葉で言えば、抽出するようになるということだ。ダイヴリーは、この学期の学生が書く小論が、前学期のクラスよりも切れ味の鋭さや内容のおもしろさが増すとは考えていなかった。携わる時間が増えたからといって、信頼性の高い文章になるとは限らないし、考えすぎて結論が出せなくなることもある。しかし、ダイヴリーのクラスの学生たちは、思いがけないものを見せてくれた。彼女の記録によると、彼らがもっとも良い方向に変わった点は、「専門家の仮面をかぶり、その分野における権威のひとりとして自らの意見を述べるようになった」ことだという。

学期が終わる頃、ダイヴリーはクラスの学生に新しくなったカリキュラムについてどう思うかと尋ねた。「時間がたって調査が進むにつれ、得た情報の大半が自分のなかに入っていくのがわかりました」とひとりの学生は言った。「いままでは、著者が真実と主張していても疑ってかかります。専門誌に載っているすべてに同意する必要はないのだと気づきました[*12]」。別の学生は、「扱ったテーマについて、すみずみまで理解できた。それは、わからないことは何か、自分で自分に問いかけることができたからだ」と日記に書いていた。また、専門誌の記事を堂々と一蹴《いっしゅう》した学生もいた。「権威あるとされる学術誌に、環境衛生をかじっただけの人が寄稿している。その記事は、このテーマについて何の知識もない人しか読むに値しないだろう[*13]」

つまり、ダイヴリーのクラスの学生は、拝借できる他人の意見を探さなくなったのだ。その代わり、自らの意見を見つけることに努めたのである。

繰り返しになるが、この実験の証拠に「科学的な要素」はとくに含まれていない。ひとりの教師によるクラスの観察だ。とはいえ、彼女が行ったのはテープの減速に等しいと言える。論文を書くというテープの速度を遅くすることで、普通なら目に見えない、無意識または意識半ばの状態で何が行われているかを明らかにした。

要するに、ダイヴリーは抽出の過程を可視化したのだ。

仮に、社会心理学者が厳密に行った実験の成果と一致しなければ、彼女の成果は単なる一事例ということになるかもしれない。とはいえ、彼女が学生に課した事前課題は、不完全ながらも抽出の「工程」を担っている。課題に取り組むことで小論への取り組みを自ら邪魔するというツァイガルニク方式で、小論を脳内リストのトップに保ったのだ。

小論を書くという目標が目標として存在し続ける（完了しない状態が続く）と、学生の脳は、意識的にも無意識的にも、それに関係する情報に敏感になる。ヘンク・アーツの実験の、喉が渇いていた被験者と同じだ。そして、両者に共通する二つの要素が、抽出に欠かせない要素である。一つは邪魔。もう一つは、邪魔によって生じる、目標に関係する情報を手に入れようとする意識だ。ダイヴリーの実験では、日記という意識的な過去の反すうが第三の要素に加わった。彼女は学生に対し、小論を書く際に活用した学術誌の記事や取材内容についで思ったことをつねに書きとめさせた。記録を続けていくうちに、彼らの知識は累積され、思考が発達していったのだ。

立ち止まることから「抽出」が始まる

ツァイガルニク、アーツ、ダイヴリーに加え、社会心理学者たちは過去数十年にわたって目標の実現について研究してきた。それらの研究を通じて生まれた論理を一つにまとめると、「創造性」の謎がいくらか明らかになる。

創造性を助けてくれる天使や女神のささやきをもらっている人は誰もいない。抽出できるかどうかは油断のなさの問題だ。自分の頭を目の前の目標に同調させる方法を見つけて、その目標に関係する外から知覚した情報と、自分の内側にある考えを集められるようにできるかどうかにかかっている。どんなものを知覚し、何を思うかを事前に知ることは不可能だ。それに、そんなことはできなくてもかまわない。アーツの実験の喉が渇いていた学生の状態になれば、情報は自然に入ってくる。

何かを知覚するのとは対照的に、しっかりと固まった考えが「思いがけなく」浮かぶことがある。それは、自分の意識の外で情報と考えの融合が行われただけにすぎない。科学者のあいだでは、意識的、無意識的のどちらで抽出が行われているかの議論があり、その意見の背後には興味深い論理が潜む。しかし、それは本章のテーマとは関係がないのでここでは取りあげない。私個人としては、作家のスティーヴン・キングの意見に賛同する気持ちが強い。彼は抽出のことを、「意識下とも無意識下とも呼べない場所」でアイデアを漬け込むことだと言っている。いずれにせよ、それによって得られるものを、得られる時期が来たときに得るという。

このことが学習方法にどう関係するのか？　大きな仕事を抱えたときは、できるだけ早く着手し、行き詰まったら立ち止まる。投げだすのではなく抽出を始めるのだと、自信を持って中断すればいい。私が学生のときはいつも、長い論文を先送りにし、小さなことを先に片づけていた。読むのが楽な本を読む、キッチンを掃除するなどして、やることリストにある項目のいくつかを片づけた。そして、いよいよ大物と向きあうと決めたら、最後の行にたどり着くまで必死で自分を駆り立て、最後の行にたどり着けなかったときは自分を軽蔑した。

だが、その軽蔑は間違いだった。

山を乗り越える前に中断したからといって、その仕事が完全に止まるわけではない。止まっているように見えて止まっていない。これが抽出の第1段階だ。それに続いて、関係する情報を紐づけする第2段階が始まり、身近なところから関係する情報を収集する。そして第3段階では、入ってきたさまざまな情報についての自分の思いに耳を傾ける。抽出はこの三つの要素で決まり、この順序で起こる。

私は何年も前から、多大な労力を要する仕事があるときは、それに取りかかった後で小さなことを片づけたほうがいいと実感している。心理学的な言い方をするなら、そうすることで仕事の規模が縮小するのだ。仕事は日を追うごとに大きくなっていったりしない。すでにとっかかりができていれば、仕事がしやすい。中断しても、落ち着いて再開できる。それに、数時間取り組んで理解できないことがあったとしても（微積分学の積分を解いていたときのことを思いだす）、そこで中断するのは抽出の第1段階に入ることだと理解している。私の大好きな教授のひとりはよくこう言っていた。「数学者の定義とは、数学上のある概念を頭のなかにずっと持ち続けている人のことである。そしてある日、その概念のことなら自分はよく知っていると気づく」

私は抽出のことを、自分の思いどおりに何かを先送りにする手段の一つだととらえている。厄介な作業を抱えたときは、毎日少しずつ進めるようにし、勢いづいたらしばらくその波に乗るが、行き詰まったら、作業の途中で手を止める。そして、次に作業をする日に途中から再開し、最後まで仕上げる。

お気づきだと思うが、この章で登場した創造性が必要なこととは、ほぼ「書くこと」になってしまった。そうなった理由は、創作について語るのはいつの世も作家がほとんどだからというのもあるが、何より、何かについて書くということは、それについて自分がどう思っているかを発見することだからだ。

といっても、商業画家、建築家、デザイナー、科学者になる人は、作家とよく似た心理状態で作品を磨き完成させる。そして、作家も彼らも、作品のことをなかなか頭から切り離せない。彼らが行う抽出は本能的なものだ。というのは、経験上、目標に意識を同調させていると、必要なもの、少なくとも必要なものの一部が手に入ると知っているからだ（章の前半で紹介したA・E・ハウスマンの言葉にもあるように、完成させるためには「自らの頭で埋めなければならないギャップ」がある。それを埋めるためのピースを抽出で得るのだ）。

このことを知っているだけで、創造性が必要となる厄介な仕事を抱えたときに、自信を持って前に進めるようになる。そして、自分を軽蔑する気持ちがずいぶんと和らぐ。

第8章 反復学習の落とし穴

——別のことを差し挟む「インターリーブ」の威力

反復練習に対する根強い信頼

一定の年齢になると（9〜11歳の頃を思いだしてほしい）、人は自分のアイデンティティにとって重要だと決めたことを必死に習得しようとする。それは馬の絵を描くことかもしれないし、好きな曲のギターソロを弾く、バスケットボールを背中側でドリブルすることかもしれない。スケートボードに足をつけたままジャンプする「オーリー」をマスターしたい人もいるだろう。そういうことの習得にマニュアルはいらない。やってみるのみだ。何度も繰り返し、誰かに命じられているみたいに黙々と努力を続ける。

反復練習に対する信頼は、昔から脈々と受け継がれてきた。成功マニュアルやガイドブック、スポーツ選手や企業家の自伝にも必ず登場する。スポーツのコーチ、音楽の講師、数学の教師は、教え子に同じことを何度も繰り返させることが多いが、それには理由がある。午後からイ短調のスケールを100回繰り返してみるといい（フリースローやウエッジショットでもいい）。自分の進歩が見て取れる。もう200回練習すれば、さらに進歩する。

反復練習への信頼は消え去ることがない。私はときどき思う。新しいことを学ぶとき、子どものようにがむしゃらになれたらどんなにいいだろう。それならば、ピアノ、遺伝学、機械学を学びたい。そして、技術の一つひとつを無意識にできるようになるまで機械のごとく練習し、身体に刻み込む。エルガーを弾き、誰かの命を救い、壊れた車を修理するのだ。いまでもできるかもしれない、と心のどこかで思っている。もっとも、十分な時間があればの話だが。

心理学者や作家のなかには、その時間を定量化しようとする人までいる。並はずれたことを習得するには練習あるのみだと彼らは主張する。彼らの言う必要な練習時間は、正確には1万時間。この法則には抗いがたいものがある。数字そのものに根拠がなくても、それは単なる数値ではなく反復に関係するものだと思ってしまうからだ。よく耳にする、「正確に理解してから練習しろ」「間違えなくなるまで練習しろ」という激励の言葉にもあるように、私たちはそれが正しいと思っている。

そういえば、私もたくさん練習したことがあった。当時のことはよく覚えている。

子どもの頃の私は練習の虫だった。勉強も音楽もスポーツも、とにかく練習した。日が暮れるまでにオーリーを300回練習したのは、ほかならぬ私自身である。だが、うまくできるようにはならなかった。私はスケートボードで道路をこすっているだけなのに、周りを見ると、やる気が微塵《みじん》も感じられない子どもが見事なジャンプを決めていた。背中側でドリブルするビハインドドリブルも、ギターのソロも、アイスホッケーの二の字ストップも同じだった。どうしても習得したくて夢中で練習したが、なぜかうまくならなかった。

それなのに、私よりもはるかに少ない時間しか練習しなかった子どもたちが、大して苦労する様子もなく習得していた。彼らには、生まれつき才能があっただけなのか？　個人的に先生についていたのか？　秘密のコツがあるのか？　私には謎だった。私は自分の才能のなさを呪い、習得しやすくなるコツのようなものを探し求めた。だが、自分の練習の仕方が正しいかどうか考えたことは一度もなかった。

それは私だけではない。少なくとも1970年代前半では、そんなことを考える人はいなかった。当時は、科学者たちもほかの人と同じように、「練習は多ければ多いほどよい」と思っていた。心理学者の言葉で正確に表すと、「習得したいこと（スケート技術、代数を解く力、正しい文法など）をより身近に感じさせ、より頻繁かつ正確に行わせるのであれば、どのような練習日程でもそれらを学習する力は向上する」となる。

要は、徹底した反復を行えということだ。何かの技術を完全に自分のものにした人は、いくらかの反復練習を必ず行っている。たいてい、その量は多い。習得した人が後から思いだすのもこの練習の部分で、習得の過程で取りいれていたかもしれない工夫や修正は思いださない。

反復練習の効果を否定した「お手玉の実験」

反復のほかにも何かあるかもしれないといち早く教えてくれたのが、1978年にオタワ大学のふたりの研究者が行った実験だ。[*1]

ロバート・カーとバーナード・ブースは、人間の動きを研究する運動力学の専門家だった。運動力学の研究者は、スポーツのトレーナーやコーチと密に連携することが多く、スポーツ選手の運動能力、怪我の回復、耐性に関係する要因に関心を抱いている。カーとブースがその実験を行ったのは、練習の仕方を変えると、お手玉を的にめがけて投げるという単純で地味なスキルにどのような影響を及ぼすかを知るためだった（彼らは実に的確なスキルを実験に選んだと言える。ほとんどの子どもが誕生日会や遊園地のゲームでやったことはあるが、家で練習したことはない）。

ふたりは、近所のスポーツジムが12週間にわたって開く土曜午前の運動コースに登録した8歳の子ども36人を被験者とし、2グループに分けた。そして、両チームにお手玉を的に向かって投げさせながら、競技の説明をした（競技と呼ぶほどのものではないが）。子どもたちは、ゴルフボール大のお手玉を持って膝立ちになり、床に描いてある的を狙って投げた。ただし、投げるときはアイマスクを装着させた。目が見えない状態で投げ、投げ終えたらアイマスクをとってお手玉の位置を確認し、それから改めて投げてもらった。

1回目の挑戦は両グループとも好成績に終わり、スキルに明らかな差は見られなかった。その後、子どもたちに練習をさせた。練習は6回で、1回につき投げるお手玉の数は24。グループAには1メートル先に的を用意し、それに向かって投げる練習をさせた。グループBには的を2種類用意し、60センチ離れた的と120センチ離れた的のどちらかを狙って投げる練習をさせた。それ以外の条件はすべて同じだった。

12週目を迎えたとき、最終実技テストが実施された。ただし、テストの内容は、1メートル先の的に投げるというものだった。これでは不公平ではないか。一方のグループは1メートル先の的を狙って投げる練習をずっとしてきたのに、もう一方はまったくしていない。前者のほうが明らかに有利だ。ところが、結果は意外なものだった。テストと同じ距離で練習したという事実は、最終実技テストではほとんどメリットにならなかったのだ。

いったい何が起きたのか？　カーとブースは同じ実験を12歳の子どもにも実施した。結果が同じになるか確認するためだ。結果は同じだったが、それだけではない。12歳ではグループ間の差がさらに顕著に現れた。これは運の問題だろうか？　良い成績を残したグループに、不正を働いた子どもが何人かいたのだろうか？

どちらでもない、とカーとブースは報告した。「変化を取りいれた練習が、運動スキーマ（一つのまとまりとしての動きの記憶）の初期形成を促進すると思われる」と彼らは書いている。[*2]　練習に組み込んだ変化が、「動きを認識する力を高める」役割を果たすのだ。別の言い方をするなら、変化を取りいれた練習のほうが、一つのことを集中して行うよりも効果的だということだ。なぜそうなるかというと、動きを調節する基本を身につけざるをえなくなり、どんな位置の的にも適応できるようになるからだ。

これは大きな発見だ。ただし、事実であればの話だ。

カーとブースの実験が、目隠ししてお手玉を投げるという奇妙なものだったことを思えば、あの結果は偶然だったのかもしれない。とはいえ、当時その信ぴょう性が議論されることはなかった。というのは、彼らの実験に誰も関心を向けていなかったのだ。お手玉の実験は、その動作と同じく地味で衆目を集めなかった（あまりにも地味だったせいか、彼らの論文が最初に掲載された学術誌のウェブサイトから、論文そのものが消えてしまい、編集者に頼んで見つけてもらうまで数週間かかった）。

だからといって、夜のニュースになるような内容で実験したとしても、それで心変わりをする人が続出するとは思えない。記憶の研究者たちはやはり関心を向けないだろう。運動力学と認知心理学は、しきたりも立場もまったく違う世界だ。かたや脳科学に近い存在であり、かたや体育の授業に近い存在だ。8歳と12歳の子どもたちを被験者にしたお手玉の実験は、新しいスキルを習得するときの脳の働きに関する長年の前提を覆しそうになかった。少なくとも、すぐにそうなることはありえなかった。

変化を取りいれた練習が本番の応用力を高める

学習を研究する心理学者は、二つの陣営のどちらかに分かれることが多い。運動能力を重視する行動重視派と、言葉を重視する学問重視派だ。前者は、見る、聞く、感じる、反射の発達、肉体的な能力の向上(スポーツや楽器で高度な技術を習得するなど)と脳の関係に注目する。後者は、言語、抽象概念、問題解決など、考える学習について調査する。各陣営には、独自の用語、実験にもとづく独自のパラダイム、独自の理論がある。大学でも、「運動と知覚の技術」と「認知と記憶」というように、区別して教えられることが多い。

この区別が生まれたのは偶然ではない。話を先に進める前に、ヘンリー・モレゾンの話を簡単に振り返っておこう。1953年にハートフォードでてんかんの手術を受け、新しい記憶を形成する能力に深刻なダメージを負ったあの青年だ。

手術をした彼の脳は、名前、顔、事実、個人的な経験など、言葉で表せる類いの記憶を一切形成できなくなった。脳の両半球から海馬が切除されたことが原因だ。海馬がなくなり、モレゾンは短期記憶を長期的に保存する領域へ移行させることができなくなった。だが、身体の動きに関する新しい記憶を形成することはできた。第1章で紹介したように、モレゾンは、実験を通じて鏡に映る手を見ながら星の形をなぞることを学んだ。そして、何度も繰り返すうちに、練習した記憶は一切ないのに、なぞる技術はどんどん向上していった。

モレゾンに関する研究により、脳には記憶を扱うシステムが少なくとも2種類備わっているはずだと思われるようになった。一つは言葉で表せる類いの記憶で、海馬が機能することで形成される。もう一つは身体の動きに関する記憶で、この種の記憶を扱う脳の器官は異なるため、海馬は必要としない。この2種類のシステムは生物学的に異なるので、記憶の発達、強化、衰退の働きが異なるのも当然だ。スペイン語の習得とクラシックギターの習得では、習得の仕方が違う。だから、心理学はその二つを区別して、それぞれの特性を明らかにしようとしているのだ。

1990年代の初め、UCLAの研究者ふたりが画期的なことを思いついた。運動能力と言語能力に分かれている講義を一つにまとめ、「運動と言語の習得」という一つの講義にして大学生に教えてはどうか。そのふたりとは、運動能力の習得を専門とするリチャード・A・シュミットと、本書で何度も登場している言語の習得を専門とするロバート・ビョークだ。

彼らは、一つの講義のなかで運動と言語の両方を教わるほうが、その二つを分ける主な違いや、それぞれに最適な習得の仕方がより深く理解できると考えた。「リチャードと私は、一つの講義にすれば、運動と言語の違いをわかりやすく提示できると考えた。それ以上は何も考えていなかった」とビョークは私に言った。「ところが、進めていくうちに、講義の中身はまったく違うものになっていった」

関係する文献を読み始めたふたりは、奇妙なひっかかりを覚えた。彼らは最初、心理学界で見過ごされてきたカーとブースのお手玉実験の論文をたまたま見つけて読み、その結論を妥当なものとして素直に受けとめた。それから、運動か言語のどちらかではなく、両方を混ぜた（両方を扱う）授業にとって有益な研究がほかにないか探した。お手玉の研究成果が信頼できるなら、学習全般に適用できる基本原則が明らかになったという彼らの主張は正しいことになる。それならば、異なる方法を用いて彼らの研究成果と比較する論文があるはずだ。

ふたりはいくつかの論文を見つけた。ただし、どれもカーとブースの研究を知らない研究者が書いたものばかりだった。

1986年の論文では、ルイジアナ州立大学の研究者が若い女性30人を対象に、バドミントンのサーブ3種類をどれだけうまく打てるようになるかを実験した。[*3] ショートサーブ、ロングサーブ、ドライブサーブはそれぞれ軌道が異なり、うまく打てるようになるにはある程度の練習が必要だ。ショートサーブは、シャトルがネットすれすれのラインを通るように打つ（ネットから50センチ以上離れてはいけない）。そうすれば、相手コートの前方3分の1にサーブが決まる。ロングサーブは、どんなに低くてもネットの上2・5メートルの軌道を通り、相手コートの後方3分の1にシャトルがおさまるように打つ。ドライブサーブはその中間の軌道で、相手コートの真ん中を狙って鋭く打ち込む。

この実験を実施したシナ・グッドとリチャード・マギルは、二つの基準でサーブを判定した。シャトルの着地点とネットを通過するときの軌道だ。30人の被験者は10人ずつ3グループに分けられ、週3日の練習を3週間にわたって行った。どのグループも一度の練習で36球打つのは同じだが、練習の仕方はグループによって違った。Aグループは、一度の練習タイムで同じサーブしか練習しなかった。たとえば、初日の練習タイムではショートサーブを36球、次の練習タイムではロングサーブを36球、その次はドライブサーブを36球という具合だ。Bグループは、毎回3種類すべてを所定の順序（ショート、ロング、ドライブの順）で打った。Cグループは、3種類のサーブを毎回ランダムに打った。好きに打てばよかったが、同じ種類を2回続けて打つことは禁じられた。

こうして3週間にわたり、各グループは3種類のサーブをほぼ同じ回数だけ練習した（Cグループはランダムだったため、数回の違いが生じた）。

グッドとマギルの目的は、グループ別に効果を比較することだけではなかった。この実験を通じて学んだ技術を、まったく別のことにどのくらい「応用できるか」も測定するつもりでいた。言ってみれば、学習は応用がすべてだ。応用とは、技術、公式、単語の問題など、学んだことの本質を抜きだして、それを別の状況に適用する能力を指す。少なくとも表面上は同じに見えない別の問題に、学んだことを活かすのだ。ある技術を完璧にマスターすれば、いわゆる「身体が覚えている」状態になる。

グッドとマギルが応用力を測定した方法は、実に巧妙だった。彼らはサーブの最終テストを被験者に課し、そのときに小さな調整を一つ加えた。被験者はコートの右側からしかサーブを打つ練習をしなかったのだが、テストではコートの左側からサーブを打つようにと告げたのだ。テストは、試験官が指示する種類のサーブを打つ形で行われた。「ドライブサーブを打ってください。（サーブを打ち終わる）では、次はショートサーブを。（サーブを打ち終わる）ではロングサーブをお願いします」という具合だ。テストで打つサーブの数は全員同じで（6回）、同じ種類を2回続けて打たせることはしなかった。グッドとマギルはサーブ一球ごとに、その軌道とシャトルの着地点に従って0～24ポイントで採点した。

勝者はどのグループか？　ランダムに練習したCグループの圧勝だった。彼らは平均18ポイント獲得したのに対し、次に続いたBグループ（3種類を順に練習したグループ）は平均14ポイントだった。一度に1種類しか練習しなかったAグループは最下位で、平均12ポイントだった。練習していた3週間のあいだ、もっとも技術の向上が見られたにもかかわらずだ。3週間目に入ったとき、Aグループの技術は群を抜いていた。ところが、いざ最終テストになると、彼らはぼろぼろになった。

グッドとマギルは、これほどの逆転劇が起きた理由をはっきりとは理解していなかった。だが、そうなる予感はあった。彼らは、「一つのことを繰り返し練習させないようにすれば、人は絶えず調整せざるをえなくなる。それにより、変化全般に対応する器用さが身につき、ひいては個々の技術に磨きがかかる」との結論を下した。

ちなみにこれは、お手玉の研究とまったく同じ結論である。ただし、グッドとマギルは研究成果をさらに一歩先に進め、サーブの種類を混ぜた練習で絶えず調整することが、応用力の強化にもつながると記している。スキル一つひとつが磨かれるだけでなく、どんな状況にも対応できるようになるというのだ。室内でも屋外でも、コートの右側からでも左側からでも関係なく、うまくサーブが打てるようになるという。彼らは「練習する目的は一般に、試合にその力を応用するためである」として、次のようにまとめた。「試合は次から次へと状況が変わる。よって、練習の効果を測るためには、打つサーブをランダムに指示するテストが最適だった」[*4]

シュミットとビョークは、この実験だけでは、お手玉の研究と同じく何の証明にもならないとわかっていた。どちらも単なる研究の一つにすぎない。とはいえ、同様の研究はほかにも存在し（キーボードを打つ技術、ゲームのスキル、正確に腕を動かす技術）、いずれの実験にも共通することが一つあった。それは、複数のことを混ぜた練習を繰り返していくと、どんな形態にせよ、一つのことだけに絞った練習よりも技術が向上するという点だ。

この共通点について考えるとき、練習VS本番という見方ができる。練習のあいだは、ある程度コントロールがきく。邪魔を遮断したり回避したりできるし、必要だと思えば練習のペースを落とすこともできる。それに何より、どの技術や動きをどんな配分で練習するのかを、自分で決めることができる。すべては自分しだいだ。

一方、本番は違う。子どもの頃、練習では素晴らしいのに、本番になると平凡な成績しか出せない子が周りに必ずいた。反対に、練習ではひどいのに、競技会や観客を前にしたステージなど、肝心な場面で目を見張るパフォーマンスをする子も必ずいた。自宅の庭でステップオーバー（サッカーボールを外側からまたぐ動作）を1000回練習することはできる。しかし、敵チームの選手ふたりが自分に向かってくるなか、全速力で走りながらそれをするとなれば、難易度は格段に上がる。それはもう、ひとりで練習していたときの動作ではない。高速で動きが変わるダンスの1ステップのようなものだ。

そうしたランダムな要求が実験に取りいれられていたことが、カーとブースの意見の信ぴょう性を高めることとなった。それに、シュミットとビョークは、彼らの発見した原理は物理的なスキル以外にも適用できることを十分に承知していた。言葉の記憶を素早く掘り起こすには、物理的というより精神的な柔軟性が必要になる。だがそうした柔軟性は、反復練習で培われるものではない。

反復練習を重ねると向上のスピードは遅くなる

ビョークは以前、ベル研究所のT・K・ランダウアーとともに、50の人名一覧を学生に覚えさせる実験を行っていた。[*5] 50の名前のうちのいくつかは、覚える時間を与え、続けて何度かテストを実施した。残りの名前は、一度見せただけでテストした。ただし、テストの前に別の授業を差し挟んだ（学生たちは、その間に名前とは別のことを覚えさせられた）。つまり、半分の名前は純粋に名前を覚えることだけに時間を費やし、残りの半分は途中で邪魔が入ったということだ。ところが、30分後にテストを実施すると、学生たちは、邪魔が入った名前のほうを10パーセント前後多く思いだした。名前を覚えることだけに集中するほうが負けたのだ。

「一般に、スピード、精度、頻度、利便性で勝る練習をしたほうが、学習効果が高いと思われてきた」シュミットとビョークは論文にこう記している。「しかし、新たな検証結果から、その一般論は限定的であると思われる」

「限定的である」というのは、「再考の必要がある」という意味で、もしかすると、理論をすっかり破棄する必要があるかもしれない。

反復練習が「悪い」と言いたいのではない。新たな技術や学習題材に慣れるためには、ある程度の練習が必要だ。とはいえ、反復は強力な幻想を生む。技術はすぐに向上するが、その状態がしばらく続く。一方、ほかのことを混ぜて練習すると、1回の練習時間内で目に見える改善は反復練習ほど早くは表れないが、練習を重ねて得る技術や知識はこちらのほうが上だ。長い目で見ると、一つの技術に絞って反復練習を重ねると、向上のスピードが遅くなるのだ。

心理学者たちは、何年も前からこのような発見をたくさん見てきた。しかし、そうした個々の研究の集まりを、あらゆる練習に適用できる一般原則に発展させたのは、1992年にシュミットとビョークが発表した「練習の新しい概念」という論文だ。[*6] 彼らはこのなかで、運動と言語、勉強とスポーツのすべてに適用できると説いた。

最終的に、ふたりが始めた運動と言語を一緒に教える講義は、両者の対比だけに焦点をあてるのではなく、重要な類似性の特定にも時間を割くこととなった。「技術を学ぶさまざまな状況のなかに、そうした直感的に正しいと思えない現象が共通の特徴として存在することに、我々は強い感銘を受けた」と彼らは言う。そしてこう結論づけた。「うわべだけを見ると、体系的に変化を取りいれた練習は、新たな情報処理活動の追加、もしくは情報処理活動の一部が変わるため、練習中はパフォーマンスの低下を招くことがある。しかし、それと同時に、パフォーマンス能力の向上を生む効果も招くと思われる」[*7]

どの活動が彼らの言う「体系的に変化を取りいれた練習」に当てはまるのか？　第4章で紹介した「分散効果」がその一つだ。勉強時間を分散させることは、途中で邪魔を入れるのと同じことであり、余分な時間や労力をかけなくても学習が深まる。また、第3章で紹介した「背景事情を変える」こともそうだ。学習する場所を1箇所に定めず、教科書を屋外やコーヒーショップに持参してそこで勉強すれば、記憶の定着率が高まる。どちらの学習テクニックも、一つのことに集中する反復練習も取りいれているので、学習と学習のあいだにある程度の忘却も発生する。ビョーク夫妻が提唱した「覚えるために忘れる理論」では、忘却を招くテクニックはすべて「望ましい困難」だとされている。忘れると、記憶や技術を掘り起こす難易度がどうしても高くなるため、その余分な働きにより、検索と保存の力（学習の力）が高くなるからだ。

しかし、それらとは別にもう一つテクニックがある。これについては、長らく埋もれていたお手玉の実験にさかのぼらないといけない。1メートル先の的を狙う最終テストで最高の成績をおさめた子どもたちは、1メートル先の的を狙う練習を一切していない。ほかのグループと違い、同じターゲットを続けて狙う、イ短調のスケールを100回練習するといったことはしなかった。また、練習と練習の間隔をあけることも、練習する部屋を変えることも、白衣を着た心理学者に途中で邪魔されることもなかった。ひたすら二つの的を交互に狙っただけだ。二つの的の差はわずか数十センチだが、その小さな差を行き来させるという考えが重要なのだ。そしてその考え方は、あらゆるレベルの教育で精力的に研究される対象となった。

邪魔を入れる学習は美的判断にも影響を及ぼす

お手玉とバドミントンのことはちょっと忘れて、ここからは、友人や知人、恋人になりそうな相手に好印象を持ってもらえそうな、絵画について話をしよう。といっても、描くほうではなく鑑賞するほうである。粋《いき》な人に思われるための第一歩は、自分が見ている絵画を実際に描いた人についての知識を持つことだという（私はそう教わった）。マチスの作品の前に立ってマネの光の使い方について語れば、粋の仮面はすぐさま吹き飛び、受付でガイドイヤホンを借りるという苦い退却を味わわされることになるだろう。

個々の画家のタッチを判別できるようになるのは簡単ではない。それも、さまざまなジャンルの絵を実験的に描いた画家や、ゴッホでもピカソでもオキーフでもない、無名の画家となればなおさらだ。絵画から画家の存在を感じとるのは難しい。簡単に感じとれるコツもない。

たとえば、フェルメール、ヘーム、エフェルディンヘンの違いは何か？　私は、この3人の著名なオランダ人画家の見分けもつかなければ、彼らの個性的な署名も判別できなかった。「フェルメール、ヘーム、ヘイデン、エフェルディンヘンが選んだ絵のテーマの違いは、そのまま17世紀のオランダを描写する違い、オランダ国内の上流社会の表現の違いになる」と、アメリカ人哲学者のネルソン・グッドマンは画家のスタイルに関する論文に書いている。「ときには、色彩のようにはっきりとわかる特徴が、空間の表し方のような別の特徴を体現していることもある」[*8]

何の話をしているのかわかるだろうか？　私にはさっぱりわからない。

グッドマンは、とらえづらく謎めいた画家のスタイルほど、鑑賞者にとって価値があると主張したことで有名だ。「表面的に奇抜な特徴ですぐに特定できるわかりやすいスタイルは、当然、ただのワンパターンだと非難される。複雑で繊細なスタイルは、切れ味鋭い比喩のように、ありふれた言葉に単純化できない」

さて、ここに問題がある。絵画鑑賞は、生物学、楽器演奏、ドイツ語、叙事詩とはかけ離れた世界だ。覚えないといけない対になる単語や化学結合もなければ、覚えないといけない演奏手法やフレーズや専門用語もなければ、評価の基準にできる言語または運動能力を使うタスクもない。絵画の鑑賞能力には、いわば魔法の要素が含まれる。だから、学習を研究する科学者は昔から、画家のスタイルの研究についてはグッドマンのような学者に任せてきた。

だがそれは、2006年までの話だった。ロバート・ビョークは、博士課程を修了したネイト・コーネル（現在はウィリアムズカレッジの心理学者）とともに、途中で邪魔が入っての学習が、記憶の保持だけでなく美的判断にも影響を及ぼすかどうかを確かめることにした。そう思い至ったのは、ビョークが同僚から次のような話を聞いたからだった。

その同僚の女性は、十代の娘を連れてイタリアへ旅行に行った。女性は、フィレンツェのウフィツィ美術館にアカデミア美術館、ローマの国立博物館にボルゲーゼ美術館、そして世界最大級のヴァチカン美術館など、数々の素晴らしい美術館の訪問を楽しみにしていた。しかし、娘も楽しいと思うか不安になった。美術館巡りに抵抗はなくても、何も楽しめないかもしれない。そこで彼女は、娘がイタリアの画家のスタイルを知れば旅行をもっと楽しめるようになると思い、画家のスタイルを勉強する単語カードを作り、それを使って娘に勉強させたという。

コーネルとビョークは、この女性と本質的に同じことをした。[*9] 彼らはまず12人の風景画家による絵画をリストアップした。有名な画家（ジョルジュ・ブラックやジョルジュ・スーラ）も数人含めたが、被験者が聞いたことのない画家がほとんどだった（マリリン・ミルレア、イェイメイ、アンリ＝エドモン・クロスなど）。ふたりは72人の学生に向かって、コンピュータ画面上の絵画を覚えるようにと告げた。そのうち半分の学生は、一度にすべての絵を勉強した。画面に絵が表示される時間は1作品につき3秒で、絵の画像の下に作者の名前が併記される。

たとえば、クロスの絵が3秒ごとに6作続けて表示され、その次はブラックの6作が、やはり3秒ごとに絵の下の作者名とともに表示され、その次はイェイメイの絵が6作、という具合だ。同じ作者の絵を被験者がひとまとめに見ることから、コーネルとビョークはこれをブロック学習と名づけた。

残りの半分の学生も、絵を見る時間（1作品につき3秒）と絵の下に作者名が表示されるのは同じだった。ただし、絵が画面に表示される順番は作者別ではなくランダムだった。

そうして両グループは、12人の画家の絵を6作ずつ、計72作品を勉強した。どちらのグループが画家のスタイルをうまくつかむことができたのか？

絵をすべて見終えた後、学生たちは547から3ずつ引いた数を順に数えるようにと指示された。これはいわば記憶の口直しで、短期記憶から絵の記憶を一掃し、テストの前に絵から注意をそらすことが目的だった。そして、実験の目的を果たすためには、テストのときに学生が見た絵を1作品も含めてはいけない。学生が絵を勉強したのは、画家のスタイルを学ぶためであって、絵を記憶することではない。ブラックのスタイルを「わかって」いるなら、見たことのない絵でも彼のタッチに気づけるはずだ。コーネルとビョークは、学生たちが勉強していない風景画を1作ずつ順に48作見せ、12人の画家からその絵の作者をクリックして選ばせるテストを実施した。

ふたりはどんな結果を期待していいのかわからなかったが、ブロック学習をしたグループが優位に立つとは限らないと思っていた。それには理由がある。まず、人が画家のスタイルをどのように判別するかは、まだ明らかになっていなかったということ。そしてもう一つは、1950年代に抽象画の作者名を被験者に覚えさせるというよく似た実験が行われており、その実験では顕著な違いが見られなかったことだ。ブロック学習で覚えた被験者と、ランダムに学習した被験者の成績はまったく同じだったという。

だが今回は違った。ランダムに学習したグループは65パーセント正解したのに対し、ブロック学習をしたグループは50パーセントしか正解しなかったのだ。科学の世界では、このくらい違いがあれば、何か意味があると考える。だから、ふたりは別の学生を被験者にしてもう一度実験を行った。

今度もやはり、ブロック学習とランダム学習を行った。被験者の学生に対し、6人の画家の作品をブロック学習で勉強させ、別の6人の画家の作品をランダム学習で勉強させたのだ。結果は同じで、ランダム学習で勉強した画家の絵の正解率が65パーセントで、ブロック学習で勉強した画家の絵の正解率は50パーセントだった。「画家について教えるとき、その画家の作品を続けて見せるのが一般的な方法だ」コーネルとビョークは論文にこう書いている。「美術史の教師（そして実験の被験者）は納得がいかないかもしれないが、別の画家の絵をあいだに差し挟むほうが、同じ画家の作品を続けて見せるよりも効果的だと判明した[*10]」

学習の基本原則となった「インターリーブ」

この差し挟む行為を、認知心理学の世界では「インターリーブ」と呼ぶ。その意味は単純に、学習中に関連性はあるが違う何かを混ぜるという意味だ。音楽教師のあいだでは昔からこのテクニックが好まれていて、1コマの授業のなかで、スケール練習、音楽理論の勉強、曲の練習を代わる代わる行う。スポーツのコーチやトレーナーも同じく、持久力を鍛えるエクササイズと筋力アップのエクササイズを交互に行い、筋肉に一定の回復期間を必ず与える。

そうした理念は、伝統として受け継がれてきたもの、個人の経験から来るもの、酷使に対する懸念から来るものがほとんどだ。コーネルとビョークが実施した絵の実験により、インターリーブは学習の基本原則の一つに加わった。このテクニックは、ほぼどんな学習素材でも、脳により深く刻み込むことを可能にしてくれる。彼らの研究を画期的と呼ぶのは早計だが（これを決めるのは、私よりも歴史学者のほうが適任だ）、さまざまな分野にインターリーブの研究を広めたのは間違いない。専門家に限らず、ピアノ演奏、バードウォッチング、野球のバッティング、幾何学の研究（勉強）にかかわる人々に少なからず影響を与えた。

インターリーブが大きな違いを生んだ原因は何だろう？　そもそも、なぜ違いが生まれるのか？　ほかの画家の作品を混ぜたことで、スタイルの違いが顕著になったのだろうか？

コーネルとビョークは、ブロック学習とランダム学習の両方を経験した被験者の意見を尋ねた。テスト終了後に質問表を配り、同じ作者の絵を続けて見るブロック学習と、ほかの作者の絵が混じったランダム学習のどちらがよかったかと尋ねた。すると、80パーセント近くの学生が「ブロック学習のほうがよかった」と答えた。ほかの作者の絵が混ざることが覚える助けになるとは感じていなかった。テストを終え、ほかの絵が混ざることが大きな強みを生むと明らかになった後でも感じていないのだ。

「それがこのテクニックのもっとも驚くべき部分かもしれない」と、ケント州立大学の心理学者ジョン・ダンロスキーは言う。彼は、インターリーブが鳥の種類を区別する能力を高めると実証した研究者だ。「人は、ほかの種類を混ぜたほうが区別がつきやすくなると目の前で示されても、それが事実だと信じようとしない」

インターリーブについて、明らかになったことをまとめよう。複数の項目、スキル、理念を混ぜた練習（勉強）をある程度の期間行うと、個々の項目、スキル、理念の違いがわかるようになるだけでなく、個々の特徴をより鮮明につかめるようになる。そして、この効果の活用でもっとも大変なのは、一つのことを繰り返し練習（勉強）するほうがいいという思い込みを捨て去ることである。

その思い込みを捨てないとどうなるか。それは数学の点数に如実に表れる。

「インターリーブ」が数学の理解を深める

アメリカは技術革新や新たな技術の発見をリードしてきたが、数学教育に関しては長きにわたって後れをとっている。中学2年生を対象にした世界ランキングで、9位か10位あたりをうろうろしている。韓国やフィンランドよりもずっと下だ。

専門家や役人はその差を埋める方法について絶えず議論をしていて、1980年代後半には、全国の数学教師による権威ある組織「全米数学教師協議会」が優秀な教育者を集めた会議を招集し、数学の授業の見直しと改革を求めた。それは壮大な仕事であり、規模の大きな仕事にありがちなように激しい論争が起きた[*11]。

論争の中心となったのは、教え方の方針についてだった。生徒がもっとも効率よく学べる授業は、因数分解や二次方程式といった問題を解くテクニックの習得を重視したものなのか。それとも、「$\frac{2}{3}+\frac{3}{5}$」を見たときに、通分しなくても1よりも大きいとわかるような、推論や数の観念といった論理的思考の習得を重視したほうがいいのか？　別の言い方をするなら、前者はボトムアップのアプローチ、後者はトップダウン方式のアプローチだ。

教育についての論争は、すぐさま政権争いの様相を呈した。トップダウン陣営は「進歩派」だ。彼らは丸暗記した解法を練習するのではなく、子どもたちに自らの力で考えさせたがった（この集団には、若手教師や教育学の博士号を持つ大学教授が多数含まれていた）。ボトムアップ陣営は「保守派」で、基礎の構築にドリルを使う昔ながらのやり方を重んじた（この集団の中核を担うのは、年配の教師、そして数学や工学の教授だった）。

この数学論争は、多くの教師に混乱を招いた。当時は数学教育に関するまともな調査は皆無に等しく、どちらの陣営も論争に勝てる武器を持っていなかった。学校教育の研究というと、学者や外部の専門家が教室や学校にやって来て、数学や歴史や作文の斬新なカリキュラムを押しつけ、「改善された」と宣言して終わるのが一般的だった。カリキュラムが変わると効果の測定方法も変わることが多かったため、現場の教師たちには何が改善されたのかよくわからなかった。また、カリキュラムの実施状況が追跡されることもほとんどなかった。

当時からいまに至るまで、教師は生まれては消えていくアプローチをたくさん見てきた。だから多くの教師が、新たなアプローチと聞くだけで懐疑的になるようになった。それに、この数学論争の争点は「教育方針」だった（いまなお変わっていない）。数学はもちろん、学校で教える科目はすべて、理論ではなく結果がものを言う。

「ずっと不思議に思っていたことがありました。新しく生徒を受け持つと、小テスト（毎週もしくは隔週に行う復習テスト）はよくできるのに、同じ内容の総合テストでひどい点数をとる子が多いのです」１９８０年代後半にカリフォルニア州パロアルトで高校の数学教師をしていたダグ・ローラーは私にこう話した。「その子たちから、テストが悪い、いえ、私が悪いとあからさまに責められました。私がずるい問題を出すから点数がとれない、というのが彼らの言い分です」。総合テストの問題を彼らがずるいと感じる理由を、ローラーはこう説明する。「数学の場合、問題を解くのに使う解法を自分で選ばないといけません。解法の使い方を知っているだけでは十分ではないのです。さまざまな種類の問題を網羅したテストになると、その選択は難しくなります」。教えている現場でのこのような問題に、識者間の論争は無関係だった。

ローラーは違うカリキュラムを作ろうかと考えた。項目ごとに一つのまとまりとして教えるやり方（2週間は比率だけを学び、次の2週間はグラフだけを学ぶというやり方）を捨て、過去に学習したことも日々の宿題に混ぜるのだ。そうすれば、生徒は無条件に解法を適用するのではなく、問題に応じて解法を選ぶことを学ばざるをえない。問題を解くためには、まず、それがどんな種類の問題かを特定する必要があるからだ。あるとき、ローラーはワンルームの自宅アパートでベッドに寝転んでいた。そして、天井をじっと見つめながら、「こうなったら、自分でさまざまな種類の問題を混ぜた教科書を書こうかな」と考えた。その後すぐ、彼はそういう教科書がすでにあると知った。

その教科書を書いたのは、空軍将校を引退したのちオクラホマシティで数学教師になった男性だ。[*12] 1970年代、ローズ州立カレッジで数学を教えていたジョン・H・サクソンは、しだいにカレッジで使う教科書に腹が立つようになった。教科書に従って授業を進めると、基礎があやふやなまま学生が置いてきぼりになってしまうのだ。それに、授業で学んだことも学生はすぐに忘れた。そこで、サクソンは自分で問題一式を作ることにし、これまでのカリキュラムよりも代数を解くスキルの向上を目指した。すると、学生の成績は急速に向上し、彼は数学の授業プラン全体を見直した。

1980年から1990年にかけて、サクソンは幼稚園から高校生までを対象とした数学の教科書を12冊（共著を含む）、大学生向けの教科書を2冊書いた。そして練習問題には必ず、過去の章で習った問題だけでなく、それを使う新しい解き方が必要となる問題をいくつか含めた。たとえば、xを使った方程式を習ったなら、連立方程式の問題も含めるという具合だ。なぜそうしたかというと、そのほうが新しい解き方の理解が深まると思っているからだ。知っている解き方とあわせて新しい解き方を学べば、それと同時に抽象的な概念がわかるようになってくる。

サクソンが書いた教科書はファンを生んだ。その多くは私立学校の生徒と自宅学習者で、公立学校の生徒のなかにもいた。そうした状況になるとすぐ、サクソンは数学の教育方針をめぐる論争の矢面に立たされた。彼はボトムアップのやり方を支持していた。進歩派の考え方は危険だと考えていたため、進歩派の仕返しに遭ったのだ。

ローラーは、論争で自分がどちら側なのかよくわからなかった。そういう意味では、サクソンについてもとくに思うことはなかった。彼は、サクソンの書いた本を手にとって中を見たときのことをいまでもはっきりと覚えている。この本は確かにほかの教科書とは違う。だがその本の授業は、ローラーにとっては論理的な順序になっていなかった。とはいえ、あらゆる種類の問題が混ざっていた。さまざまなことを混ぜるやり方は、まさにローラーが生徒のためになると思っているやり方だ。

ローラーは教科書を書くことをやめた。それどころか、数学教師もやめてしまい、大学院に入学して実験心理学を学び始めた。そして、大学院を修了して8年が過ぎた2002年、彼は再び学習について考えるようになった。それには、シュミットとビョークが1992年に発表した運動と言語の学習に関する論文を読んだことが関係していた。それを読んだ後、ローラーは高校で数学を教えていたときに抱えていた問題を振り返った。当時の生徒は、覚えていることが足りなかったわけではない。彼らの弱点は、問題の種類を判別し、適切な解法を選ぶ部分だ。そして彼は、問題の種類を混ぜて出題すれば、その弱点に対処できるかもしれないと考えていた（当時の彼はまだ、インターリーブという言葉を知らなかった）。

数学の問題を解いてみよう！

ここまでずっと、実際に数学の問題を解くことを避けてきたが、いよいよその封印を破ろうと思う。過去10年にわたり、ローラーをはじめとする研究者たちは、インターリーブが数学の理解を全面的に深めることをさまざまな実験を通じて実証している。その効果に年齢は関係ないという。そうした研究の一つを見れば、インターリーブの作用がよくわかる。

角柱の面、辺、角、角度の数を算出する方法

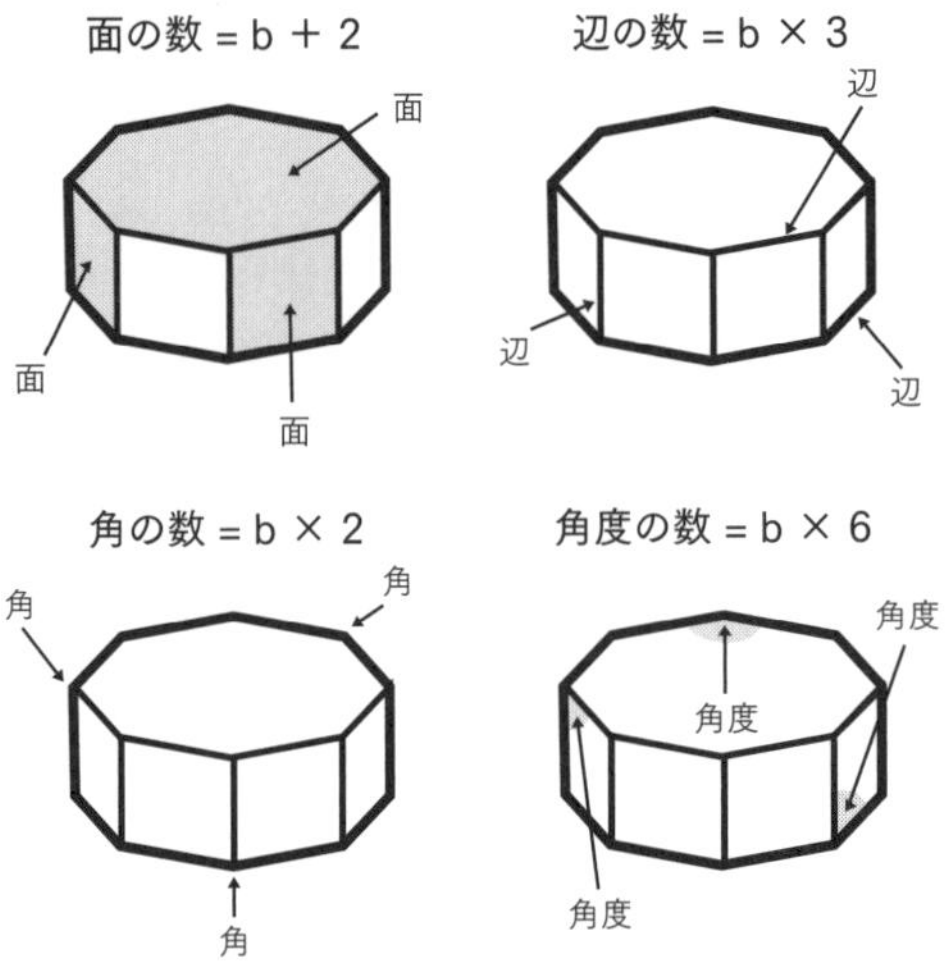

数学の問題といっても心配はいらない。これから紹介するのは小学4年生で習う図形の問題だ。昔習ったことの復習だと思ってほしい。

2007年、ローラーはサウスフロリダ大学の同僚ケリー・テイラーとともに、24人の小学4年生を対象にある実験を行った。[*13] ふたりは、24人の小学生一人ひとりに対し、底面の角の数に応じて、角柱の面、辺、角、角度の数を算出する方法を教えた。その授業は、図を見れば誰でも完璧にわかるものだった。数学アレルギーの人でも問題なくできるだろう。上の図を見てもらいたい。図中のbは、底面の角の数を表す。

24人のうち半分は、ブロック学習で勉強させた。彼らはまず、「面の数」を求める問題を8問、その後30秒の休憩を挟んで「辺の

数」を求める問題を8問、また30秒の休憩後に「角の数」の問題を8問、30秒の休憩後「角度の数」の問題を8問というように、続けて問題を解いた。残り半分の子どもたちは、解く問題の数と休憩時間は同じだが、問題の種類をランダムに混ぜた。たとえば、最初は「面、角、辺、角度、辺、角、面、角度」の順で8問解き、30秒の休憩後は「角、角度、角度、辺、面、辺、角、面」の順で8問解くという具合だ。どちらのグループにもまったく同じことを言い、まったく同じ問題を解かせた。違いはただ一つ、同じ種類の問題を続けて解くか、ランダムに解くかの違いだけだ。翌日、子どもたちに4種類すべてを1問ずつ出題するテストをした。結果はもちろん、問題を混ぜた（インターリーブを適用した）グループのほうがよかった。しかもその差は歴然で、彼らが77パーセント正解したのに対し、もう一方のグループの正解率は38パーセントだった。

インターリーブの効果が数学でとくに顕著に表れるのは当然だと言える。何しろ、数学のテスト（期末テストのようにある程度範囲が広いテスト）自体が、問題の種類を混ぜたものだからだ。テストが寄せ集めならば、宿題も同じにすればいい。寄せ集めの勉強は、単に種類の異なる問題を解くだけではない。問題の種類を混ぜて勉強すると、問題の種類を特定すると同時に、それに適した解法を見つけないといけなくなる。開けないといけない鍵を判別するだけでなく、それぞれの鍵穴に合う鍵を見つけることになるのだ。

「問題と対になる解き方や概念を見つけるのは難しい。数学にはその苦労がついてまわる」ローラーとテイラーはこう結論づけた。「たとえば、文章題が難しいとよく言われる一因は、どの公式や概念を使えばいいのかが明示されていないことにある。『虫が東に20センチ進み、その後北へ40センチ進むと、スタート地点からどのくらい進むことになりますか?』という問題の場合、ピタゴラスの定理を使って解くのだと推測する力が求められる。だが、ピタゴラスの定理の知識を明らかに要求する設問群のすぐ後にこの文章題が現れれば、推測の必要がなくなる。つまり、同じ種類の問題を続けて解く練習は、文章題の教育的価値を大きく下げることになるのだ[*14]」

ローラーは次のような言い方もしている。「宿題のいちばん上に『二次方程式』と書いてあれば、何も考えずにそれを使う。問題に適した解法が何かと考える必要はない。解く前からわかっているのだから」

「インターリーブ」でアクシデントに強くなる

これまでの実証を見ると、インターリーブは数学だけでなく、ほぼすべての科目やスキルに効果がありそうだと言える。バドミントンしかり。歴史(同時代に関係する複数の観念を混ぜて覚える)。バスケットボール(フリースローのラインからだけでなく、ライン周辺からもボールを投げる練習をする)。生物学。ピアノ。科学。スケートボード。もちろん、目隠しをしてお手玉を投げることもそうだ。

一学期の一コースで教わるものならどんな内容でも、インターリーブを適用するのに格好のターゲットであるのは間違いない。何を勉強するにせよ、どこかの時点で必ず復習が必要になる。テストの時期になれば、膨大な専門用語、名称、出来事、概念、公式の意味や違いを覚えないといけないし、バイオリンの発表会に出るとなれば、完璧に弓を動かし続けないといけない。学んだことを判別する技術は必ず必要になるのだから、机に向かうたびに判別する練習をしてその技術を少しずつ積みあげていけばいい。そのほうが、テストの時期が近づいてから一気に覚えようとするよりも、ずっといいのではないか?

先にも述べたように、ミュージシャンの多くは種類の違うことを混ぜた練習を取りいれている。たとえば1時間半の練習時間を設けたら、最初の30分はスケール練習をし、次の30分は新しい曲の譜読みをし、残りの30分を弾き慣れた曲の練習にあてる。こういうやり方が正しい。もっと細かく分割したほうがより良い結果を生み出せると思うのであれば、10分、15分刻みで違うことを混ぜてもかまわない。インターリーブを活用するときは、復習に有効なだけではないと覚えておいてほしい。それは、問題、活動、概念の種類を判別する力も高めてくれる。

私は、いまでも習っているスペイン語やギターのレッスンでインターリーブを活用している。スペイン語のレッスンで新しい単語の一覧をもらったときは、以前習った単語を同じ数だけその一覧に加える。ギターの練習になると、混ぜる種類はもっと多くなる(語学の学習に比べて混ぜられることが多いからそうなるのだと思う)。

まず、一つのキーのスケール練習を2、3回行い、それから知っている曲の練習に移る。たとえばそれが、グラナドスの「スペイン舞曲第5番」だったとしよう。そうしたら次は、その曲でつまずいた箇所の練習に移り、つまずいた箇所を2回ゆっくりと弾く。次に最初とは違うキーのスケールを練習し、新しく弾き始めたばかりの曲を何小節か練習する。これで1回の練習としては十分だ。その後休憩をとり、私が初めてマスターした「天国への階段」のリフをいくつか弾いたら（なぜかこの曲は決して古くならない）、ギターの名曲の練習に取りかかる。

これがインターリーブだ。個人によるところが大きいが、科目や技術によっては、これを練習に取りいれることで効率が格段に上がる。また、すでに知っている、すでに身についていると思っていることでも、新しい発見やまだ身についていないことは必ずあると思ったほうがいい。それがジミー・ペイジのソロでも、ジョルジュ・ブラックの絵でも同じだ。

インターリーブに関する研究資料を読んでいると、インターリーブの本質は、予期せぬことに脳を備えさせることにあるように思える。本格的な登山家は、好んでよくこんな言葉を口にする。「何か悪いことが起きない限り冒険ではない」。彼らの言う悪いこととは、ロープが切れる、食料が底をつく、クマにテントを襲われる、といったことだ。思うに、インターリーブは、軽い度合いのそうした悪いことに備えさせてくれるのではないか。

テスト、トーナメント、試合、発表会といった場面では、何かしらの失敗、計算間違い、突然の頭痛、太陽のまぶしい光、予想に反した論述テーマの出題といったことが必ず起きる。突き詰めれば、インターリーブを日々の練習に取りいれることは、練習に復習の要素だけでなく、意外性という要素を組み込むための手段なのだ。

「脳の異質なものを拾いあげる力には目を見張るものがある。そのことは、我々が実施したすべての研究が物語っている」こう語るのは、トロント大学の神経科学者マイケル・インズリットだ。「秩序を乱す何か、その場にそぐわない何かを目にすることが、事実上脳を目覚めさせる。そして、『なぜそれがここにあるのか？』と潜在意識に問いかけて、その情報を掘りさげさせる」

種類を混ぜた練習を行うと、学ぶ力全体が向上し、ものごとの違いを理解する力が高まる。しかもそれだけではない。文字どおりの意味でも比喩的な意味でも、人生のアクシデントに備えさせてくれるのだ。

Part4

無意識を活用する

第9章

考えないで学ぶ

——五感の判別能力を学習に活用する

目利きは何を読みとっているのか

目利きとはどんな人だろう?

たぶん、誰の周りにも必ずいる。ファッション、写真、骨董品などの目利きもいれば、野球の選球眼を持つ人もいる。そういう、何かを見る本物の目がある人の鑑定眼は特殊なスキルだ。とはいえ、それはどんな能力なのか? 例にあげた人たちの目は、何が優れているのだろう? その目は何を読みとっているのか?

野球のバッティングで見ていくとしよう。選球眼を持つと言われるバッターには、ストライクゾーンを感じとるための特別な感覚が備わっているように思える。彼らは、ボールがわずかでも上下または内外に外れれば見送り、ストライクゾーンに入ったときしかバットを振らない。この能力については、選手、コーチ、科学者らが延々と分析を続けているので、重要な要素のいくつかは語ることができる。

まずはバッティングの基本から話を始めよう。メジャーリーグのピッチャーのボールは、時速145キロ以上のスピードで、18・44メートル離れたマウンドから投げられる。ボールがホームベースに届くのは、およそ400ミリ秒（0・4秒）後だ。バッターの脳は、その3分の2の時間（250ミリ秒）でバットを振るかどうか決めないといけない。ボールがどこへ向かっているのか、速度はどのくらいか、近くにボールが来たら沈むのか、曲がるのか、ホップするのかを、その時間で判別する必要がある（ほとんどのピッチャーは何種類も球種を持っており、すべて球筋が異なる）。調査によると、バッターはボールが3メートルの距離に近づくまで、自分でもバットを振るかどうかわかっていないという。だが、それから判断を始めるのでは、見逃す以外の選択肢はなくなる（たぶん）。優れた選球眼を持つバッターは、瞬時に――そしてどんなときもほぼ正確に――それらを読みとるのだ。[*1]

そうした瞬時の判断は、何にもとづいて生まれるのか？　もちろん、速度は要素の一つだ。彼らの（訓練された）脳は、最初の250ミリ秒で起こるボールの像のわずかな変化を見て、おおまかな速度を見積もることができる。ボールは、どんな軌道を描くかわからない状態で、ものすごいスピードで飛んでくる。その立体映像から、自分の身体に向かってくる唯一の軌道を算出するのだ。とはいえ、ボールの回転はどのように見極めているのだろう?

ボールの軌道は回転によって変わる。優れた選球眼を持つバッターに尋ねても、詳しいことはわからない。赤い点が見えると言う者もいれば、変化球とわかる信号が出る、ストレートのときはボールの輪郭がグレーっぽくなると表現する者もいる。彼らはみな、ピッチャーの手からボールが離れる瞬間の映像だけに注目する。その映像が、飛んできそうな軌道を判断するのに役立つという。しかし、ピッチャーの手からボールが離れる瞬間にもいろいろある。「手から離れた瞬間のボールだけでなく、ピッチャーの身体の動きに関する情報も得ているのではないか」と、ブラウン大学の認知心理学者スティーヴン・スローマンは言う。「いずれにせよ、選球眼の全容はわかっていない」

バッティングコーチなら、選手のスイングや身体の動きを直すことはできる。だが、ボールの見極め方の指導となると、できる人は誰もいない。これも、メジャーリーグに所属する選手がメジャー級の報酬を手にする理由の一つだ。それに、誰にも教えられないことだからこそ、ボールを正確に見極める能力は、専門的な技術ではなく持って生まれた才能だと思われることが多い。その目を持たない人は、すべては速筋線維と脳のシナプスの反射速度の問題で、優れた選球眼は「生まれつきの才能」なのだと自らに言い聞かせる。

膨大な視覚情報から「チャンク」を読みとる能力

人は、その種の能力と、勉強して得られる類いの専門知識を明確に区別する。専門知識は学習によって身につくもので、知識の積み重ね、勉強と深い思索、創造性の問題だ。それは築くものであって、持って生まれるものではない。そして、このように区別する風習自体もまた、優れたスポーツ選手と優れた学者に同じような区別を生みだしている。しかし、この区別には根本的な欠点もある。その欠点のせいで、学習には誰も目を向けようとしない側面が生まれている。その側面は、科学者ですらまだ完全に理解していない。

その側面とは何で、私たちにどう関係するのか。それを明らかにするため、プロ野球選手とある競技のプレーヤーを比べてみよう。そのプレーヤーとは、プロ野球選手と同様になれる人の数が少なく、ライナーを打つ能力ではなく高い知性を持つことで知られるプロチェスプレーヤーだ。

チェスのグランドマスター(世界チャンピオンと並ぶ最高位のタイトル)は、調子がいい日は世界最高峰のスーパーコンピュータを負かすことができる。[*2] それはとてつもない偉業だ。スーパーコンピュータは、一秒につき2億もの手を検討し、一流の科学者やチェスプレーヤーが生みだした膨大な数の戦略を活用することができる。一方、人間のプレーヤーは、たとえグランドマスターと言えども、手を読む深さに関係なく、一手につき検討するのは約4手先までの手。それで、対戦相手をかわしたり意表を突いたりしながら試合を進めていく。4手先というのは、一手につきであって一秒につきではない。一手あたりに割り当てられる持ち時間によっては、コンピュータは人間の対戦相手の10億倍の手を検討するかもしれない。それなのに、グランドマスターが勝利することは少なくない。いったいどういうことなのか？

その答えははっきりとはわからない。1960年代から実験を行い、自身も優れたチェスプレーヤーだったオランダ人心理学者のアドリアン・デ・グロートは、チェスの名人と初心者を比較したが、検討する手の数に違いは見られなかった。また、一手あたりの検討の深さ、攻撃パターンの数、駒に対する考え方（たとえば、ルークは基本的に攻撃の駒とみなしているが、位置によっては防御の駒とみなすという考え方）にも違いは見られなかった。違いがあるとすれば、精査する動きの数が、名人のほうが少なかったということくらいだ。ただ、名人にできて初心者にはできないことが一つあった。それは、チェス盤を5秒見て記憶する盤上の情報だ。名人は5秒見ただけで、脳内で写真を撮ったかのように駒の位置を正確に再現できる。

その後、カーネギー・メロン大学のウィリアム・G・チェイスとハーバート・A・サイモンが追跡調査を実施し、名人のその能力は記憶の容量とは無関

注：「チャンク」とは心理学の用語で「情報のまとまり」を意味する。人は、自分が持つ知識にもとづいて、学習したことから意味のあるまとまりを見つけて記憶に保存する。そのまとまりが「チャンク」だ。たとえば、「Y、N、B、C、B、B、C、E、F、I、F、A、C、I、A、M、B、A、Y」というアルファベットの羅列がある。これを数分で覚えてみよう。数分たったら、目を閉じて頭のなかでアルファベットを順に思いだしてみてほしい。一般に、これで思いだすことができるのは7個前後だと言われている。では今度は、「Y、NBC、BBC、FIFA、CIA、MBA、Y」というように、いくつかのアルファベットをまとまりにして覚えてみよう。このほうが、より多く思いだせるはずだ。それは、アルファベットのまとまりに意味があるため、「チャンク」として記憶に保存されるからである。

係であることを証明した[*3]。名人の短期記憶（数字など）を思いだす能力は、ほかの人とほとんど変わらない。しかし、チェス盤を見たときに、有益なチャンク(注)を初心者よりも多く読みとる。「強いチェスプレーヤーが素晴らしい記憶力を発揮するのは、駒の位置を大きなチャンクに組み込んで記憶することができるからである。その大きなチャンクはどれも、よく知っている駒の並びで構成されている」とチェイスとサイモンは結論づけた。

チェスのグランドマスターもまた、プロ野球選手と同じで優れた目を持っている。そして、彼らもやはり、その能力をうまく言葉で表すことができない（それができるなら、すぐにコンピュータにプログラミングされ、コンピュータが試合を支配するようになるだろう）。だが、プロ野球選手もチェスのグランドマスターも、単に見る、または見てざっと分析する以上のことをしているのは明らかだ。彼らの目、そして脳内の視覚系は、膨大で複雑な視覚情報から「もっとも有意義な情報」を抜きだしている。それも瞬時にだ。

私はこの能力のことを、赤外線写真のようだと思っている。核となる情報、生きた情報だけが光を放ち、それ以外は暗くなる。芸術、科学、ＩＴ、機械学、野球、チェス、個々の得意分野をはじめ、どんな分野にせよ、その道の専門家になると、赤外線レンズのような目を最終的に身につける。チェスや野球の天才と呼ばれる人と同じような目を、長い経験のなかで失敗を重ね知識を蓄えながら身につけるのだ。だが、その道の専門家でない人は、科学や音楽の授業に生涯を捧げることはできない。私たちにもそういう目は欲しい。ただし、時間もお金も手間もかけずに手に入ることが条件となる。

知覚した情報はどう区別されるのか

子どもの頃、誰のノートや教科書を見ても、余白には必ずいたずら書きがしてあった。グラフィティアートのような文字、戯画、サイン、バンドのロゴ、迷路、立体図形……。誰もが当たり前にいたずら書きをしていた。ときにはクラス中がしていたこともある。そして、もっともよくあるいたずら書きは、次ページの図のような走り書きだ。

この種の走り書きは雪の結晶と同じだ。どれも同じに見えるのに、よくよく見ると、一つひとつに個性がある。もちろん、そういうふうに考える人はあまりいない。こんな走り書きは、無意味な音節よりもつまらない。無意味な音節には、少なくともアルファベットという意味のあるものが含まれている。図のような走り書きは誰かの目にとまりそうにもないが、1940年代後半になると、ひとりの若き研究者が、こんな走り書きにもそれぞれ特徴があると気がついた。遊び半分に考えついたのか、真剣に考えて思いついたのかはともかく、彼女はこのなにげない走り書きを使って自分の壮大なアイデアを試すことにした。

この研究者の名前はエレノア・ギブソン。彼女が研究者として活躍した20世紀中頃の心理学界では、いわゆるS－R理論の研究が盛んだった。当時の心理学者たちは行動主義の影響を受けて

子どもの頃の走り書き

いて、行動主義の提唱者たちは、学習のことを「刺激（S）」と「反応（R）」の結びつきだととらえていた。イワン・パブロフが実施した、食事を与える前に鳴らすベルと唾液の関係を調べる実験が有名だ。

行動主義者の理論は動物実験によって確立され、確立された理論の一つにオペラント条件づけと呼ばれるものがある。これは、的確な行動（迷路のゴールに到達する）には報酬（チーズ）、間違えたら軽い電気ショックを与える実験を通じて、報酬や罰に適応した行動を学習すると提唱する理論だ。

S－R理論では、五感を通じて見えるもの、聞こえるもの、匂いの単体に特別な意味はないと考える。脳はそれらにつながりを見いだすことで意味を生みだす。ほとんどの人は、そのことを幼少期に学習する。人と目を合わせることは社会では受けいれられるが、泣き叫ぶことは受けいれられない、という具合に。家族で飼っている犬の吠え方でも、興奮したときの吠え方はこれだとわかれば、そうでないときは危険を察するようになる。S－R理論における学習は、感覚と行動、原因と結果とのあいだに結びつきを生みだすことだという。

ギブソンはS－R理論の信奉者ではなかった。彼女は1931年にスミスカレッジを卒業後、イェール大学大学院に進学し、霊長類学の研究で有名なロバート・ヤーキーズの下で働きたいと思っていた。だがヤーキーズに拒まれた。「彼は研究室に女性を入れたくなかったのです。私は必要ないとはっきりと言われました」ギブソンは何年も後にこう語っている。[*4]

彼女は結局クラーク・ハルの下に落ち着いた。ハルはラットの迷路実験で知られ、行動主義心理学に強い影響を及ぼした人物だ。彼女は彼の下で実験的手法の理解を深め、その結果、条件反射について新たに学ぶべき知識はあまり残っていないと確信した。ハルをはじめとする彼と同年代の研究者たちは、いくつかの画期的な研究を行った。しかし、S－R理論という考え方そのものが、研究者が問いかけられる疑問の種類を限定してしまった。刺激と反応しか研究しなければ、それ以外のことはわからない。

ギブソンは、その研究分野では根本的なことが見過ごされていると感じていた。彼女の言う根本的なこととは「区別」だ。脳はどのようにして、見たもの、聞いたもの、触れたものの細かな違いの区別の仕方を学習しているのか。たとえば、子どもが人の名前と顔を一致させられるようになるには、ロンとドン、フラッフィーとスクラッフィーなどの音の区別ができるようにならないといけない。これが、世界を理解するための第一歩だ。いまこうして考えれば、それはごく当たり前のことに思える。だが、ギブソンのこの意見が聞いてもらえるようになるのは、何年も後

ギブソンが見せたアルファベットの図

になってからのことだった。

五感は自ら学習する

1948年、ギブソンの夫（彼もまたスミスカレッジの優れた心理学者だった）がコーネル大学に招かれ、彼女は夫とともにニューヨークのイサカへ移った。それからすぐに、子どもの学習について研究する機会に恵まれ、そのとき彼女は、区別の習得に対する自身の直感は正しかったと気づいた。コーネル大学に移った当初に実施した実験のなかで、子どもは3〜7歳のあいだに、標準的なアルファベットの形をいびつな形のものと区別できるようになることを発見した。上の図を見てほしい。

実験に協力した子どもたちは、この図を見ても最初はアルファベットだとわからなかった。つまり、刺激と反応の結びつきが生まれなかったのだ。とはいえ、アルファベットとそうでないものの微妙な違いを見分けるコツはすぐにつかんだ。

ギブソンが見せたオリジナルのカード

そしてこの実験がきっかけとなり、ギブソンは夫とともに1949年にいたずら書きの実験を実施した。[*5] いまではこの実験は、いたずら書き実験の代名詞となっている。ギブソン夫妻は上の図のようないたずら書きのことを「無意味な走り書き」と呼び、よく似たいたずら書きをどのくらい早く区別できるかを試す実験を行った。夫妻は32人の大人と子どもをひとりずつ研究室に招きいれ、図のカードを見せた。

この実験は、カードマジックを思わせるところがあった。図の「オリジナル」となるカードを5秒見せた後、ギブソンはそのカードをほかの34枚のカードのなかに混ぜた。「このカードのなかに、先ほど見せた図とまったく同じものが何枚かあります。同じだと思ったときは教えてください」ギブソンはそう告げると、カードを1枚ずつ被験者に見せ始めた。1枚につき、見せる時間は3秒。オリジナルと同じ図のカードは4枚で、残りの30枚はよく似ているが違う図だ。

ギブソンが見せた34枚のカード

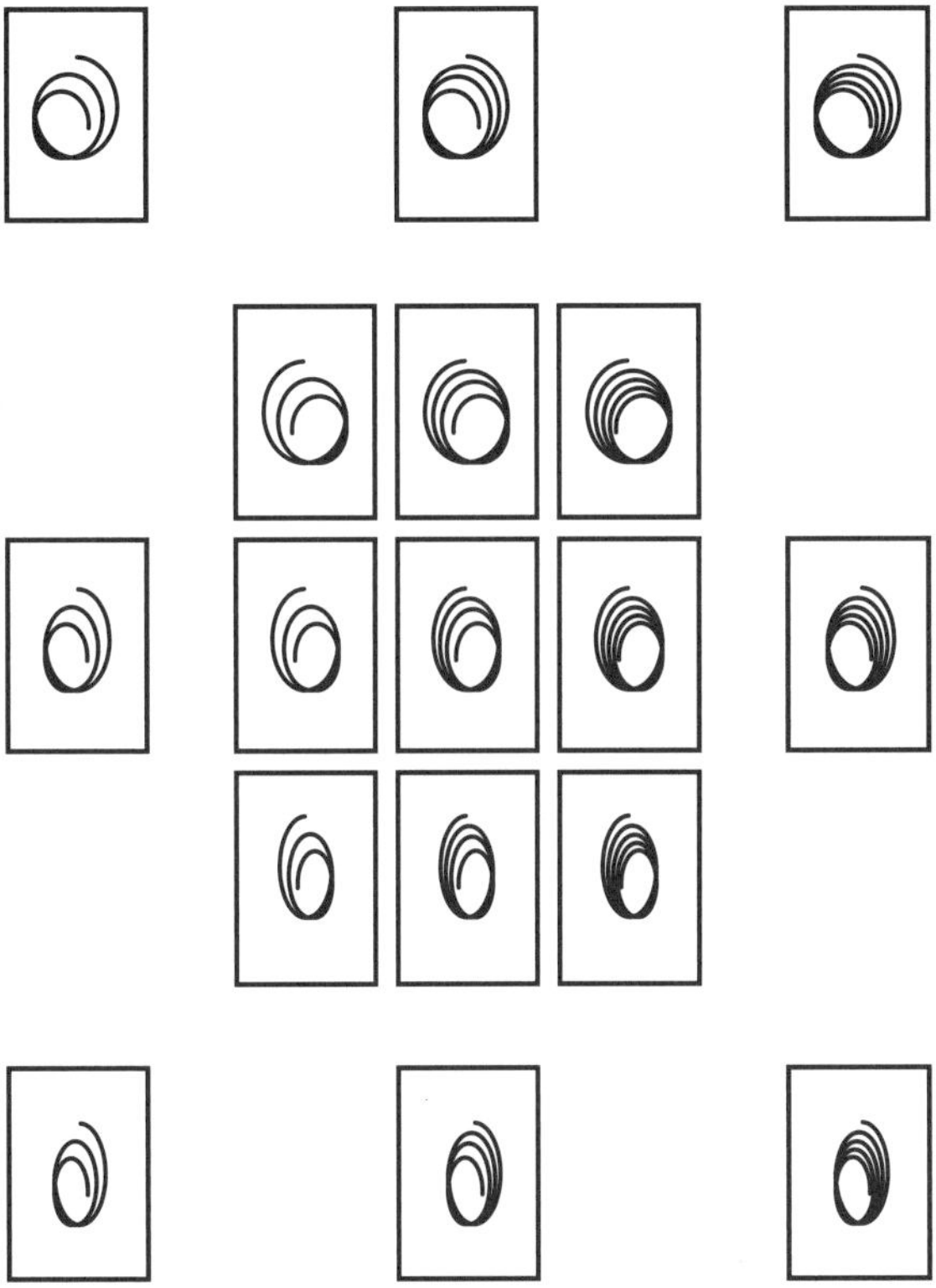

ギブソン夫妻が調べようとしたのは、新しい文字を覚えるときに使うのと同じ能力だ。私たちはいくつになっても、漢字、化学略語、音楽記号など、新しい何かを覚える。単純な曲でも、楽譜を読むには、「ラ」と「フラットのシ」の区別がつかないと読めない。北京語に至っては、何千というよく似た形の文字の区別がつくようになるまでは、どれも鳥の足跡にしか見えない。私たちはみな、そういう区別を実にうまく行う。

幼い頃に自分が生まれた国の文字を習得したことを思えば、それがよくわかる。文字の区別がつくようになると、単語や文章を読み始める。これは言い換えると、チェス名人がチェス盤を見るときと同じように、チャンクを読みとり始めたということだ。この状態になると、人はチャンクを構成する文字を覚えたときの苦労を忘れてしまう。文字を読むときに正しい音と対応させ、それらの情報とあわせて言葉や考えを見いだすことも苦と思わなくなる。

いたずら書きの実験で、ギブソン夫妻はオリジナルと同じかどうかを答える被験者に対し、「正解」も「不正解」も伝えなかった。ふたりの関心は、被験者の目が学習しているかどうかだけだったからだ。実際、被験者の目は学習していた。大人の被験者は平均3回で、4枚の同じ図のカードを一度も間違えることなく完璧に見つけられるようになった。9~11歳の被験者は平均5回、6~8歳の被験者は平均7回を要した(子どもの場合、一度も間違えずに、というわけにはいかなかった)。

この実験では誰ひとりとして、ほとんどの学習で見いだされると心理学者が言うような、刺激と反応の結びつきを見いだしていなかった。17世紀に生きたイギリスの哲学者ジョン・ロックは、脳は入ってくる感覚を蓄積するだけの空っぽの器だと述べたがそうではない。被験者の脳には、重要で微妙な違いを区別できる高度な部位が備わっていて、オリジナルと微妙に違う図を分類することができるのだ。

「ジョン・ロックの前提をすべて却下できる可能性について考えてみたい」ギブソン夫妻はこう書いている。「おそらく、五感にあらゆる情報が入ってくるのは、ロックが想像した以上にもっと単純なのではないだろうか。エネルギーのわずかな違い、変化、微妙な動きといった形で入ってくるのではないか」[*6]

つまり、脳はただ単に、見たこと、聞いたこと、匂い、感じたことのなかからわずかな違いを拾いあげて、知覚することを学ぶだけではない。このカードの実験をはじめ、その後ギブソンが行った、ネズミ、ネコ、子ども、大人を対象にした同様の実験を通じて、脳には自分が何かを学習したと知覚する働きもあると実証されたのだ。

よく似た音符、文字、図が並んでも、脳はその違いに気づく。そして、気づいた違いを初めて見るものの判別に役立てるのだ。たとえば、ト音記号の五線譜に「真ん中のド」が書いてあるとわかれば、それを基準にしてほかの音符を判断する。1オクターブ上の「ラ」が書いてあるとわかれば、それを基準にほかの音符を読む、という具合だ。こうした「区別の学習」は自然と生じる。脳は、基準となるものや特徴を保存すると、それらを使ってできるだけ大きなチャンク（情報のまとまり）を読みとろうとするのだ。

1969年、エレノア・ギブソンは『知覚の発達心理学』（邦訳／小林芳郎訳、田研出版）という本を出版した。彼女はこの本で自身の研究のすべてをまとめ、心理学に「知覚学習」という新しい研究分野を確立した。知覚学習について、ギブソンは次のように書いている。

「知覚学習は、受け身の吸収ではなく、能動的な行為である。そもそも、何かを知覚しようと模索すること自体が能動的だ。私たちは、ただ目に映るものを見るのではない。自ら見ようとして見る。ただ耳に入ってくるものを聞くのではない。自ら聞こうとして聞く。知覚学習は自己管理型学習で、外的な強化要因なしで改善していく。刺激が生じると学習が生じ、まがいものを見つけて取り除くことを目指す。この目標を達成するためには、区別を可能にする特徴や構造の発見が不可欠である[*7]」

ギブソンのこの言葉にはたくさんの情報が詰まっているので、詳しく見ていくとしよう。

知覚学習は能動的な学習である。私たちの目（耳などほかの感覚器官も含む）は、自分のためになる何かをつねに探している。それは自動的にそうするのであって、外的な強化要因や何かの助けは必要としない。もちろん、ためになる何かを見つけるためには、注意を払う必要はある。だが、何かを見つけようと意識したり、それに波長を合わせたりする必要はない。何かあれば、学習システムが自ら波長を合わせる。そのシステムは、知覚すべきもっとも重要なことを見つけ、それ以外はふるい落とす。

プロ野球選手に見えるのは、ボールの軌道の判別に関係する動きだけ。それ以外は何も目に入らない。チェイスとサイモンの実験に登場するチェスの名人は、初心者よりも検討する手の数が少なかった。それは、彼らの持つ優れた目が、瞬時に選択肢を狭め、もっとも有効な手を見つけやすくするからだ。これらはどれも視覚の例だが、ギブソンの提唱する知覚学習は、視覚に限らず、聴覚、嗅覚、味覚、触覚を含むすべての五感に当てはまる。

そして、ようやく10年ほど前から、彼女の発見を私たちに役立てようと探究する科学者が現れ始めた。

知覚学習の可能性を広げたＰＬＭ

マーサズビニヤード島上空の飛行条件は、めまぐるしく変わる。雲がまばらにしかなくても、日が暮れたら島中を霧が覆うことも多く、未熟なパイロットなら方向感覚を失いかねない。１９９９年7月16日午後9時40分をまわったとき、まさにそれが起きた。ジョン・Ｆ・ケネディ・ジュニアが操縦する小型飛行機「パイパー・サラトガ」が、マーサズビニヤード島沖12キロに墜落したのだ。

この事故により、ケネディ・ジュニア、同乗していた彼の妻、妻の姉の３人が亡くなった。「地平線も明かりもなかった」と、その晩に島の上空を飛んだ別のパイロットは言う。「島のほうだと思って左に旋回したが、明かりはおろか、そこに島があると証明するものが何一つ見えなかった。島全体が停電しているのかと思った」。事故の担当調査官によると、ケネディの夜間飛行経験は55時間で、計器飛行（計器のみに依存した飛行）を行う資格は一切保有していなかった。パイロットの世界の言い方をするなら、ケネディはまだ学習中の身で、視界ゼロで計器のみに依存する飛行は認められていなかったということだ。[*8]

小型飛行機の計器は、昔から主なものは六つと決まっている。飛行機の高度を測る高度計。飛行機の速度と大気との相対速度を測る対気速度計。羅針盤のような役割を果たす方位計。飛行機の上昇／降下率を知らせる昇降計。残る二つの計器には飛行機の図が描かれていて、それぞれ飛行機の姿勢と旋回率を示す[*9]（最新型の飛行機では、姿勢を示す計器以外の五つとなる）。

どの計器も、読み方は難しくない。初めて計器パネルを見る人でもすぐにわかる。しかし、一瞥で六つすべてを読みとり、総合的に判断して正しい決断を下すとなると難しい。飛行機が下降しているか、水平を保っているかという判断は、快晴の日であっても不慣れなパイロットには厄介だ。視界ゼロでは言うまでもない。ほかにも、無線での管制塔とのやりとり、航路図の確認、燃料計のチェック、着陸装置の準備など、操縦中にやらないといけないことがたくさんある。このように、同時に複数のことをこなすことが求められるのが飛行機の操縦だ。たくさんの訓練を積まない限り、とてもできるものではない。

ブリンマーカレッジの認知心理学者フィリップ・ケルマンは、そのことを心得ていた。彼は1

980年代に飛行機の操縦を習っていた。訓練が進み、飛行テストに向けて勉強し（計器シミュレーターを読む練習をし）、インストラクターとの飛行時間が増えるにつれ、飛行機の操縦は知覚と行動がほぼすべてだと痛感するようになった。反射神経がものを言うのだ。

空に出ると、同乗しているインストラクターは、ケルマンには気づけないさまざまなことに気づけるという。「着陸しようとするとき、インストラクターが生徒に向かって『高すぎる！』と言うことがある」と、現在はUCLAに勤務するケルマンは私に言った。「インストラクターには、機体と着陸予定地点の角度、つまり、飛行経路と地面の角度が本当に見えている。生徒にはまったく見えない。そういう、感覚で感じとらないといけない状況の多くにおいて、ベテランには一瞥で理解できることが、初心者にはほぼ見えない」

その一瞥で、すべての計器を検討し、さらにはフロントガラスの外を見るのだ。この能力を磨くには何百時間と飛行に費やす必要があり、ケルマンは地上での訓練と同じようにはいかないと悟った。

計器の目盛りが動かなくなる、または左右に振れるといったことになると、何が起きているのか混乱する。また、一つの計器は機体が水平だと示し、別の計器は傾いていると示すこともあり、そんなときはどちらを信じればいいのかわからない。ケルマンは、インストラクターが同乗して飛んでいるときに、そうしたデータを一度に読みとろうとしたときのことを次のように語った。「雲のなかを飛んでいるとき、左側に座る訓練生は、バラバラな動きをする計器を読みとろうと必死になる。一つずつ順に、念入りに確認する。一つの計器を数秒見て、コースからそれていると気づいて修正する。たぶんその修正で、がたんと大きな揺れが起きるだろう。一方、右側に座るインストラクターは、あくびをしながら計器パネルに目をやり、一目見ただけで、所定の高度から200フィート外れたが、少なくともまだ機体はひっくり返っていないと理解する」

視覚の専門家であるケルマンにとって、計器を見て理解することは専門分野だ。ケルマンは、高度1000フィートですべてを同時に行う前に、計器パネルを読むコツを早くつかめるようになる方法はないかと考えるようになった。パネルを感覚的にとらえられるようになれば、飛行中の緊張が和らぐのではないか。計器が示す意味をすぐに理解できれば、管制塔とのやりとりなど、ほかのことに集中できる。

そうして、ケルマンは手軽に訓練ができるよう、PLM（知覚学習モジュール）と名づけたコンピュータプログラムを開発した。[*10] これは計器パネルを読みとる練習ができるプログラムで、要は、具体的な目標が定められたコンピュータゲームだと思えばいい。画面に六つの計器パネルが表示され、それらのパネルが示す意味を素早く総合的に判断する。画面に表示される七つの選択肢から適切なものを選ぶのだ。その七つは、「降下飛行」「水平飛行」「上昇飛行」「降下旋回」「水平旋回」「上昇旋回」そして計器の一つが動かなくなったときの「計器誤作動」だ。

1994年、ケルマンはNASAエイムズ研究センターのメアリー・K・カイザーとともにPLMのテスト運用を行った。被験者は、航空機操縦訓練を一切受けていない初心者10人と、50

ケルマンが開発したPLM

0～2500時間の飛行経験のあるパイロット4人だ。全員が計器についての簡単な説明を受けてから訓練が始まった。PLMで24問解くことを1回の訓練とし、休憩を挟んでそれを9回行った。被験者の前の画面には、計器パネルと七つの選択肢が表示される。被験者が答えを間違えれば（初心者は最初よく間違えた）、画面からブザー音が流れて正解が表示される。正解した場合は、チャイム音が流れる。その後、次の問題として新しい計器パネルが、同じ七つの選択肢とともに表示される。

1時間が過ぎると、経験豊富なパイロットの成績にも改善が見られた。判断を下すスピードと精度が上がったのだ。初心者たちの点数は飛躍的に向上した。1時間後には、平均1000時間の飛行経験を持つパイロットと同程度のスピードと精度で判断できるようになった。つまり、地上にいながらにして、しかも1000分の1の時間で同等の判断力が身についたのだ。

ケルマンとカイザーはPLMを使って、航路図を用いて目的地まで正しく飛行する航法技術を改善できるかどうかも実験した。するとやはり同様の改善結果が見られた。「PLMを使ったどちらの実験でも、驚くべきことに、PLMで訓練した初心者は、訓練前の飛行経験者よりも高い精度でより早く正解を答えられるようになった」とふたりは記している。「航法技術の訓練をPLMで適度に行った後に大きな改善が見られたことから、PLMを使った訓練を実施すれば、航法をはじめ、訓練が必要なさまざまなことの習得のスピードアップ化がのぞめると思われる」[*11]

「さまざまなこと」には、区別が必要となる学習分野や専門分野のすべてが含まれる。ひし形か台形か。オークの木かカエデの木か。「ハウス」を意味する中国語は「房子」か「家族」か。正の直線か負の直線か。ケルマンをはじめとする研究者たちは、こうしたことを画像を見て素早く判別することに特化したPLMを作成した。たとえば、発疹の隆起の画像を映し、それは帯状《たいじょう》疱疹《ほうしん》か、湿疹か、乾癬《かんせん》かを問う。また、数学のグラフを示して、このグラフは$x-3y=8$のグラフか、$x+12y+32$のグラフかと率直に答えを求めるパターンもある。PLMは瞬時の判断力――知覚力――を研ぎ澄ますことを目的としたものである。つまり、少なくともそれを見た瞬間は、理屈抜きで自分が見ているものが何かを「理解」できるようになることが目的だ。

学校で実証されたＰＬＭの効果

実際、ＰＬＭの効果が表れると、感覚的にとらえる力が育つ。それは近年のいくつかの研究で実証されている。その一つが、ヴァージニア大学で行われた実験だ。同大学の研究者は、ＰＬＭを使って医学生に胆嚢《たんのう》の切除を練習させる実験を行った。

20世紀のあいだ、胆嚢の切除は、腹部を大きく切開する開腹手術で切除するケースがほとんどだった。しかし、１９８０年代以降になると、腹腔鏡を使って手術を行う医師が増えた。腹腔鏡は細長い管状の器具で、腹部を小さく切り開くだけで腹腔内を進むことができる。管の先には小さなカメラが装着されていて、医師はカメラから送られてくる映像を見ながら腹腔鏡を操作しないといけない。医師が映像を見誤れば、どんな被害が生まれてもおかしくない。だから、腹腔鏡操作の習得には、通常何百時間もの手術に立ち会うことが求められる。

ヴァージニア大学の実験では、半数の医学生がＰＬＭを使って訓練を行った。実際の手術の短い動画をコンピュータ画面で見て、その映像は手術のどの段階かを素早く答えるというものだ。残りの半数（対照となるほうのグループ）は、同じ動画を好きなタイミングで巻き戻すなどして、個々に自由に勉強させた。学習時間はともに30分とした。そうして最終テストを実施すると、ＰＬＭで学習したグループは、まったく同じ経験を積んできた別のグループの学生に４倍の差をつけて圧勝した。[*12]

一方、ケルマンは、ＰＬＭを使った訓練により、皮膚科の学生に肌の病斑《びようはん》や発疹を判別する能力が早く身につくと発見した。病斑や発疹は膨大な種類があり、十分な訓練を積んでいないと判別するのは難しい。また、ＵＣＬＡメディカル・スクールのサリー・クラスネとともに、ＰＬＭを使って心エコー図を読みとる訓練を学生に課し、放射線学の学習にも同様の効果があることを発見した。医学部以外の学部の同僚の協力も得たケルマンは、分子間の化学結合を分類する訓練を学生に課し、そこでも素晴らしい成果をあげた。

ここまで紹介したことはどれも、すでにある程度の成績を収めている学生が、高度な技術や能力を早く身につけられるようになった例ばかりだ。では、数学の授業中に時計を見ながら、いったい「傾斜」とはどういう意味で、3(x+1)＝y のグラフはどうやって書けばいいのかと考えている子どもたちの場合はどうか？

大学生以下が対象でも、その効果は大いに期待できる。ケルマンは、サンタモニカの高校でＰＬＭを使った実験を行った。コンピュータ画面にグラフを示し、その下に数式を三つ並べて適切なものを選ばせるというものだ（反対に、数式を表示してその下にグラフを三つ並べて適切なものを選ばせるパターンもあった）。この実験でもやはり、スピードが求められた。生徒は次から次へと出てくる問題に、次から次へと答えた。しばらく訓練を続けると、生徒はしだいに正解がどれか感じとれるようになっていく。「感じとれるようになると、正解の理由を知る必要が生まれたときに、理由も説明できるようになる」と、ケルマンの実験に協力した高校教諭のジョー・ワイズは私に言った。

PLMがもっとも効果を発揮する使い方や、もっとも効果を発揮する科目については、まだまだ研究が必要だ。コンピュータゲームはいくらでもできるが、飛行機はやはり操縦しないといけないし、手術は生きている人間を手術しないといけない。PLMは経験を積むためのものであり、技術の代わりにはならない。それもあって、心理学や教育において、知覚学習は脇に追いやられたままだ。しかし、そんな理由で無視していいわけがない。

いずれにせよ、知覚学習はどんなときにも起きている。自動的に学習している。そしていまや、特定の技術を習得するスピードアップに活用できることが明らかになった。

自分ひとりでも知覚は鍛えられる

この本では、労力をあまりかけずに効果的に学べるテクニックを紹介すると最初に約束した。学習から解放される時間を増やすことが目的であり、その時間を減らすのは本意ではない。だが、その約束を破ろうと思う。といっても、完全に破るわけではないのでご心配なく。

いまから、私が学習のために行ったスライド作りを紹介する。

聞きたくないと思う気持ちはわかるが、ともかく聞いてほしい。私は高校生の頃、昔ながらの紙と鉛筆で単語カードを自作した。みなさんもきっと経験があるだろう。実は、ＰＬＭはそれくらい簡単に、手軽にその場で作ることができる。ＰＬＭをどのように使うのか、それを使って何ができ、何ができないのかを例をあげて説明しよう。

私は、できるだけ労力をかけずにＰＬＭを作ろうと考えた。その結果、作る作業を委託することにした。16歳の娘をプログラム作りに雇ったのだ。執筆業が忙しかったこともあるが、娘の年代の子どもはデジタルの扱いに長けている。デジタル画像のスライド、パワーポイントのプレゼン資料、動画の作成も、インターネットから画像を取り込むことも完璧にできる。だから娘にそれらの作業を頼んだ。

また、学習する内容についても、ある研究者のアイデアを拝借した。前章で紹介した、コーネルとビョークによるインターリーブを用いて画家のスタイルを学習する実験を、少々アレンジを加えてそのまま実践することにした。

彼らは、複数の画家のスタイルの違いを被験者に学ばせようとした。私はその部分を変え、「印象派」などの著名な芸術運動を覚える対象とした。それを選んだのはまったく個人的な理由からだ。ニューヨーク近代美術館を訪れたとき、私は美術史の知識がなさすぎて恥ずかしくなった。いくつか知っている作品はあったが、それらの作品の芸術的な傾向や文化的な意義は何一つ知らなかった。ゴッホの「星月夜」の前でめまいのしそうな空に目を奪われても、それがゴッホにとって、ゴッホと同時代に生きた人にとって、「現代アート」の進化にとって、どんな意味があるのかはわからなかった。

そのすべてをすぐに理解する必要はない。でも、せめて作品を見て違いがわかるようにはなりたい。私は、違いがわかる目を手に入れたかった。ほかのことは後から補えばいい。

そんな私に必要なPLMはどんなものか？　それを決めるまでは少々時間がかかった。私は娘に、12の芸術運動を選び、それぞれ10の絵をネットからダウンロードするように頼んだ。この120の絵がプログラムの素材だ。娘が選んだ芸術運動は、「印象派」「ポスト印象派」「ロマン主義」「表現主義」「抽象表現主義」「抽象印象主義」「ダダイズム」「構成主義」「ミニマリズム」「シュプレマティズム」「未来主義」「フォービズム」だ。全部わかるだろうか？　わからなくてもかまわない。大事なのは、区別すべき芸術運動はたくさんあり、私はどれも区別がつかなかったということだ。この勉強にのぞんだときの私の知識は、モネとルノワールが印象派だということくらいだった。

コーネルとビョークの実験では、さまざまな作者の風景画がランダムに表示された。もちろん、私は娘に同じことを頼んだ。ブロック型ではなく、ランダムに表示されないといけない。そして、娘はケルマンの実験と同じような画面が表示されるようにしてくれた。1枚の絵が表示されると同時に、その下に12の選択肢が並ぶ。正解を選べば鐘が鳴り、チェックマークが画面に現れる。間違えば黒い「×」が現れ、正解の選択肢が光るという具合だ。

絵の下に表示された12の選択肢

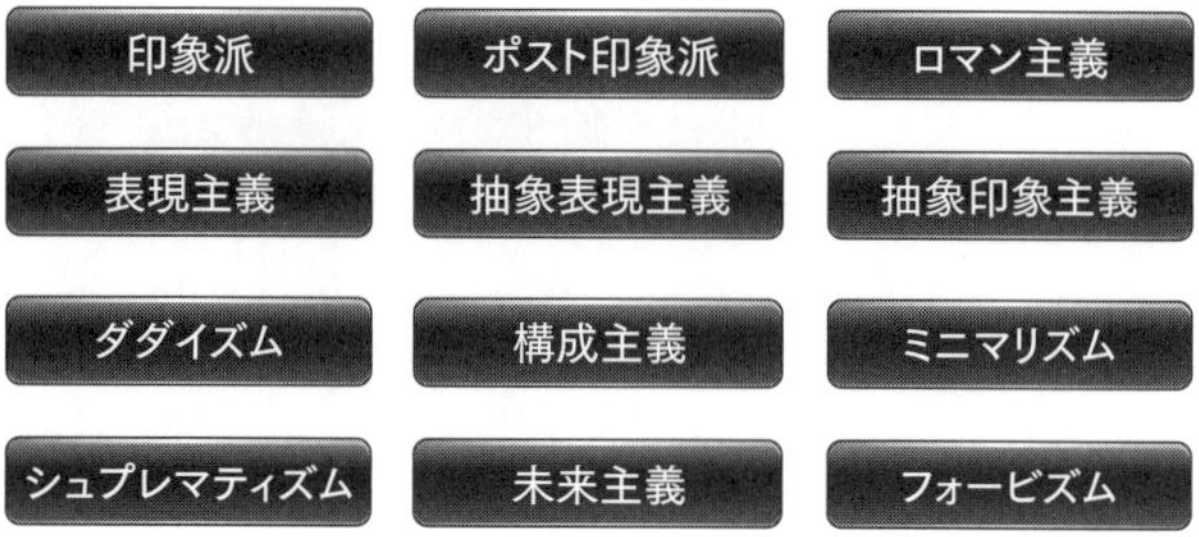

印象派	ポスト印象派	ロマン主義
表現主義	抽象表現主義	抽象印象主義
ダダイズム	構成主義	ミニマリズム
シュプレマティズム	未来主義	フォービズム

私は一度に我慢できる時間を1回の勉強時間にしようと思い、1回の勉強時間を約10分とし、その間に60枚前後の絵の問題に答えた。

1回目の勉強は、ほぼすべて推測で答えた。先にも言ったが、私には印象派の作品を少し知っている程度の知識しかなかった。2回目の勉強は、何一つ知らないミニマリズムと未来主義の作品から始まった。成長はほとんど見られない。4回目で表現主義とダダイズムの絵を見たときは、かなり自信を持って答えられるようになった。両者の違いは具体的に何かと問われても、説明はできない。フォービズムの作品が持つ強烈な色彩の意味は何かと問われても、さっぱりわからない。だが私は、立ち止まって調べることはしなかった。数秒おきに現れるスライドの前で、ひたすら問題に答えた。私が行っていたのは知覚学習であって、美術史の勉強ではない。

とうとう、最終テストを実施するときがきた。このテストもやはり、コーネルとビョークからアイデアを拝借した。彼らの最終テストでは、被験者が勉強しなかった絵（作者は勉強した作者と同じ）が使われた。ブラックのタッチを理解しているなら、見たことのない絵でもブラックの絵だと気づけるはずだからだ。私の目標も同じだ。PLMのスライドに現れなかった絵を見ても、それがダダイズムの画家が描いた作品だと正しく判別できるようになりたかった。

6回の勉強時間を設けたのち、私は最終テストを受けた（テストだからといって、ゆっくり考える時間は与えなかった）。結果は上々で、36枚中30枚を正解した。80パーセントの正解率だ。テストでは、絵を見た瞬間にボタンを押した。そのスピードはかなり早かった。美術史については何一つ勉強しなかった。作品の文化的背景も、作品の解説も、使われている色や遠近法に関する記述も一切目にしていない。だがいまの私は、フォービズムの作品とポスト印象派の作品の区別がつくと断言できる。1時間の勉強でここまでくれば上出来だ。

何も考えていなくても知覚は学んでいる

私の実験とコーネルとビョークの実験との最大の違いは、インターリーブの活用に対する意識だろう。知覚学習を目的とした私の実験では、問題を解くペースを上げることを重視し、認知や思考のシステムに加えて知覚学習を行う視覚システムも働かせる。この二つのシステムは相互に補完しあい、互いに互いの力を高めあう。

いずれにせよ、いま私の実験を振り返って思うのは、最初から最後までとにかく楽しかったということだ。本来の意味での学習をした気がする。もちろん、正式な試験は控えていなかったし、成績に響くというプレッシャーは感じていなかったし、出場が予定された大会もなかった。私がこの実験を行ったのは、最小限の努力で自分ひとりでできる、知覚を鍛える方法はあると知ってもらいたかったからだ。

これで、PLMは知識や技術を習得するのに役立つものだとわかってもらえたと思う。訓練されていない目には同じに見えるが、実際には区別または分類できる何かを学びたいなら、PLMを活用するといい。私個人としては、区別がつかずに頭痛の種となっていることがあるなら、絶対に試してみる価値があると思っている。

数学で、サイン、コサイン、タンジェント、コタンジェントの違いがわからない。音楽で、音程やリズムが判別できない。化学結合の種類の区別がつかない。金融戦略や年次報告書の数字の区別がつかない、といったことはないだろうか。もっと単純なことでもかまわない。たとえば、5分の3と3分の1のように、二つの分数の合計が1より大きいか小さいかわからないなど。このような問題を抱えているなら、練習問題を次々に素早く解けばいい。そうすれば、脳の感覚をつかさどる領域が残りの学習を引き受けてくれる。

知覚学習はトリックではない。近い将来、知覚学習が、さまざまな学習分野や専門分野の訓練の仕方を変えることになるだろう。なんといっても、素早く判断を下せるようになりたいものさえ決まっていれば、そのためのPLMは簡単に作成できる。自生樹木や野草、メーカーが異なる燃料噴射装置、バロック時代の作曲家、フランスのワイン……。私たちが持つ五感はすべて、視覚に限らず、自らその力を研ぎ澄ますことができる。ひとりの親である私は、子どもが小さい頃に、見ただけで恐竜の種類がわかる知識が自分にあったらどんなによかっただろうと思うことがある（恐竜の種類もカテゴリーも想像以上に多い）。水族館に行く前に、魚の種類を覚えてくればよかったと思うこともよくある。

知覚学習のいいところは、エレノア・ギブソンも言ったように、自動的に学習が始まり、知覚学習のシステムが自ら学ぶ対象に波長を合わせるところにある。何も考えていなくても、知覚は学習しているのだ。

第10章
眠りながら学ぶ
――記憶を整理・定着させる睡眠の力を利用する

謎に包まれた睡眠の世界

誰もが定期的に必ず訪れる暗闇の王国、それが睡眠だ。睡眠は謎に包まれている。誰もが必要とし、誰もが多くを求め、誰もが深く質の高い眠りを求めてやまない。それなのに、睡眠は私たちを裏切ることがある。ただし、睡眠という夢で満たされた無意識の時間に、錬金術のようなことが起きていることも知っている。現実とファンタジーと感情が入り交じったその時間に、新しい技術を習得しようとした日中の苦労が、「理解」というもっとも貴重なものに変わることがある。

私たちの脳は、眠っているあいだに、目覚めているときには生まれないつながりを生みだす。

そんなことは、ニューエイジ運動から生まれたドリームセラピストでなくてもわかる。ベッドで横になっていたのに、午前3時に「そうか！」と思い立ち、鍵を置いた場所を唐突に思いだした、ゴルフのスイングをどう修正すればいいかがわかった、アルベニスの曲を弾くときに鍵盤に指をどう置けばいいのかがわかった、といった経験はないだろうか。

私は、ストーリーをうまくまとめられない自分に苛立ちながら眠りにつき、真夜中に目覚めてサイドテーブルのペンを握り、夢と夢のあいだに浮かんできた考えを書きだしたことは数知れない。朝になり、殴り書きされた断片的な文章を改めて見ると、読める字で書いてあれば、それが突破口となることがよくある。

このようなことは私に限った話ではない。科学の発見の歴史を見ると、睡眠が知性を大きく飛躍させたと思わせる話が満載だ。

たとえば、19世紀のドイツ人化学者フリードリヒ・アウグスト・ケクレは、ベンゼンの化学構造（分子が鎖状になっている）を偶然発見したのはヘビが自らの尻尾を噛んでいる夢を見たからだと断言した。[*1] 元素の周期律表を作成したロシアの科学者ドミトリ・メンデレーエフは、周期律表の作成に数日徹夜しても成果はあがらなかったが、うとうとしたときに「すべての元素がきれいに収まった表を見た」と同僚に語ったという。

この種の話を聞くと、私はグリム童話の『黄金の鳥』を思いだす。金色の羽を持つ鳥を探す命を受けた若者がとある国の王女と恋に落ち、王女の父親から、王女が欲しければ8日以内に窓からの見晴らしを邪魔している丘を掘って取り除けと言い渡される。だが、そこにあったのは丘ではなく山だった。若者は必死に掘ったが、7日目に敗北感に打ちひしがれる。すると若者の友人のキツネがやって来て、「横になって眠りなさい。あとは私がやっておこう」と囁いた。そして朝になると、本当に山は消えていた。

眠りの要素は伝説やお伽話にもってこいだ。それは、眠っているあいだに起きていることはわからないからだ。その真っ白なスクリーンには、不安でも希望でも好きなものを投影することができる。だがスクリーンのある暗室に鍵がかかっていれば、何が映されているかは想像することしかできない。だから、こんな疑問が生まれる。眠っているときの脳は、具体的に何をしているのか?

もっと言えば、いったい、なぜ人は眠るのか?

真実は誰にもわからない。もっと正確に言えば、科学的な説明として合意を得ている理由は一つもない。人生の3分の1を眠りという無意識の状態で過ごすのだから、眠りの主たる目的に関する理論はどんなものでも重要なはずだ。身体を癒やすために、定期的な休息の時間が必要なのではないか? 気分を落ち着かせる、筋肉をつくる、頭をすっきりさせるために必要なのではないか? どれもイエスだ。睡眠が奪われると、無謀な行動をとりやすくなる、感情が不安定になる、集中力が欠ける、また、病気に感染しやすくなる恐れもあるということを、私たちは知っている。だが、どの事実も、睡眠を包括的に解明する理論にはならない。なぜなら、睡眠時間や睡眠のタイミングに大きなばらつきがあることを、どれも説明できないからだ。

睡眠習慣が、人によってどれほど違うか考えてみてほしい。毎晩3時間寝れば十分だという人もいれば、8時間寝ないと使いものにならないという人もいる。また、一晩中起きて外に出ているときがいちばん調子がいいという人もいれば、必ず昼寝をしないとダメだという人もいる。睡眠について本当に理解した理論ならば、そうした違いも説明できないといけない。また、動物の睡眠と覚醒のサイクルについても説明できないといけない。そのサイクルの多様さは想像を絶する。メスのシャチは、産んだばかりの子どもの世話をしているときは、3週間にわたっていつでも動けるように起きていることもあるという。1カ月近く寝ないでいるということだ。渡り鳥は、何週間も休まずに飛び続ける。[*2]

睡眠の無秩序を説明しようとする試み

こうした睡眠の無秩序を説明しようと試みる理論は二つある。

一つは、睡眠は時間管理に順応するために必要だというもの。動物の体内時計は、生活のためにあまりすることがない時間帯（たとえば午前3時）は活動させず、することがある時間帯に目覚めているようにと進化した。

たとえばコウモリは、哺乳類でもっとも睡眠時間が長い動物だと言われている。一日20時間眠り、黄昏どきの4時間だけ目覚めて、蚊や蛾を捕まえる。なぜ黄昏どきの4時間だけなのか？それは、餌がもっともよく捕れる時間帯だからだ。また、UCLAの神経科学者ジェローム・シーゲルも言うように、「それ以上長い覚醒時間は、コウモリには適さないと思われる。使うエネルギーが増えるうえ、視力も飛ぶ力も優れた捕食者である鳥に見つかる危険性が高まる[*3]」という理由もあるだろう。

シーゲルは、私たち人間が睡眠の質や長さに執着するのは、退化の証ともとれると主張する。「私たちは人生の3分の1を睡眠に費やす。だがそれは、私たちに適していないように思う。だから、科学者たちはそれを『自然界の最大の過ち』と呼んでいる」とシーゲルは私に言った。「一方で、無駄に目覚めていることのほうが大きな過ちだという見方もできる」

人は、干し草を作る必要があれば、太陽が照っていてもいなくても作る。何もないとき（外に出るリスクに見合うことがほとんど何もないとき）は、床に入って休む。要するに、睡眠と覚醒は、生活に必要なこととリスクに応じて調節されるのであって、健康マニュアルの言うことに従っているわけではないということだ。

もう一つの理論は、睡眠の第一の目的は記憶の安定化だというもの。要は学習だ。近年、脳科学者たちはこぞって、睡眠が重要な記憶の強調と保存に欠かせない存在だと示唆する発見を発表するようになった[*4]。重要な記憶には、知的記憶、身体的記憶の両方が含まれる。また、目覚めているあいだは見えない、微妙なつながりを見いだすこともしているという。たとえば、厄介な数学の問題の別の見方や、ビオラのとくに難しいフレーズのこれまでとは違う弾き方を思いついたりする。

第1章で述べたように、私たちの脳にはさまざまな情報が絶えず流れ込んでくるので、脳がつくらないといけない独立したニューロンのネットワークの数は恐ろしいほど膨大だ。どこかの時点で、維持する価値のあるネットワークはどれで、無視してもよいネットワークはどれかを決めないといけない。

簡単に決められるときは、直ちに決まる。たとえば、新しい同僚の名前、デイケアセンターへ迎えに行く時間、いつも機嫌の悪いドーベルマンがいる家などは、すぐに判断がつく。だが、判断がつきづらい情報もある。なかでも判断が微妙になるのが、肩をすくめる、ちらっと横目で見る仕草、何かをほのめかす仕草、一見無関係な情報といった曖昧なものたちだ。この理論によると、頭のなかでもやもやした印象を抱いたまま電気を消せば、脳がそのささやかな情報から意味を見いだし始めるという。

睡眠研究の分野は論争が起きやすいが、いま紹介した二つの理論は対立の典型で、自分たちの理論が無意識でいるときのいちばんの働きを表していると互いに譲らない。だが現実には、どちらもいちばんの理論には程遠い。むしろ、二つの理論を合わせてようやく、睡眠が学習をどのように助けるかの理解を進めることができる。そして、その理解を私たちのメリットとして活用することができるのだ。

「レム睡眠」の発見

その少年は、脳がめちゃくちゃな動きをしているにもかかわらず、ぐっすりと眠っていた。完全に意識はない。父親は少年の名前を呼んだ。「アーモンド！　アーモンド！」。反応はない。少年は眠っているふりをしているのか？　いや、そんなふうには見えない。

1951年12月、シカゴ大学の若き大学院生ユージン・アセリンスキーは、8歳になる息子のアーモンドを大学の地下研究室に連れてきて、睡眠の実験を行っていた。[*5] アセリンスキーの専門は生理学で、科学者としての実験の実績を積みあげたいとは思っていたが、睡眠研究の道に進むつもりはなかった。彼がその晩研究室にいたのは、指導教官であるナサニエル・クレイトマンから宿直を命じられたからで、その彼がたまたま現代における睡眠科学の父だったからだ。

アセリンスキーは、眠っているときの脳の動きを測定する「オフナー・ダイノグラフ」と呼ばれる装置をいじっていた。この装置はＥＥＧ（脳波計）の前身で、頭部に貼りつけた電極を通じて脳が発する電気信号を記録する。アセリンスキーは息子のアーモンドを被験者にした。アーモンドの頭部とまぶたに電極を装着すると（まぶたに装着したのは、まぶたの動きを監視するため）、隣の部屋から息子にあれこれ指示を出し、装置のつまみを回して調整した。

そのうち、アーモンドがうとうとし始めたので、アセリンスキーはコーヒーを飲みながら、装置が安定する様子を見ていた。思ったとおり、記録するインクペンが、小さくゆるやかな波を描き始めた。ところが数時間後、波が急激な動きを見せ始めた。脳波だけではなくまぶたの動きも激しくなり、まるで、目覚めて意識がはっきりしているときのようなのだ。アセリンスキーは椅子から立ち上がり、息子が横たわる部屋へ駆け込んだ。息子は本当に眠っているのか、無事なのかを確認するためだ。

「アーモンド！　アーモンド！」呼んでも返事はない。

アセリンスキーは元の部屋へ戻り、ダイノグラフの観察を続けた。当時の科学者は、睡眠のことを脳が機能を停止するために不可欠な時間だと認識していた。無意識が自由に夢を描く場になると思っていたのだ。しかし、ダイノグラフはそうではないと示している。アセリンスキーは研究室内を歩きまわった。激しい動きを見せる脳波に「本当にびっくりした」と後に彼は語っている。

そのまま観察を続けていると、再びアーモンドの脳波は落ち着きを取り戻し、ペンの動きが止まった。夜も遅かったので、周りにはほかに誰もいなかった。自分は幻を見たのだろうか？　もしそうなら、報告しても恥をかくだけだろう。未熟な研究者の若気の至りとして片づけられるのがオチだ。だが、幻でないなら、眠っている息子の脳は、誰も思いもしなかった何かを教えてくれていることになる。

数週間後、アセリンスキーは再びアーモンドを研究室に連れてきた。もう一度同じ実験を行って、先日の記録が偶然なのかどうかを確かめるためだ。あの結果は偶然ではなかった。その晩も、アーモンドの脳ははっきりと目覚めているかのような動きを何度か示した。このパターンは幻ではない。今回で、アセリンスキーは確信した。「問題は、何がきっかけとなってそのような眼球運動が起こるのかということだった」と数年後に彼は語っている。「あの動きは何を意味するのか？」

だが、彼にはそれを知るために必要な専門知識も、実験のテクニックも欠けていた。アセリンスキーは指導教官のクレイトマンのもとへ行き、自分の実験で表れたような脳の奇妙な動きに関する報告は以前になかったか、そして、この現象は追究する価値があるかと尋ねた。クレイトマンはためらうことなく、「もっと多くの人について研究しなさい」とアセリンスキーに言った。「何か発見があるかもしれない」

アセリンスキーは実験機器を新調し、1952年の終わりまでに20人以上の成人を対象に実験を行った。彼らの脳も、アーモンドと同じパターンを示した。ゆったりとした波形が激しい活動の波に中断される期間が何度か現れたのだ。睡眠研究に関する文献をさかのぼっても、そのような突発的な活動に関する記述は一切なかったので、アセリンスキーはそれを何と呼んでいいのかすらわからなかった。彼は再びクレイトマンのもとへ行き、ふたりでデータを検証した。これほど特異な結果を普遍的な現象として発表するのであれば、データの中身を確認するに越したことはない。

1953年9月、ついに彼らの論文が『*Science*』誌に掲載された。[*6] 全2ページの長さだったが、アセリンスキーとクレイトマンは、彼らの研究成果が持つ意味を低く見積もることはしなかった。「ここに示す眼球運動、脳波パターン、自律神経系の活動には重大な相関関係があり、無作為に発生していない。これらの生理現象、そしておそらくは夢を見ることも、睡眠時に通常引き起こされる、ある特定レベルの皮質活動の表れである可能性が非常に高い」と結論づけている。「眼球運動が最初に起こるのは、眠りについてから約3時間後で、その2時間後に再び起こる。その後は、なぜかそれよりも短い間隔で、目覚める少し前に3回目もしくは4回目の運動が起こる」

ふたりはこの論文でようやく、睡眠時に発見したこの現象に「Rapid Eye Movement（急速眼球運動）」という科学的な名称をつけた。そして、その頭文字をとって、レム（REM）睡眠と呼ばれるようになった。

レム睡眠とノンレム睡眠の5段階

「これが、現代における睡眠研究の本当の始まりだった。だが、当時はそう思われていなかった」と、その当時クレイトマンの研究室の医学生で、現在はスタンフォード大学の精神医学および睡眠医学の教授となったウィリアム・デメントは言う。「睡眠の本当の姿に人々が気づくには、数年を要した」

それだけ時間がかかった理由の一つには、古い理論に当時の科学者たちがいつまでも夢中になっていたことがあげられる。1950年代、脳科学者の多く、とりわけアメリカの脳科学者は、フロイトが提唱した「夢は願望の塊であり、目覚めているあいだはそこで展開される幻想や象徴的な心的イメージに近づくことができない」という考えにまだとらわれていた。睡眠研究には潤沢な資金が流れ込んでいたが、それはレム睡眠時の夢の内容の調査にあてられ、レム睡眠そのものの仕組みや目的の解明には使われなかったため、ほとんど成果はなかった。レム睡眠から目覚めた人は、不安、幻想、無意味な場面が入り交じったさまざまな夢を描写した。人間が一人ひとり違っている証拠だろう。「実験としてはおもしろかったが、結局、確かなことは何もわからなかった」とデメントは私に言った。

とはいえ、そうした夢の研究もその他の研究も、レム睡眠は人間にとって普遍的な現象であること、そして、睡眠時に定期的に発生し、無意識の別の状態と交互に起こることについては何の疑いも持たずに支持していた。事実、一晩に20〜30分の長さで4、5回のレム睡眠が起こるのが一般的だ。その間に、脳は覚醒するギリギリの状態になり、覚醒する前に再び深い眠りにつく。1960年になる頃には、レム睡眠とそれ以外のノンレム睡眠の二つの側面があるものとして、睡眠が語られるようになった。

その後、脳波記録装置に加えて、目とまぶたが発する電気信号だけを記録する装置を併用した実験で、ノンレム睡眠にはいくつかの段階があることがわかった。その段階は、主に脳波の形状

「睡眠構築」のグラフ

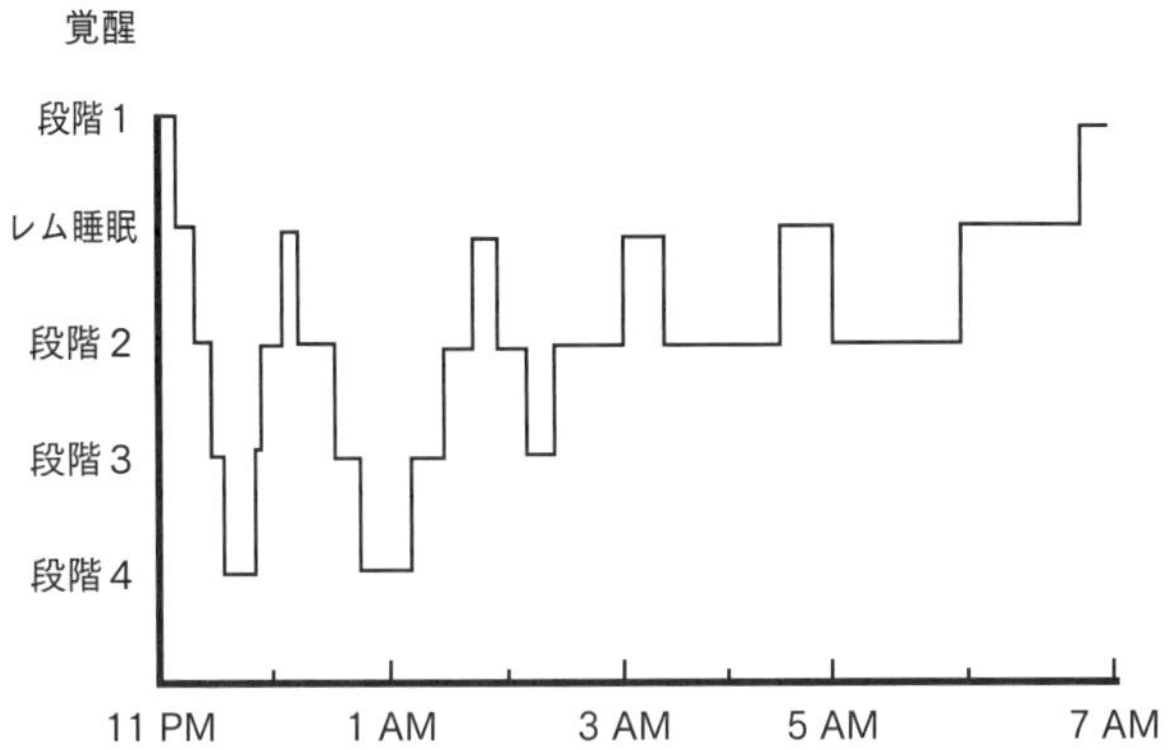

と頻度から恣意《しい》的に定義された。

眠りに落ちてすぐの浅い眠りが段階1。この段階で、はっきりと意識があるときのギザギザの脳波から、ゆるやかな脳波（徐波）へと変わり始める。段階2では、徐波の状態が安定し、正弦波に似た波形となる。風のない日に、形を保ったまま岸に向かってくる波のようだと思えばいい。段階3と4では、波の形が徐々に伸びていき、外洋のうねりのごとく静かな波となる。このようなゆるやかな波形になれば、深い眠りに到達した合図だ。

私たちの脳は、この4段階にレム睡眠を加えた5段階を繰り返す。段階1から段階2へ移り、そこからさらに深い眠りの段階3へ進み、もっとも深い眠りの段階4へ到達する。その後、段階3、段階2と戻っていき、レム睡眠が起こる。脳は、この段階4まで落ちてレム睡眠まで戻るというサイクルを一晩中繰り返しているのだ。この4段階とレム睡眠を、科学者たちは「睡眠構築」と名づけ、前ページのグラフで表すようになった。

これまでわからなかった睡眠の特徴が明らかになったことで、脳は夜になると「スイッチを切る」のが当たり前で、夢の器になるといった考え方は一掃された。だがそれだけではない。この発見により、こんな疑問も生まれた。「眠っているあいだも脳がそれほど活動しているのであれば、具体的には何をしているのか？」。それほどの規模でエネルギーを無駄にするはずがない。レム睡眠や波形が変わる段階が交互に起こるということは、脳は眠っているあいだに何かをしようとしているに違いない。だが、いったい何を？

「科学には解明したいと思う何かが必要だ。長年にわたり、誰にも解明したいと思うものがなかった」とハーバード大学精神医学部教授のJ・アラン・ホブソンは言う。「解明したいと思うものがなかったのは、当時の科学者たちは、睡眠を意識の消滅にすぎないととらえていたからだ。だが、いまの科学者は違う」

睡眠をとると正答率が上がる

宮殿の人間関係をテーマにした小説やテレビドラマに夢中になる人は多い。その理由の一つは、心理学者らが「組み込まれた序列」と呼ぶものにある。宮殿には、王がいて女王がいて、その下に、王子、後継者、親族、女官、口うるさい長老、野心に満ちた新参者、相談役タイプといったさまざまな層がいる。その誰もが、序列の頂点に立とうと目論んでいる。もっとも手を組むべき相手は誰か。権力の序列はどうなっているか。誰が誰に影響力を持っているか……。

こうしたことは、個々の交流関係を見るまでわからない。そして、一対一で対峙する場面がなければ、独自のシナリオを思い浮かべて、登場人物の力関係を判断しようとする。たとえばこんな具合だ。「グリシルダとソリアンが衝突したら、グリシルダは彼を縛りあげて城を囲む堀に放り込むだろうか？　グリシルダは王の寵愛《ちょうあい》を受けているから、その可能性はある。でも、ソリアンは切り札を隠し持っているかもしれない。そういえば、彼の母親は誰だったかな？」

組み込まれた序列は、学習の研究者のお気に入りだ。というのは、私たちは日々、社内政治や数学の問題をはじめ、何かについて論理的に考えることが求められている。組み込まれた序列は、その論理の見本を示しているのだ。

論理を構築するためには、個々の関係を覚える必要がある。要は、事実をそのまま記憶にとどめるのだ。そのうえで、覚えた情報を使って論理を導きださないといけない。たとえば、AはBに勝り（A>B）、BはCに勝るなら（B>C）、AはCに勝る（A>C）という論理を導きだせる。こうして論理を導きだしたら、その論理をもっと大きな枠組みに当てはめる。直接関係のない人物や何かを象徴するものに当てはめて、関係性を推測するのだ。うまくいけば、俯瞰《ふかん》で見る目を養える。それがあれば、未熟な思考では見えてこない、特定の領域における二つの像の関係を、文

異なる模様が描かれたタマゴの序列

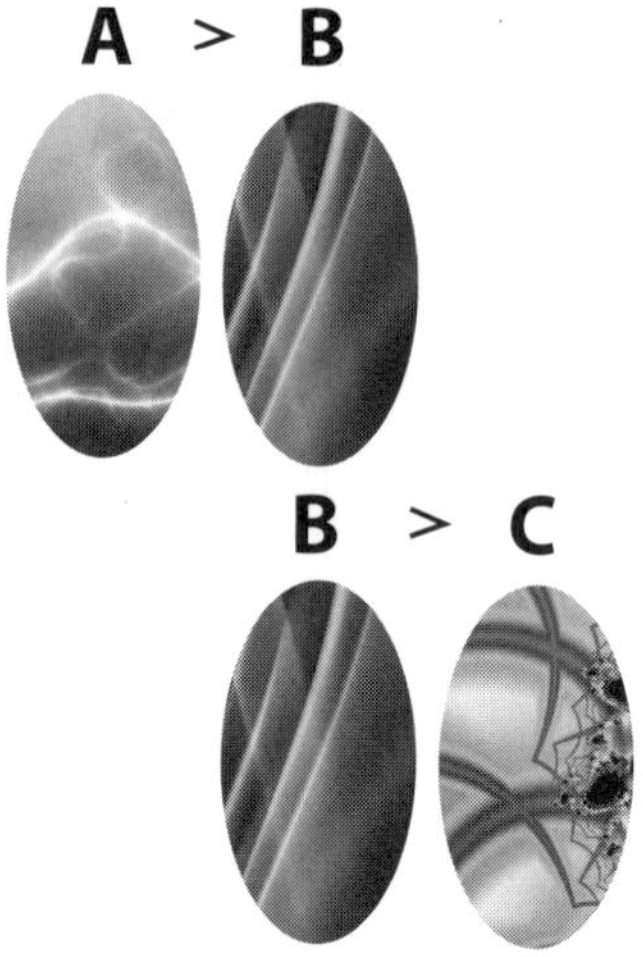

字どおりの意味でも象徴的な意味でも判断できるようになる。

2007年、ハーバード大学とマギル大学の研究者たちが、大学生を対象に、組み込まれた序列を見極められるかどうかを試す単純なゲームのような実験を行った。[*7] 研究チームは被験者に向かって、コンピュータ画面に異なる模様が描かれたタマゴがペアで表示されるので、それらを覚えるようにと告げた。タマゴには、図のように序列がつけられていた。

被験者は2グループに分けられ、グループ1は午前中に、グループ2は夕方にタマゴを覚えた。どちらのグループも、ペアのタマゴの序列はすぐに覚え、直後に実施したテストで高得点を獲得した。その12時間後、両グループは別のテストを受けた。今度は、ペアで序列が表示されなかったタマゴどうしの序列を尋ねる問題だ。

これが「組み込まれた序列」を問うテストで、パッと見ただけではすぐに答えはわからない。水色のタマゴが虹色のタマゴに勝るなら、ペイズリー柄のタマゴにも勝るのか？　コーラルピンクのタマゴはどうか？　それは3番目に来るのか、それとも4番目か？　という具合だ。被験者の学生は、学習中にタマゴ全体の序列は一度も目にしなかったので、ぼんやりとしか理解していなかった。

だが、ぼんやりしていたのは、彼らが睡眠をとるまでのことだった。

夕方に覚えたグループは、一晩寝た翌朝にテストを受けたのだが（このグループは「睡眠グループ」と呼ばれた）、もっとも難しい関係を問う問題で93パーセントの正答率をあげた。それに対し、午前中に覚えて夜にテストを受けたグループ（「覚醒グループ」）の正答率は69パーセントだった。

この2グループとは別に、学習の24時間後に組み込まれた序列を問うテストを受けたグループもいた。このグループでは、もっとも関係性の遠いタマゴの序列を問う問題で、睡眠のメリットがさらに発揮された。もっとも難しい問題で、睡眠をとらずにテストを受けたグループと35パーセントという大きな差が生まれたのだ。

ただし、睡眠と学習の研究においては、このような差が現れることは珍しくない。「我々は、眠っているあいだに記憶の開口部が開き、より大きな記憶の姿が見えるようになるのではないかと思っている」と、この実験論文の上席著者であるマシュー・ウォーカーは言う。「実際、レム睡眠は、異なる関連づけを生みだす、ものごとを違ったやり方で組み合わせるといった、創造的な記憶の領域で起きているという証拠がある」

この実験で行ったようなゲームの場合、人は異なる関連づけ（水色は虹色に勝る、ペイズリー柄はコーラルピンクに勝るなど）を分類することには長けているが、明示されていない関係性の整理はあまりうまくできない。だが、眠ればそれができる。

睡眠は学習テクニックの効果を増幅させる

学習したことを強固にするものとしての睡眠の調査は、まだまだ発展途上だ。１９６０年代に入ってフロイトを追いかけていた科学者らが壁にぶつかると、睡眠の調査はそのテーマ同様、漆黒の闇へと追いやられた。研究資金も減少した。ユージン・アセリンスキーが窓を開いてレム睡眠の存在を明らかにしたが、それでもまだ暗闇のままだった。「これほどの発見があったのに、その後40年は基本的に何も進展しなかった。本当にひどい話だ」と、ハーバード大学の神経科学者ロバート・スティックゴールドは私に言った。

だが、この20年で、ウォーカーらが行ったような研究が次々に現れて地平線を照らし、睡眠は学習の科学におけるもっとも有望な（そして議論を引き起こす）未開拓分野となった。今日までに生まれた膨大な数の証拠から、睡眠は前日に勉強したことをより深く記憶にとどめさせるだけでなく、理解も深めることがわかっている。

勉強したこととは、もちろん、模様が描かれたタマゴだけにとどまらない。語彙、対になる単語、中学校の数学で習う論理的推論にも効果がある。それだけではない。職場で行うプレゼンや学校の試験にも活用できる。いまあげたことはどれも、重要事項を詳細に記憶するとともに、脳内でそれらの関係性を自分なりに理解する必要がある。そうした能力は、睡眠によって著しく向上する傾向があり、10～30パーセント向上すると言われている。だが、無意識の状態に関する理解がまだそれほど進んでいないため、向上する理由は明らかになっていない。

私個人としては、睡眠は本書で述べてきたテクニックの多くを増幅させるのではないかと思っている。たとえば、第4章で紹介した分散効果は、1日か2日間隔をあけたときにとくに効果が高い（この間に睡眠も加わる）。第2章で紹介した「ヘスペラス号の難破」を暗記させたフィリップ・バラードの「レミニセンス」も、覚えた1日か2日後に思いだす量が最大になった。ぐっすり眠れば、鉛筆問題に立ちはだかる「固定観念」も間違いなくほぐれるだろう。脳はきっと、起きているときに行う情報処理の大半を、眠っているときにも行っているのではないか。少なくとも、起きているときの処理を補完するようなことは行っているに違いない。

睡眠の各段階で何が起きているか

睡眠の話はまだまだ終わらない。

科学者たちは、睡眠の各段階を邪魔した場合の影響についての研究も始めた。特定の技術やテーマの学習に、それぞれの段階がどのように影響するかを知るためだ。先にも述べたように、睡眠にはわかっているだけで五つの段階がある。レム睡眠と、それに前後する四つの段階だ。段階によって脳波のパターンが異なるのだから、それぞれの段階で行われる活動が違っても不思議ではない。もしかすると、図形の証明、作文、テニスのサーブなど、特定の技術を強固にする段階はそれぞれ決まっているのではないか?

このように考える科学者が、いまでは大半を占めている。彼らが根拠とするのは、動物と人間両方の研究から明らかになった研究成果だ。それらの成果から、特筆すべき一つの仮説が生まれた。それを1995年に初めて発表したのが、フェデリコII世ナポリ大学のイタリア人研究者、アントニオ・ジュディッタだった。[*8] その後、この仮説はほかの研究者によって具体化された。その中心となったのが、ハーバード大学のロバート・スティックゴールドと、カナダのトレント大学のカーライル・スミスだ。彼らが重要な実験を次々に行ったおかげで、その仮説は、睡眠の各段階が記憶を強化する過程をもっとも包括的に説明する理論へ成長した。

そうした事実を踏まえると、この理論は「ジュディッタ・スミス・スティックゴールドによる学習強化モデル」と呼ぶのが筋だと思う。だが私はもっとシンプルに、「夜間シフト理論」と呼ぶことにする。明かりが消え、脳内の基本的なメンテナンスが完了する。そうすると、睡眠の各段階で次のようなことが起こるというのが夜間シフト理論だ。

段階1

ここがスタート地点だ。眠りにつこうとするなら、この段階1の浅い眠りを避けることは絶対にできない。この段階が記憶の強化で果たす役割を抜きだすのは難しいが、レム睡眠段階と重複する役割が多い。

レム睡眠

ニューロンが活発に発火するこの段階は、模様が描かれたタマゴの実験で明らかになったように、パターン認識を強化すると思われる。それにより、創造性を必要とする問題解決や、日中は解けなかった微積分の難問の解法につながる関係性に気づくこともある。

レム睡眠は、第7章で紹介した「抽出」の促進にもっとも貢献する段階でもあるようだ。睡眠をとるだけで抽出は促進されるが、レム睡眠があるのとないのとでは促進の度合いが大きく変わる。また、感情とともに生まれた記憶の解釈にもレム睡眠は関係する。「レム睡眠時には、感情が付随した記憶から、その記憶が形成されたときに経験したむき出しの感情がはぎとられていると思う」と、現在はカリフォルニア大学バークレー校に籍を置き、模様が描かれたタマゴの論文の共著者だったマシュー・ウォーカーは私に言った。「だが、その出来事がいつどこで起きたかといった事実や詳細は保持されている」

前回受けた幾何学の試験で、問題用紙を開いたときにパニックになったとしよう。そのパニックになったときの感情は、記憶から「はぎとった」ほうがいい。はぎとるまでいかなくても、その感情が減少すれば、パニックを誘発した本当の原因は何かを思いだせるようになる。ウォーカーはレム睡眠のことを「夜間セラピー」の時間と呼んでいる。

段階2

この段階は、運動に関する記憶のスペシャリストだ。ほとんど知られていないが、カーライル・スミスは「回転タスク」と名づけた運動を練習させる実験をいくつか行っている。これは、手を目に連動させて動かす運動で、利き手でないほうの手に操作棒を持ち、コンピュータ画面上を動く点を棒で追いかけるというものだ。簡単な運動なので、やっているうちにすぐに慣れてうまくなるが、段階2の睡眠をとらなければ、それほど早くは上達しない。

「段階2の睡眠は、運動に関する学習にとってもっとも重要な段階のようだ」とスミスは言う。「段階2の睡眠を奪われたら、動きの改善の程度は下がる。このことは、音楽、スポーツ、そしておそらくは機械を操作するスキルに至るあらゆる種類の運動の学習に当てはまると我々は考えている」

段階3および段階4

この2種類は、学習の研究ではともに、脳波がゆるやかになり深い眠りに落ちる段階として同じに扱われている。記憶が脳にもっとも定着するのはこの期間だ。人から深い眠りを奪うと、その人の美しさに陰りが出るだけではない。新しく学習した事実、覚えた単語、名称、年号や日付、公式などを記憶するという、睡眠がもたらすメリットの恩恵をフルに享受できなくなる。「ゆるやかな脳波（徐波）が言葉で表せる類いの記憶の強化に重要な役割を果たす証拠も、その強化がレム睡眠ではあまり起こらない証拠もたくさんある」とスティックゴールドは言う。

各段階のことをはっきりさせるため、ここでもう一度睡眠のグラフ（次ページ）を見てみよう。まず、このグラフは、午後11時に眠りについて、午前7時に目覚める人の睡眠の特徴を表している。とはいえ、グラフの形状は誰の場合もほぼ同じになる。何時に寝て何時に起きようと関係ない。睡眠について語る場合、5段階すべての睡眠を通常の長さで得ることが、一晩の睡眠という意味になる。睡眠の各段階は、互いの働きを相互に補完しあう。スピーチ、入団テスト、試験などに備えて睡眠のサイクルを普段と変えると、実に興味深いことが起こる。

「睡眠構築」のグラフ（再掲）

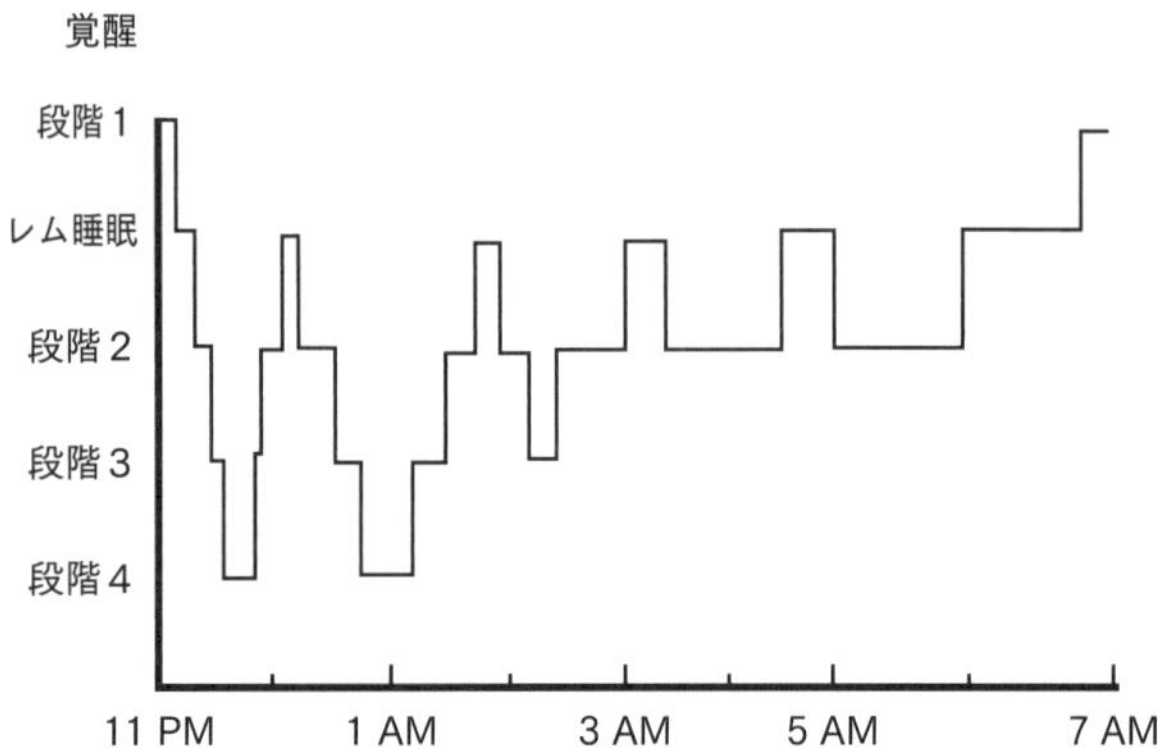

たとえば、グラフを見てわかるように、段階2の期間は、目覚める少し前にもっとも長くなる。この期間が短くなれば、スケートボードの技、難しい曲のピアノの指使い、ジャンプショットなどの記憶を強化するチャンスを失う。「音楽の発表会など、何かを披露する機会に向けて練習しているあいだは、早起きよりも夜更かしをするほうがいい」とスミスは言う。「指導する立場の人間が、スポーツや身体を使って何かをする選手や生徒を朝5時に起こすなど、とんでもない話だ」

同じ論理はレム睡眠にも当てはまる。レム睡眠がもっとも長くなるのは、段階2に挟まれた早朝だ。数学や科学の試験が控えていて、その試験がパターンを推測する力が試されるものなら、夜更かしをしたほうがいい。目覚まし時計にスヌーズボタンがあれば、それも使う。目覚ましが疲れ果てるまで鳴らそう。

一方、深い眠りは、グラフからもわかるように、睡眠の前半にかたまっている。このゆるやかな波が必要となるのは、新しい単語や年表など、テストに備えて新しい情報を覚えているときだ。その時期は、普段の時間に就寝できるよう勉強時間を調整し、深い眠りの時間を多くとり、夜明け前にベッドから起きだして簡単に復習するとよい。

こうしたことはすべて、勉強や練習をしたいと思ったときに、朝と晩のどちらを使えばいいかのヒントになる。しかも、睡眠の機能をきちんと知っておけば、大変な思いをまったくしなくてすむかもしれない。

睡眠には昼寝も含まれる。カリフォルニア大学サンディエゴ校のサラ・メドニックが10年にわたって実験を行ったところ、1時間から1時間半の昼寝には、ゆるやかな波の深い眠りとレム睡眠が含まれることが多いとわかった。[*9] 午前中に勉強し（単語やパターンを認識するゲームをする、事実や情報をそのまま覚える、込み入った内容を理解する、のいずれも含む）、夕方にテストを受ける場合、1時間の昼寝をした人のほうが、テストの成績が30パーセント前後高いのだ。「この研究をするようになってから、私の働き方は変わりました」とメドニックは言う。「生活パターンも変わりました。いくつかの実験では、1時間か1時間半の昼寝をすると、8時間睡眠で得られる学習の強化に近い効果が表れています」

睡眠とは学習である

学習は大変だ。考えることも大変だ。ある意味、肉体労働と同じくらい消耗する。ほとんどの人がよく似たタイミングで疲れを感じる。とはいえ、一日の14時間を大変な頭脳労働に費やし、リラックスタイムには、パズルを解いたり東欧の亡命者による詩の朗読会に参加したりする人もいる。それはそれで素晴らしい。

私の学習は、マイケル・ガザニガ陣営に近い。第1章で紹介したように、ガザニガは脳の右半球と左半球それぞれの機能を発見した神経科学者だ。彼はカリフォルニア工科大学の研究室で、昼夜を問わず自身の画期的な研究に勤しんでいた。「当時の工科大には、リチャード・ファインマン、ロジャー・スペリー、マレー・ゲルマン、シドニー・コールマンといった著名な研究者が在籍していた。だが、どんなときも絶えず仕事をしていた者はいない」とガザニガは私に言った。「我々は、夜には誰かの講義を聴きに行く、文化的なイベントに参加するというタイプの学者ではなかった。その時間はマティーニを飲んでいた」

睡眠の話も、いよいよ終わりに近づいてきた。

本章の最初に紹介した、ジェローム・シーゲルの理論に話を戻そう。彼の睡眠に対する考え方は、狩猟採集ができないときや、狩猟採集に危険が伴うときに、私たちの身の安全を守るために進化したというものだった。食料が手に入りやすい時間や、集団内での交流が重要な時間は目覚め、どちらもする必要がない時間や、代償が高すぎるときは眠る。睡眠が占める割合が大きいのは、日々生き残るという目の前の目的にとって重要だからだ。

だが、学習（学校の勉強、会社の仕事、何かの練習を含む）も、生き残りと同じくらい重要だと言っても過言ではない。科目や技術の習得は、サーベルタイガーを避けることほど緊急性は高くないかもしれない。とはいえ、歳を重ねるにつれ、知識や技術はどんどんかけがえのないものになっていく。それに、それらは絶えず更新する必要がある。学習は、やりたいことは何か、得意なことは何か、そのときが来たらどうやって生計を立てるのかを自分に教えてくれる。これもまた生き残りだ。だが、とくに若いうちは、大事なこととそうでないことの仕分けに苦労する。人生は複雑で、あっという間に過ぎていく。そのなかで、両親、先生、友人、ライバルからの、納得のいかないことも多いあらゆる意見や要求を処理している。そのすべてに考えを巡らせる時間はない。

だから、脳は夜間に身を守る以上のこともするのだと考えれば筋が通るのではないか。睡眠と覚醒のサイクルは、私たちが食料を手にし、また、ほかの動物の食料にならないために進化したのかもしれない。眠っている時間を有効に活用できるのであれば、そのように進化するはずだ。一日に知覚したことを精査し、もっとも重要な情報に旗を立てるにはどうすればいいのだろう？私たちは一日に膨大な情報を知覚する。追跡する技術。茂みにいる動物の動き。隣人の奇妙な視線。円錐の体積を求める公式。新しいバッティングの構え。カフカの小説の複雑な筋書き……。これほどバラエティに富んだ情報を整理しないといけないのだから、睡眠に複数の段階が生まれたのは、記憶の保持や学んだことの理解といった活動の違いに応じて、または、熱力学やトゥキディデスというように、学んだことの種類に応じて扱いを変えられるようにするためではないのか。

睡眠の各段階で扱うことが決まっていると言いたいのではない。数学を扱えるのはレム睡眠だけで、ペルシア語の動詞の保存を助けられるのは深い眠りだけ、というような区別があるとは思っていない。1日、2日徹夜したことのある人なら、まったく寝なくても、少なくとも一時的には大量の何かを覚えていられると知っている。私が言いたいのは、これまでの研究によって、睡眠の5段階はそれぞれが異なるやり方で学習の強化を促進するだろうということだ。

シーゲルの理論では、夜更かしの代償がそのメリットを上回れば、疲労に襲われる。その理由を教えてくれるのが夜間シフト理論だ。なぜ疲労に襲われるかというと、睡眠にもメリットがあるからだ。そしてそのメリットがまさに、学習したことや練習したことを整理し強化することなのだ。このように考えれば、睡眠と覚醒は、学習の陰と陽となる。目覚めている時間に最大限に学習し、学習の増加分が小さくなってきたら睡眠にその役割を譲る。起きていても時間の無駄にしかならないときは、必ず来る。そうしたら、睡眠に残りの仕事を任せればいい。

私は昔から寝ることが大好きだが、学習の面からすれば、睡眠は邪魔だと思っていた。だがそうではない。最新の調査によると実際には正反対で、無意識のその時間に記憶や技術が研ぎ澄まされ、どちらを身につけるうえでも睡眠が不可欠だという。根本的なことを言えば、睡眠は学習なのだ。

脳がどのようにして、日々五感を通じて入ってくる要求に対処するのか、その生物学的な機能については誰にもわからない。睡眠の科学は、まだ始まったばかりだ。とはいえ、この分野の第一線で活躍するウィスコンシン大学のジュリオ・トノーニは、睡眠が前日にできたニューロンのつながりを広範囲にわたって弱くする証拠を見つけた。

目覚めているあいだじゅう、膨大な数のニューロンのネットワークが形成されることを思いだしてほしい。トノーニは、睡眠の主たる働きは、日中につくられた取るに足らないネットワークをふるいにかけ、価値のあるネットワークが強固になる手助けをすることだと主張する。[*10] 生物学的に言うと、脳は雑音を消すことで、雑音から信号を分離しているのだ。また、記憶を強固にするための能動的な活動もある。動物を使った実験を通じて、眠っているあいだに記憶に関係する別々の器官（海馬と大脳新皮質）が「クロストーク（情報のやりとり）」をしていると示す直接的な証拠が見つかったのだ。それではまるで、その日にあった重要な出来事の詳細を、脳が復習したうえで保存し、さらには古い情報に新しい情報を統合させているかのようではないか。[*11]

もちろん、私にその全容はわからない。知っている人は誰もいないし、たぶん、この先も現れないだろう。睡眠には、もっとも必要とするときは訪れず、起きていたいときに襲ってくるという性質がある。それもあって、睡眠をコントロール下において経時変化を研究することは難しい。ここで紹介した睡眠の段階は、脳波の変化によって恣意的に定義されたものだが、眠っているときに脳内に生じる化学物質やクロストークの種類が正確に測定できれば、その定義は別のものに変わるだろう。

いずれにせよ、睡眠のとり方をどう変えれば学習が深まるかを見つけようと、睡眠時間を変えた実験を長期的に行い、その結果を比較検討する研究者がきっと現れるだろう。だが、その結果はたぶん、ほかに紹介したテクニックの多くと同じで、個人によってばらつきが大きくなるような気がする。夜更かしが得意な人にとっては、早朝の勉強は苦痛で非生産的でしかないかもしれないし、早起きが得意な人は、午後10時を回ったら身体を起こしていられなくなるかもしれない。とはいえ、夜間シフト理論を参考に、自分に活用できそうなことは試してみればいい。

これからはもう、昼寝をすることも、仕事や勉強を早く切りあげることも、怠け者の象徴だと思わないでほしい。時間の使い方が下手なのでもない。もちろん、意思が弱いのでもない。睡眠は、目を閉じて行う学習なのだ。

おわりに——脳は狩猟採集を忘れていない

なぜ私たちは学習の仕方を知らないのか

本書は、学習に対する人々の感覚が見当違いである、不完全である、完全に間違っているといった主張から始まった。人は、根拠もないことを学習のセオリーだと唱える。科学よりも迷信のほうを信じようとする。勉強がうまくいかない原因を、自分自身が勉強の邪魔をするせいだと誤解している。私は最初にそう述べた。

それから、画期的な実験や学習に対する最新の考え方をいくつか紹介し、思いだすこと、忘れること、学ぶことの三つは密接につながっているが、そのつながり方は、目で見てわかる形でも、直感的に納得のいく形でもないと説明した。そういう意外な関係性は、特定の学習テクニックを活用することで明るみに出せることも示した。

だが、私たちがそういうことを知らずにいる理由には、まだ触れていない。

生き残るために学習が不可欠なのであれば、学習がいつ、どこで、どのようにして起こるのかを、なぜ知らないままでいるのか？　そんなことを知らなくても、人は自然に学習する。最適な練習方法は何かと考え、新しいやり方を試し、自分よりも賢いと思う相手にアドバイスを求める。それに、向上したいという動機が尽きることもない。本来なら、最善の学習の仕方を鋭く感じとれてしかるべきなのだ。それなのに、そういう鋭い直感も働かなければ、その理由も明らかになっていない。私の知る限り、確固とした理由を説明できる人はひとりもいない。おそらく、誰もが納得できる説明は存在しないのだろう。

とはいえ、私の独自の解釈をここで共有しようと思う。学校というものが誕生したのはつい昨日だと言っても過言ではない。英語、三角関数、サッカー、ピアノ、社会科、美術史、ロシアの小説、有機化学、ゼノンの逆説、ジャズトランペットなど、学校ではさまざまなことを習う。学年によって学ぶことが異なり、政治家の生涯も学べば身体の動かし方も学び、現代詩も学べば古代文明も学ぶ。いまあげたことをはじめ、いわゆる「教育」を構成するありとあらゆるものは、ものごとのあり方として人の手で新たにつくられたものだ。

中学校で習う「古代文明」は、考えてみればそれほど大昔のことではない。せいぜい、数千年前の話だ。ヒトが誕生してから、少なくとも100万年はたつ。そのほとんどのあいだ、ヒトの頭のなかは、食べもの、住まい、身の安全のことでいっぱいだった。捕食者から身を守り、悪天候を避け、狩猟採集という知恵によって生き残ってきた。狩猟採集者としての生活とはどういうものか。それは「終わりのないキャンプ旅行」だと、ハーバード大学の心理学者スティーヴン・ピンカーは簡潔に表現している。[*1]

狩猟採集をしていた時代は、どういう状況で学習が起きていたのかわかりづらい。キャンプ旅行の一生とはどういうものか、ちょっと考えてみよう。その人生では、獲物の捜索や追跡が読み書きに相当した。周辺の地図を作り、小峡谷、森のなかの空き地、秘密の花園の位置をすべて把握することが幾何学だった。理科は、食べられる実をつける植物や薬草となる草花を学ぶ植物学、捕食者が狩りをする行動パターンや餌にする動物の食性を学ぶ動物行動学だ。

私たち人間は、長年にわたって教育を受けてきた。先輩や同い年の仲間から教わることもあったが、ほとんどは経験の蓄積を通じて学んだ。何かに耳を澄まし、何かをじっと見つめ、広がり続ける世界を探求する。そうやって、脳は学習しながら成長を遂げた。どんな天候のなかでも、一日のどんな瞬間にも、次々に臨機応変に対応した。私たちの脳は、食べるための狩猟採集を通じて、もっとも価値のある情報や生き残るために覚えておくべきことを、最大効率で吸収できるように適応したのだ。

要するに、脳もまた、食料となる生き物を捕らえてその地で生きていくための賢いやり方、情報、戦略を「狩猟採集」するようになったのだ。生きていくための生活を通じて、脳は学習することを学んだ。そしてそれにより、人格が形成され、ヒトが人間となったのである。

人間は、人類学者のジョン・トゥービーとアーヴェン・デヴォアが進化の歴史のうえで「認知的ニッチ」と呼ぶものを埋め尽くしている。[*2] 生物種は、ほかの種の犠牲のうえに繁栄する。どの種も、自らを守る術や攻撃する術を開発して、自らが生息するニッチを支配しようとする。

キツツキは、類いまれな骨の構造を発達させたおかげで、硬い幹に穴を開け、木の内側に潜む虫を食べられるようになった。コウモリは、音波を使って探知する反響定位と呼ばれる能力を発達させたおかげで、日が暮れてからでも虫を捕まえることができる。私たち人間は、ほかの種を出し抜く能力が発達した。観察する、直感したことを試す、道具、罠、釣り針、理論などを考案する、といったことを通じて、ほかの種の裏をかけるようになった。

現代の教育機関はそうした学習方法の名残《なごり》から生まれ、素晴らしいスキルを人々に身につけさせた。狩猟採集をしていた私たちの先祖からすれば、どのスキルも魔法にしか見えないだろう。だが、教育機関が提供する言語、習慣、スケジュール（学校での行動は時間割という形で勉強や運動に分割し、家に帰っても宿題という形で勉強する時間を割り当てる）によって、脳はどのように働くのか、あるいはどのように働くべきなのかという固定観念が生まれた。それがあまりにも当たり前のことに思えてしまったため、疑問が呈されることは一度もなかった。計画を立て、決まった時間に勉強する習慣を確立し、静かで邪魔の入らない場所を見つけ、一度に一つのことだけに専念し、集中して勉強する。これのどこに疑問を投げかけられるというのか？

実はたくさんある。まず、勉強にもっとも不可欠な「集中」から見ていこう。集中という精神状態は、学習にとってとても大事だと言われている。だが、「集中」とは具体的にはどういう状態なのか？　どういう意味かは誰でも知っている。集中しているときはわかるし、もっとその状態を維持したいと思う。だが、それは理想であり幻想だ。集中という言葉は、学習中に脳が実際に行う活動を曖昧にしている。
数年前のある週末、私は12歳の娘を連れて、勤務先の新聞社へ仕事に行った。書きあげないといけない記事があったので、作業に没頭するため、娘を近くの席に座らせてコンピュータをあてがった。それから、私は自分の席で作業に没頭した。正直、かなり集中していた。ときどき顔をあげて娘の様子をうかがったが、幸い娘もコンピュータで何かを打つのに夢中になっているようだった。作業を始めた数時間後、私は記事を書き終えて編集長へ送った。そして、娘に何をしていたのかと尋ねた。娘はコンピュータの画面を見せてくれた。彼女はずっと、作業をする私の行動を逐一記録していた。ジェーン・グドールがチンパンジーを観察するように、私の行動記録をつけていたのだ。

10：46　キーボードを打つ
10：46　頭をかく
10：47　椅子を回転させる
10：48　椅子を元に戻す
10：49　ため息をつく
10：49　お茶を飲む
10：50　コンピュータをじっと見つめる

10：51　ヘッドホンをつける
10：51　電話をかける。第一声は「おい」
10：52　電話をきる
10：52　口と顎のあいだに指をあてる。考えているポーズ？
10：53　友人がやって来る。笑い声をあげる
10：53　話しながら耳をかく

このような記録が3ページに及んだ。私はそんな行動はとっていないと反論した。娘は私をからかっているに違いない。電話などかけたはずがない。まさか、本当にかけたのだろうか？　わき目もふらずに作業に没頭していたはずなのに。一息入れることもなく、一気に記事を書きあげたわけではなかったのか？　どうやら、現実はずいぶん違ったようだ。娘がこれほど詳細な記録をでっちあげられるはずがない。私は間違いなく作業をしていたし、集中して記事を書いていた。ただし、傍で見ている人の目には、そわそわと落ち着かない様子に、つまりは集中していないように見えるのだ。

この例を持ちだしたのは、集中は存在しないと言いたいからでも、集中は重要ではないと言いたいからでもない。集中している状態は、見た目的にも感覚的にも、世間で言われているようなものとは限らないということが言いたいのだ。集中している状態には、休憩や気晴らしが含まれ

ることもあるかもしれない。別のことが頭に浮かぶこともあるかもしれない。集中の現実を知らなかったから、この本で紹介したテクニックを初めて目にしたときに、違和感を覚えたり、勉強のテクニックとして教わってきたこととずれていると感じたりするのだ。私たちの脳はいまだに、自分で思う以上にさまざまな面で狩猟採集モードにある。現代の教育で使用される語彙にも、その言葉の仮面に学習器官としての脳本来の性質が隠されているという前提にも、脳はまだ適応できていない。

私たちは、現代の発明を習得することができ、実際に習得している。ユークリッドの証明も、複雑極まりない金融商品も、弦楽器の弾き方も習得できる。だからといって、狩猟採集をしていた先祖が持ちあわせていた才能が、いまの私たちに無関係だということにも、時代遅れだということにもならない。それどころか、ねぐらに戻る道を見つけるときに活躍したのと同じニューロンのネットワークが、勉強や運動の領域で役立つことに「目的を変えた」のではないかと多くの科学者が考えている。[*3]

かつては物理的な位置を追跡することが目的だったネットワークが、勉強や運動の要求に適応したのではないか。現代ではもう、家に帰るためのネットワークは必要ない。自分の家の住所を知っている。だから、脳内のＧＰＳ（格子細胞と場所細胞と呼ばれる細胞のこと。これらが発達したおかげで、昔の人は道に迷って死を迎えずにすんだ）は自ら生き方を変えた。完璧ではないとしても、適応しようとし始めているのだ。

そうした細胞が現代の学習にどのように役立とうとしているかは、いまだ研究段階だ。なかでも有力な理論の一つに、「意味維持モデル」と呼ばれるものがある。[*4] それは、迷子になる、混乱する、方向感覚を失うといったことで苦痛を感じたとき、脳はその苦痛を解放するためにフル回転で活動を開始し、意味の解明やパターンの捜索を通じてその苦痛から抜けだす方法（ねぐらに戻る道）を探そうとするという理論だ。

「人間は、構造や意味の理解の助けとなるものを必要とする。意味が理解できないと、理解できないという感情を排除したい欲求が高まるあまり、意味を見いだそうとするようになるのではないか」と、オランダのティルブルグ大学の心理学者トラヴィス・プルーは私に言った。「意味のあるパターンを欲し始めると、ある種の学習が促進されると思われる」

どの種類の学習が促進されるのか？　それはまだ明らかになっていない。プルーは、カナダのブリティッシュコロンビア大学の心理学者スティーヴン・J・ハイネとともに、ある実験を行った。[*5] フランツ・カフカの作品をベースにした意味の通っていない短編小説を大学生に読ませ、第10章で紹介したタマゴのテストのように、隠された文法のパターンを認識するテストを実施したところ、意味の通った短編小説を読んだ学生に比べて30パーセント近く高い成績を収めた。その成績は無意識に生まれたもので、学生たちには、多くの問題の答えがわかったという認識はなかった。

「カフカの物語は普通に始まる。最初の2ページを読んだ段階では、このまま普通に物語が進んでいくと思うが、その後どんどん奇妙な方向に話が展開する」とプルーは言う。「カフカの物語を読んだときに受ける感情を表す言葉は心理学の世界には存在しないが、私は昔の実存主義者になったような気になる。すべての調和がとれていたときのことを懐かしく思う。実に神秘的な感情だ。はっきり言って落ち着かず、意味が理解できる状態に戻りたくなる。この感情が、人為的な文法に隠された複雑なパターンを見つけだすのに一役買っているのではないかと我々は考えている。おそらく、研究を求められているさまざまなことに潜む大事なパターンの判別にも役立つのではないか」

授業や教科が「わからなくなった」と自分を評すると、その感傷が己を満たす場合がある。それが失敗の前触れとなったり、そのことから離れることを自分で許したり、続けることをやめてしまったりする。だが、活動中の脳にとって、「わからなくなった」状態は（文字どおりの意味でも比喩的な意味でも）、どうにもならない状態ではない。それどころか、わからないという感覚によって脳内GPSの感度が最大に高まり、孵化や抽出、睡眠時に暗闇で生まれるひらめきの背後にある神経回路を温め始める。これにより、わかろうとする意思があれば、脳のなかでは家に帰る道を探す準備が整ったことになる。わからなくなることは、必ずしもそれで終わりという意味ではない。始まりでもあるのだ。

学習方法は自分でコントロールできる

私は28年前に働き始めてからサイエンスレポーターという職に就いているが、大人向けのノンフィクションを執筆しようと考えたことはほとんどない。普段の仕事に近すぎると感じたからだ。学んだことの整理、科学者へのインタビュー、反証や反論の調査に一日7、8時間費やすと、その後はさっさと店じまいしたくなる。同じようなことはもう、何一つしたくない。だから、代わりにフィクションを2作書いた。どちらも、架空の登場人物が架空の場所で冒険を繰り広げる、科学をベースにした子ども向けミステリーだ。新聞記事からできるだけ離れようとしたらこうなった。

科学というものに出合ってから、私はすっかり変わった。科学といっても、学習の科学、認知心理学、記憶の研究などさまざまな科学があるが、呼び方は関係ない。科学に詳しくなるにつれ、新聞記事よりももっと大きな何かをしたいという気持ちが強くなっていった。未知のことをコツコツと調べている科学者はみな、さまざまな研究成果を生みだしている。それらは、興味深い、何かを明らかにした、画期的という言葉だけで片づけられるべきではない、と気づいたのだ。

彼らの研究成果は実用に適している。実際、私の大学生活が花開いたのは、研究成果にもあるように、勉強の手綱をゆるめて余白を広げたときだった。私は、大学のあちこちに顔を出していた。良いとされるあらゆる勉強習慣に軽い反抗心を抱き、習得したいものをたくさん抱えていた（良いとされる勉強習慣に従っていた頃よりも、抱える量は増えていた）。大学に進学して勉強する内容は格段に難しくなったが、成績は高校のときより少し上がった。ある意味私は、そのときから研究成果を試していたと言える。

学習に関する研究を知ってからは、散漫で無計画に勉強するのではなく、方針を決めて計画を立てるようになった。研究成果の内容は、意外というだけではない。具体的で役に立つ。それも、いますぐにだ。今日からでも使える。しかも素晴らしいことに、膨大な時間や労力を費やす必要も、特別な授業や講師、学費の高い学校に投資する必要もない。

そういう意味では、研究成果は平等を生みだす偉大なものだとも言える。つまるところ、学習については自分の手でどうにもできない部分がたくさんある。遺伝子。教師。住む場所や通う学校。家庭環境もそうだ。ヘリコプターで監視する父親か、ヘリコプターのパイロットの父親かを選ぶことも、いつもそばにいる母親か、そばにいない母親かを選ぶこともできない。こうしたことは、生まれたときにすべて決まっている。運がよければ、ジェームズ家の「五感に訴える教育」のように、旅先で専属の家庭教師をつけてもらい、深く身体に染み渡る学習を何十年も受けることができる。幸運に恵まれなければ、残念ながらそうした教育は手に入らない。

自分の手で唯一コントロールできるのは、学習する方法だ。学習に関する研究のおかげで、こちらで少し、あちらで少しというように、一日の隙間に作業をすることは「集中」が失われている兆候ではないので、そういう勉強の仕方を不安に思う必要はないということがわかった。それは「分散学習」であり、先にも述べたように、効率を高め、より深い学びを促進することはあっても、学習の効果が減ることはない。

また、学習に対する考え方に新しい風を吹き込んでもくれた。一心不乱に練習に集中できないときがあってもちっともおかしくないとわかって、解放された気分になる人は多いのではないか。落ち着いて行うだけが学習ではない。じっとしていられないという性質があるからこそ、勉強時間を変えたり、一度の勉強時間に過去に学んだことと新しい教材を混ぜたりすることに価値が生まれるのだ。

私は学習に関する研究成果を、もっと根本的な人生に対する考え方に取りいれるようになった。どういうことかというと、現代で良いとされている学習習慣に誤解があったように、悪いとされている習慣にも誤解があると考えるようになったのだ。

考えてみてほしい。気晴らし、気分転換、仮眠、中断といったことを、ささいなこととして片づけてはいけない。それらは決して、有意義な人生のなかの脚注ではない。中断の原因は、10歳の子ども、飼っている犬、母親だったりする。勉強していて立ちあがりたくなる衝動が生まれるのは、空腹や喉の渇きを覚えるのと同じだ。

気分転換にテレビ番組を見ることは、自分が属する集団と交流することに等しい。疲れたら仮眠をとり、行き詰まったら休憩する。こうしたことがつなぎ目となって、私たちの一日は成立する。つまり、それらもまた人生そのものであって、人生から無作為に逸脱するものではないのだ。勉強や練習は、そうした時間のなかで行う必要がある。決して反対ではない。

これまでの人生で言われ続けてきたことを思うと、こうした考え方は容易には受けいれがたい。私も最初は信用していなかった。大学時代に学習に関する研究成果を取りいれ、ほぼすべての行動で自画自賛できるようになった後でもそれは変わらなかった。自分を褒め称えることは簡単すぎるほど簡単だ。そこに、人生を一変させるものは何もない。私の疑念が晴れたのは、忘却のさまざまな側面にじっくりと目を向けるようになった後だった。それまでの私は、忘れることは悪で、知性が腐ることの一種だと思い込んでいた。そう思っていたのは私だけではないはずだ。

だが、学習の科学を掘りさげていくうちに、私はその定義をひっくり返さざるをえなくなった。忘却は、学習にとって酸素のように不可欠な存在なのだと気づいた。ほかのことについても、自ら試すことで考えを改めた。たとえば、私は何かに取りかかると、一気に最後まで終わらせたくなる。だから、「ツァイガルニク効果」の恩恵にあずかるため、着手した作業を完了させる手前で自ら中断させることには違和感があった。だが、残念ながら（むしろ幸運と呼ぶべきか）、ほかに選択肢はなかった。新聞社の記者でいると（もちろん、夫、父親、兄弟、息子、飲み仲間という面もある）、大きな仕事を抱えても、じっくりと完了させる機会を得られぬまま中断せざるをえないということが繰り返し起こる。だから、「抽出」というテクニックが本当に重要になる。私はしょっちゅう抽出している。それをしなかったら、この本を書きあげることはできなかっただろう。

これらのテクニックを活用しても、私は天才になっていない。卓越した能力というのは虚像だ。

手にできると期待してもむなしいだけで、目指せば手に入るものではない。私はしょっちゅう、自分が詳しいはずのテーマについての知識が足りずに恥ずかしい思いをしている。とはいえ、その経験ですら、以前ほどの敗北感はない。「流暢性が招く幻想」や、間違った自信を抱くことの危険性を思えば、無知をさらすことはクッションの敷かれた床へ落ちるようなものだ。下へ落ちるのは間違いないが、以前よりも傷は浅い。何より、その経験は、自分が知っていると思い込んでいないかを確認する（自分で自分をテストする）ことの大切さを思いださせてくれる。

私はこれからも、学習に関する研究成果を追いかけていく。その効果の高さや取りいれやすさを実感したら、誰でもそうしたくなる。この本で紹介したテクニックは、小さな変化で大きなメリットをもたらすものばかりだ。これからの研究では、それらのテクニックの使い方に焦点があてられるのではないかと私は踏んでいる。もちろん、基礎的な研究もさらに進み、より良いテクニックやより成熟した理論が導きだされるだろう。

その一方で、価値があると判明しているものでも、どのテクニックが何に適しているのか、あるいは、どのテクニックを組み合わせるのが適しているのか、といったことの調査も必要だ。そうすれば、数学の概念を理解したいときには、別のことを差し挟む「インターリーブ」を間隔をあけて活用するのが最善だとわかるようになるかもしれない。学期末に加えて新学期の初日にも「期末試験」をすることが、教師のあいだで広まるかもしれない。夜遅い時間に複数のことを混ぜた練習を行うことが、ミュージシャンやアスリートのあいだで定着するかもしれない。いずれにせよ、一つ断言しよう。今後、外科医や科学者、パイロット、放射線科医、犯罪捜査官に高度な技術を習得させる研修では、知覚学習を促進するツールの使用が中心となっていく。その動きはおそらく、初等教育にも広がるだろう。

ともあれ、この本は輝かしい未来を語る本ではない。私たちが支配したいのは、頑なで腹立たしく、楽しくも退屈な現在だ。この本で紹介したテクニックに間違いはない。活用すれば、すぐに効果が表れる。また、そうしたテクニックを使ううちに、脳という美しくも一風変わった学習マシンとの波長がますます合うようになる。

これまでのあなたは、一つのことに集中して過剰なまでに繰り返すことが勉強だと思っていたのではないだろうか。そうした思い込みから来る義務感は解放しよう。そして、これまで学習の敵だとみなしていた、無知、気晴らし、休憩、落ち着きのなさ、途中での放棄といったことが、学習をどう助けているのか観察してみるといい。

結局は、あなたのすることすべてが学習なのだ。

付録

学習効果を高める11のQ&A

Q 「怠け者の自分を解放すること」は、本当に正当な学習法だと呼べるのか？

A それがテレビの前でワインをがぶ飲みすることなら、答えはノーだ。怠け者の自分の解放とは、脳のなかで無意識に絶え間なくさまざまな情報が処理されているという事実を、学習として認めることである。

机に向かって本に顔を押しつけるだけが勉強ではないのだと認めることができれば、それが最高の学習法となってくれる。余分な時間や労力を必要とせず、また、実現のプレッシャーを生まない学習方法はこれしか存在しない。むしろ、この本で紹介しているテクニックを活用すれば、いま抱えているプレッシャーをいくらか和らげることができる。

Q 勉強のルールを設ける必要はあるか？　たとえば、勉強する場所は決めたほうがいいのか？

A 決める必要はない。ほとんどの人は、場所を変えて勉強するほうが成績が上がる。いろいろな環境で勉強（練習）するほど、勉強（練習）したことの記憶が鮮明になり、また長く記憶に残る。それに、場所を変えることで、「ここで勉強しないとはかどらない」という場所が生まれにくくなる。要するに、ノートパソコンを持って庭に出る、カフェへ行く、飛行機に乗るなどして場所を変えて勉強するほうが、環境に左右されずに勉強した内容を思いだしやすくなるのだ。突き詰めれば、勉強は、どんな条件下でも実力を出せるようになるために行うものだ。

場所を変えることだけが、いわゆる「背景情報の影響」の恩恵にあずかる方法ではない。勉強する時間帯を変えることはもちろん、黙って教科書を読むときもあれば誰かと議論するときもある、コンピュータに入力するときもあれば手書きのときもある、鏡の前で練習するときもあれば音楽を聴きながら勉強するときもあるというように、勉強の仕方を変えることにも効果がある。いま例にあげたことは、それぞれが異なる学習環境だと言える。同じ内容を勉強しても学習環境が異なれば、記憶される方法も変わる。

Q　睡眠は学習にどのような影響があるのか？

A　睡眠には複数の段階があり、段階ごとにそれぞれのやり方で、記憶された情報の強化や選別が行われる。たとえば、睡眠の前半に起こる「深い眠り」は、名称、日付、公式、概念といった事実を記憶にとどめるために重要な役割を果たすことがわかっている。情報をたくさん暗記しないといけないテスト（外国語の単語、人名や名称、出来事の日付、化学構造などを問うテスト）が控えている場合は、普段どおりの時間に就寝して「深い眠り」を十分にとり、翌朝早く起きて簡単に復習するとよい。

ただし、運動能力や創造的思考（数学、科学、作文など）の強化に役立つ眠りの段階は、目覚める前の朝の時間帯に訪れる。音楽の発表会やスポーツの競技会、あるいは創造的思考を必要とするテストの準備をする場合は、普段よりも遅くまで起きて準備するほうがいいだろう。第10章で説明したように、こうしたことを知っておけば、勉強や練習をしたいと思ったときに、朝と晩のどちらを使えば効率がいいかがわかる。

Q　勉強や練習に、適量は存在するのか？

A　どのくらい勉強するかよりも、どのように勉強時間を配分するかのほうが重要だ。一気に勉強するよりも、時間を区切って2回、3回と勉強時間を分割するほうがはるかに効率がいい。たとえば、ドイツ語の勉強のために2時間とっているなら、今日1時間勉強し、翌日に1時間勉強するほうが多くのことを覚えられる。翌日ではなく翌々日にすると、その効果はさらに高まる。

勉強時間を分割すれば、その内容に向きあい直さざるをえないので、すでに知っている知識を掘り起こして再び記憶することになる。この能動的なプロセスによって、記憶の定着が確実に改善するのだ。習得したい教材や技術の一つひとつに没頭できる時間を1回に確保できるなら、2回よりも3回に分けたほうがなおよい。時間を分散することが効果的な理由や、記憶の幅を広げ、覚えたことの定着を高めるには時間を分散して学習するのが効果的だと科学者たちが信じている理由については、第4章で述べている。

Q　詰め込みはいけないのか？

A　必ずしもそうとは限らない。試験勉強が遅れていてほかに選択肢がなければ、最後の手段として試験の直前に一気に詰め込むのはかまわない。昔から詰め込みが行われてきたことも確かだ。ただし、そのデメリットは試験の後に現れる。詰め込みで「覚えた」ことを後から思いだそうとしても、何も思いだせない。それは、覚えたことを忘れるという工程が発生しないと、脳内の記憶が鮮明にならないからだ。そういう意味では、記憶は筋肉に似ている。筋肉は、少し「休ませる」ことで、その後の運動を通じてより強い筋肉が形成される。休まず一気に運動すると、当然、より強い筋肉は得られない。

間隔をあけた練習もしくは学習（一つ前のQを参照）や、自分で自分をテストすること（次のQを参照）は、非常に効果の高いやり方だ。こうしたやり方で勉強すれば、覚えたことが長く記憶に定着するので、休みを挟んで新学期になったときに、前の学期で学んだことを容易に思いだすことができる。しかもその量は、詰め込み学習に比べて2倍近く多いという。

どうしても詰め込みをしないといけないなら、自分がいちばん大事にしている分野以外でするとよい。

Q　自分で自分にテストする、たとえば、単語カードを使った勉強などはどのくらい役に立つのか？

A　非常に役に立つ。自分の理解を試す自己テストは、もっとも効果の高い学習テクニックの一つだ。昔ながらの単語カードはもちろん効果が期待できるし、友人、職場の同僚、クラスメイトに問題を出題してもらってもいい。自己テストの効果を最大限に高めたいなら、次の二つを満たすとよい。一つは、複数の選択肢のなかから正解を選ぶようにすること。そしてもう一つは、答えたすぐ後に正解を確認することだ。

第5章で述べたように、復習に時間を使うつもりなら、自己テストをしたほうが、記憶の定着と理解がはるかに向上する。自己テストと言っても形はさまざまある。仲間の前、または鏡の前で覚えたことを暗唱するのも自己テストの一種だ。キッチンを歩きながら自分に向かって、または同僚や友人とのランチの席で、自分が学んだことを説明することもそうだと言える。教師はよく「誰かに教えられるようにならないと、本当に理解したことにはならない」と言う。まさにそのとおりだ。

Q　授業でとったノートの復習は、どれくらい役に立つのか?

A　その答えは復習の仕方によって変わる。ノートの言葉をそのまま書き写すだけでは、理解を深める効果はほとんどない。教科書の線を引いた部分や公式に目を通すのも同じだ。どちらも受け身の勉強であり、それでは科学者が言うところの「流暢性の幻想」が生まれる恐れがある。

人は、いま答えがわかれば、翌日、あるいは翌週になってもそのまま覚えているに違いないと思いがちだ。だが、必ずしもそうではない。線を引く、またはコンピュータやノートに書き写すだけでは、その内容を深く脳に刻み込むことにはならない。一方、大事な箇所に線を引いたノートを復習し、その後ノートを見ずに書き起こすのであれば、思いだそうとする働きが強くなる。こちらのやり方のほうが、復習としてははるかに効果的だ。それに、自分が覚えていないことがその場で明らかになるので、どこに戻って何を復習すればいいかもわかる。

Q　ソーシャルメディア、そしてスマートフォンをはじめとする電子機器が学習を妨げていると懸念する声は多い。注意がそれることは、悪いことなのか?

A　講義を聴くときのように、一定のあいだ集中力を要することをするときは、注意をそらすものは邪魔になる。だが、問題を解いていて行き詰まったとき、その状況から脱するには短い休憩をとるのがもっとも効果的である。そういうときは、5～20分程度の休憩をとり、フェイスブックを見る、メールに返信する、スポーツの試合の途中経過を確認する、といったことをすればいい。

取り組んでいる問題から自ら離れると、間違った思い込みから解放され、手がかりを違った側面から見られるようになるので、新たな気持ちで問題と向きあえる。その問題は、数学の証明や積分の問題かもしれないし、書き方に悩んでいる作文かもしれない。いずれにせよ、問題を解決したいという意欲があれば、問題から離れて休憩しているときでも、脳は無意識にその問題のことを考え続けている。しかも、問題から離れることで、向きあっていたときに抱いていた固定観念や間違った方向へ進もうとする考え方から解放された状態で考えられるようになる。これについては、第6章で詳しく述べている。

Q　創造性を必要とするプロジェクト（課題や仕事）が長期間にわたる場合、優れた結果を出すために有効なテクニックはあるか？

A　ある。そういうプロジェクトを抱えたときは、できるだけ早く着手し、「行き詰まったら中断してよい」と自分に言い聞かせる。自分の意思による中断は、中止とは違う。それどころか、大掛かりで複雑なプレゼン資料、期末レポート、作曲などの作成途中で作業の手を止めると、頭のなかでの作業が活発になる。そうすると、日常生活のなかでプロジェクトに関係のあるありとあらゆることが、目や耳に入ってくるようになる。また、そうしてランダムに入ってくる情報についてて自分がどう思うかにも注意を払うようになる。

こうしたことはどれもプロジェクトの肥やしになる。自分の意思による中断は、結局は自分の助けとなるのだ。ただし、中断が長くなりすぎる前に、机に向かう作業に戻らないといけないが。この「抽出」という工程に不可欠な要素については、第7章で詳しく述べている。

Q　念入りに準備したと思っていたのに試験で失敗するのはなぜか？

A　いちばんの原因は、勉強のときに簡単に思えたせいで、自分は「知っている」という誤った幻想を抱くことにある。人は、いまわかることはその後もいつでも思いだせると思い込む。このような現象を、科学者は「流暢性が招く幻想」と名づけた。

この幻想は、自動的かつ無意識に形成される。だから、この幻想を生む元凶となるものに注意を払う必要がある。たとえば、ノートに線を引く、ノートにとったことを書き写す、教師が作ったまとめを見直す、覚えた直後に同じことを勉強する、などがそうだ。いまあげたことは受け身の勉強なので、理解を深める効果はほとんどない。自分の知識をより深く脳に刻み込むためには、自己テストや間隔をあけた学習のように、思いだすのに多少の苦労が伴うことをする必要がある。そうすれば、「流暢性の幻想」にとらわれているかどうかも明らかになる。

Q 習得したい技術があるときは、身体が覚えるまでその技術だけを繰り返し練習したほうがいいのか、それとも、さまざまなことを交えて練習したほうがいいのか？

A　一度の練習時間に一つの技術や知識（楽器のスケール、バスケットボールのフリースロー、二次方程式の解の公式）だけに集中すれば、すぐさま目に見える形で上達する。しかし、それを長く続けていると、成長に限界が生まれてしまう。一方、一度の練習時間に複数のことを混ぜる「インターリーブ」というテクニックを活用すると、練習したすべての技術のコツをつかむ腕が磨かれる。

この原理は幅広い技術に適用でき、毎日の宿題や練習に取りいれることが可能だ。たとえば、今日の数学の宿題をする時間に数カ月前に習った図形の証明問題も解く、ギターの練習時間に数年前に習ったアルペジオ奏法も弾いてみる、美術史の授業に画家のスタイルを取りいれるという具合だ。

第8章で述べたように、複数のことを混ぜる学習は、復習だけでなくものごとを判別する力を磨くことにもつながる。判別する力は、数学で大いに役に立つ。いま習っている内容に以前習った内容を1、2問混ぜると、過去に学んだことを思いだすだけでなく、問題を見て適した解法を見つける力を鍛えることができる。

第10章

＊1　アウグスト・ケクレは、1890年のドイツ化学会の会合で彼の見た夢について語ったと言われており、以後その話が広く引用されるようになった。以下にもその記述がある。Robert Stickgold and Jeffrey M. Ellenbogen, "Sleep On It: How Snoozing Makes You Smarter," *Scientific American*, August/September 2008.

＊2　Jerome M. Siegel, "Sleep Viewed as a State of Adaptive Inactivity," *Nature Reviews Neuroscience*, Vol. 10, Oct. 2009, 747-53.

＊3　*Ibid.*, 751.

＊4　Robert Stickgold, "Sleep-dependent Memory Consolidation," *Nature*, Vol. 437, Oct. 27, 2005, 1272-78.

＊5　Chip Brown, "The Stubborn Scientist Who Unraveled a Mystery of the Night," *Smithsonian*, Oct. 2003, www. smithsonianmag.com.

＊6　Eugene Aserinsky and Nathaniel Kleitman, "Regularly Occurring Periods of Eye Motility and Concomitant Phenomena, During Sleep," *Science*, Vol. 118, Sept. 4, 1953, 273-74.

＊7　Jeffrey M. Ellenbogen, Peter T. Hu, Jessica D. Payne, Debra Titone, and Matthew P. Walker, "Human Relational Memory Requires Time and Sleep," *Proceedings of the National Academy of Sciences of the United States of America*, May 1, 2007, Vol. 104, No. 18, 7723-28.

＊8　A. Giuditta, M. V. Ambrosini, P. Montagnese, P. Mandile, M. Cotugno, G. Grassi Zucconi, and S. Vescia, "The sequential hypothesis of the function of sleep," *Behavioural Brain Research*, Vol. 69, 1995, 157-66.

＊9　Sara Mednick, Ken Nakayama, and Robert Stickgold, "Sleep-dependent Learning: A Nap Is as Good as a Night," *Nature Neuroscience*, Vol. 6, No. 7, 2003, 697-98.

＊10　Giulio Tononi, Chiara Cirelli, "Sleep Function and Synaptic Homeostasis," *Sleep Medicine Reviews* 10, 2006, 49-62.

＊11　D. Ji and M. A. Wilson, "Coordinated memory replay in the visual cortex and hippocampus during sleep," *Nature Neuroscience*, Vol. 10, No. 1, Jan. 2007, 100-107.

おわりに

＊1　Steven Pinker, *How the Mind Works* (New York: W.W. Norton & Company, 1997), 188.

＊2　J. Tooby and I. DeVore, "The Reconstruction of Hominid Behavioral Evolution Through Strategic Modeling," from *The Evolution of Human Behavior*, Warren G. Kinzey, ed. (Albany, NY: SUNY Press, 1987), 209.

＊3　*Annu Rev Neurosci*. 2008;31:69-89. doi: 10.1146/annurev.neuro.31.061307.090723. *Trends Neurosci*. 2008 Sep;31(9):469-77. doi: 10.1016/j.tins.2008.06.008. Epub Aug 5, 2008.

＊4　Travis Proulx and Michael Inzlicht, "The Five 'A's of Meaning Maintenance: Finding Meaning in the Theories of Sense-Making," *Psychological Inquiry* 23, 2012, 317-35.

＊5　Travis Proulx and Steven J. Heine, "Connections from Kafka: Exposure to Meaning Threats Improves Implicit Learning of an Artificial Grammar," *Psychological Science*, Vol. 20, No. 9, 1125-31.

Meeting of the National Council of Teachers of Mathematics, April 23, 1999, and reprinted on mathematicallysane.com on April 1, 2003, at www. mathematicallysane.com/reform-mathematics-vs-the-basics/.

＊12 サクソンの資料はほとんど残っていない。彼に関する記述は、南フロリダ大学心理学部研究員のダグ・ローラーとの会話、陸軍士官学校サイトに掲載された、サクソンの士官学校時代のクラスメイトが書いた故サクソンへの追悼記事、および、サクソンの本を出版したホートン・ミフリン・ハーコート社が提供する著者プロフィールにもとづく。

＊13 Kelli Taylor and Doug Rohrer, "The Effects of Interleaved Practice," *Applied Cognitive Psychology* 24, 2010, 837-48.

＊14 *Ibid.*, 846.

第9章

＊1 Dave Baldwin, "Unraveling the Batter's Brain," baseballanalysts.com, September 17, 2009; Terry Bahill and David G. Baldwin, "The Rising Fastball and Other Perceptual Illusions of Batters," *Biomedical Engineering Principles in Sports*. G. K. Hung and J. M. Pallis, eds. (New York: Kluwer Academic, 2004), 257-87; A. Terry Bahill, David Baldwin, and Jayendran Venkateswaran, "Predicting a Baseball's Path," *Scientific American*, May-June 2005, Vol. 93, No. 3, 218-25.

＊2 Philip J. Kellman and Patrick Garrigan, "Perceptual Learning and Human Expertise," *Physics of Life Reviews* 6, 2009, 53-84.

＊3 William G. Chase and Herbert A. Simon, "Perception in Chess," *Cognitive Psychology* 4, 1973, 55-81.

＊4 1998年7月4～5日に開催された、小児発達研究会の会合の席でのマリオン・エプラーによるエレノア・ギブソンへのインタビューより。詳細は以下のサイトを参照。www.srcd.org.

＊5 James J. Gibson and Eleanor J. Gibson, "Perceptual Learning: Differentiation or Enrichment?" *Psychological Review*, Vol. 62, No. 1, 1955, 32-41.

＊6 *Ibid.*, 34.

＊7 Eleanor J. Gibson, *Principles of Perceptual Learning and Development* (New York: Meredith Corporation, 1969), 4.

＊8 ジョン・F・ケネディ・ジュニア死亡事故の詳細は以下を参照した。The National Transportation Safety Board's Probable Cause Report, NTSB identification number NYC99MA178, released on July 6, 2000. www.ntsb.gov.

＊9 パイロットの飛行学習および小型飛行機の計器については、UCLA認知心理学教授のフィリップ・J・ケルマンに話を聞き、また、彼の操縦する小型飛行機に同乗し、ロサンゼルス－サンルイスオビスポ間を飛行した。

＊10 Philip J. Kellman and Mary K. Kaiser, "Perceptual Learning Modules in Flight Training," *Proceedings of the Human Factors and Ergonomic Society Annual Meeting*, 1994 38, 1183-87.

＊11 Ibid., 1187.

＊12 Stephanie Guerlain, et al, "Improving Surgical Pattern Recognition Through Repetitive Viewing of Video Clips," *IEEE Transactions on Systems, Man, and Cybernetics-Part A: Systems and Humans*, Vol. 34, No. 6, Nov. 2004, 699-707.

第7章

＊1 Brewster Ghiselin, ed., *The Creative Process: Reflections of Invention in the Arts and Sciences* (Berkeley: University of California Press, 1985).
＊2 ジョゼフ・ヘラーの執筆過程に関する記述は、ジョージ・プリンプトンのインタビュー記事から引用した。 “The Art of Fiction No. 51,” *The Paris Review*, No. 60, Winter 1974.
＊3 Ghiselin, *The Creative Process*, 85-91.
＊4 Bluma Zeigarnik, “On Finished and Unfinished Tasks,” from *A Source Book of Gestalt Psychology* (London: Kegan Paul, Trench, Trubner & Company, 1938), 300-14.
＊5 Ibid., 307.
＊6 Ibid., 307.
＊7 A. V. Zeigarnik, “Bluma Zeigarnik: A Memoir,” *Gestalt Theory* 2007, Vol. 29, No. 3, 256-68.
＊8 Henk Aarts, Ap Dijksterhuis, and Peter Vries, “On the Psychology of Drinking: Being Thirsty and Perceptually Ready,” *British Journal of Psychology* 92, 2001, 631-42.
＊9 *Ibid.*, 188.
＊10 ユードラ・ウェルティの記述は、リンダ・クールのインタビュー記事から引用した。 “The Art of Fiction No. 47,” *The Paris Review*, No. 55, Fall 1972.
＊11 Ronda Leathers Dively, *Preludes to Insight: Creativity, Incubation, and Expository Writing* (New York: Hampton Press, 2006).
＊12 *Ibid.*, 98.
＊13 *Ibid.*, 101.

第8章

＊1 R. Kerr and B. Booth, “Specific and Varied Practice of Motor Skill,” *Perceptual and Motor Skills*, Vol. 46, No. 2, April 1978, 395-401.
＊2 *Ibid.*, 401.
＊3 Sinah Goode and Richard A. Magill, “Contextual Interference Effects in Learning Three Badminton Serves,” *Research Quarterly for Exercise and Sport*, 1986, Vol. 57, No. 4, 308-14.
＊4 *Ibid.*, 312.
＊5 T. K. Landauer and R. A. Bjork, “Optimum Rehearsal Patterns and Name Learning,” In M. M. Gruneberg, P. E. Morris, and R. N. Sykes, eds., *Practical Aspects of Memory* (London: Academic Press, 1978), 625-32.
＊6 Richard A. Schmidt and Robert A. Bjork, “New Conceptualizations of Practice: Common Principles in Three Paradigms Suggest New Concepts for Training,” *Psychological Science*, Vol. 3, No. 4, July 1992, 207-17.
＊7 *Ibid.*, 215.
＊8 Nelson Goodman, “The Status of Style Author,” *Critical Inquiry*, Vol. 1, No. 4, June 1975, 799-811.
＊9 Nate Kornell and Robert A. Bjork, “Learning Concepts and Categories: Is Spacing the ‘Enemy of Induction’?” *Psychological Science*, Vol. 19, No. 6, 2008, 585-92.
＊10 *Ibid.*, 590.
＊11 数学論争の詳細は以下を参照。 Alice Crary and Stephen Wilson, “The Faulty Logic of the ‘Math Wars,’ ” *New York Times*, June 16, 2013; John A. Van de Walle, “Reform Mathematics vs. The Basics: Understanding the Conflict and Dealing with It,” presented at the 77th Annual

＊2 Francis Bacon (L. Jardine & M. Silverthorne, translators), *Novum Organum* (Cambridge, England: Cambridge University Press, 2000; original work published 1620).
＊3 William James, *The Principles of Psychology* (New York: Holt, 1890).
＊4 John W. Leonard, ed., *Who's Who in America, Vol. 2* (Chicago: A.N. Marquis and Company, 1901).
＊5 Arthur I. Gates, *Recitation as a Factor in Memorizing* (New York: The Science Press, 1917).
＊6 Gates wrote *Ibid.*, 45.
＊7 Herbert F. Spitzer, "Studies in Retention," *The Journal of Educational Psychology*, Vol. 30, No. 9, Dec. 1939, 641-56.
＊8 *Ibid.*, 655.
＊9 Henry Roediger III, and Jeffrey D. Karpicke, "The Power of Testing Memory: Basic Research and Implications for Educational Practice," *Perspectives on Psychological Science*, Vol. 1, No. 3, 2006, 181-210.
＊10 Myles na Gopaleen (Flann O'Brien), *The Best of Myles* (New York: Penguin, 1983), 298-99.
＊11 Henry Roediger III, and Jeffrey D. Karpicke, "Test-Enhanced Learning: Taking Memory Tests Improves Long-Term Retention," *Psychological Science*, Vol. 17, No. 3, 2006, 249-55.
＊12 Roediger III and Karpicke, "The Power of Testing Memory." 181-210.
＊13 エリザベス・リゴン・ビョークとニコラス・ソーダーストロームのこの研究は、未発表のまま未だ続いている。
＊14 Jose Luis Borges, from the preface to *The Garden of Forking Paths* (1942), included in *Collected Fictions* (New York: Penguin, 1998).

第6章

＊1 Graham Wallas, *The Art of Thought* (New York: Harcourt, Brace and Company, 1926).
＊2 Henri Poincaré, *Science and Method* (London: T. Nelson, 1914), 55.
＊3 Wallas, 80.
＊4 Poincaré, 52.
＊5 Wallas, 137.
＊6 Poincaré, 52.
＊7 Wallas, Preface.
＊8 Norman R. F. Maier, "Reasoning in Humans. II. The Solution of a Problem and its Appearance in Consciousness," *Journal of Comparative Psychology*, Vol. 12, No. 2, Aug. 1931, 181-94.
＊9 *Ibid.*, 188.
＊10 *Ibid.*, 193.
＊11 *Ibid.*, 187.
＊12 Karl Duncker, "On Problem-Solving," *Psychological Monographs*, Vol. 58, No. 5, 1945, 1-17.
＊13 Steven M. Smith and Steven E. Blankenship, "Incubation and the Persistence of Fixation in Problem Solving," *American Journal of Psychology*, Spring 1991, Vol. 104, No. 1, 61-87.
＊14 *Ibid.*, 82.
＊15 Ut Na Sio and Thomas C. Ormerod, "Does Incubation Enhance Problem Solving? A Meta-Analytic Review," *Psychological Bulletin*, Vol. 135, No. 1, 94-120.

Depressive Disorders)」のタイトルで、1974年9月にニューオーリンズで開催されたアメリカ心理学協会の会合で発表されたのが最初である。

＊14 James Eric Eich, et al, "State-Dependent Accessibility of Retrieval Cues in the Retention of a Categorized List," *Journal of Verbal Learning and Verbal Behavior* 14, 1975, 408-17.

＊15 *Ibid.*, 415.

＊16 シェレシェフスキーの記憶に関する記述は、アレクサンドル・ルリヤの著作を参照した。*The Mind of a Mnemonist* (New York: Basic Books, 1968).

＊17 *Ibid.*, 31.

＊18 *Ibid.*, 70.

＊19 *Ibid.*, 18-19.

＊20 Steven M. Smith, Arthur Glenberg, and Robert A. Bjork, "Environmental Context and Human Memory," *Memory & Cognition*, Vol. 6, No. 4, 1978, 342-53.

＊21 スミスの最新の研究はカンファレンスで発表された。論文としてはまだ発表されていない。

＊22 John Locke, *An Essay on Human Understanding and a Treatise on the Conduct of Understanding* (Philadelphia: Hayes & Zell Publishers, 1854), 263.

第4章

＊1 Frank N. Dempster, "The Spacing Effect: A Case Study in the Failure to Apply the Results of Psychological Research," *American Psychologist*, Vol. 43, No. 8, Aug. 1988, 627-34.

＊2 ヨストの法則の詳細は、以下を参照。Frank N. Dempster, "The Spacing Effect: A Case Study in the Failure to Apply the Results of Psychological Research," *American Psychologist*, Vol. 43, No. 8, Aug. 1988, 627-28. ヨストの優生学に対する姿勢については以下を参照。*The Nazi Doctors: Medical Killing and the Psychology of Genocide* by Robert Jay Lifton (New York: Basic Books, 1986).

＊3 Harry P. Bahrick, Lorraine E. Bahrick, Audrey S. Bahrick, and Phyllis E. Bahrick, "Maintenance of Foreign Language Vocabulary and the Spacing Effect," *Psychological Science*, Vol. 4, No. 5, Sept. 1993, 316-21.

＊4 ヘンリー・ジェームズの幼少期の教育については、クレイトン大学教授兼ヘンリー・ジェームズ研究センター所長のグレッグ・W・ザカリアスから詳しい話を聞いた。

＊5 Gary Wolf, "Want to Remember Everything You'll Ever Learn? Surrender to This Algorithm," *Wired*, 16.05, http://www.wired.com/medtech/health/magazine/16- 05/ff _ wozniak.

＊6 スーパーメモのサイト： http://www.supermemo.net/how_supermemo_aids_learning.

＊7 Dempster, 627.

＊8 N. J. Cepeda, E. Vul, D. Rohrer, J. T. Wixted, and H. Pashler, "Spacing effects in learning: A temporal ridgeline of optimal retention," *Psychological Science*, 19, 2008, 1095-1102. ニコラス・セペダはメロディ・ワイズハートの改名前の名前である。

＊9 *Ibid.*, 1101.

＊10 William James, *Talks to Teachers on Psychology: And to Students on Some of Life's Ideals* (New York: Henry Holt and Company, 1899), 129.

第5章

＊1 William Manchester, *The Last Lion: Winston Spencer Churchill, Visions of Glory 1874-1932* (Boston: Little, Brown and Company, 1983), 150-51.

Unconscious Memories, 44-71 , and W. Brown, "To What Extent Is Memory Measured By a Single Recall?," *Journal of Experimental Psychology* 54, 1924, 345-52.
＊7 J. A. McGeoch, F. McKinney, and H. N. Peters, "Studies in retroactive inhibition IX: Retroactive inhibition, reproductive inhibition and reminiscence," *Journal of Experimental Psychology* 20, 1937, 131-43.
＊8 S. Gray, "The Influence of Methodology Upon the Measurement of Reminiscence," *Journal of Experimental Psychology* 27, 1940, 37-44.
＊9 Erdelyi, *The Recovery of Unconscious Memories*, 44.
＊10 C. E. Buxton, "The Status of Research in Reminiscence," *Psychological Bulletin* 40, 1943, 313-40.
＊11 Matthew Hugh Erdelyi and Jeff Kleinbard, "Has Ebbinghaus Decayed with Time?: The Growth of Recall (Hypermnesia) over Days," *Journal of Experimental Psychology: Human Learning and Memory*, Vol. 4, No. 4, July 1978, 275-89.
＊12 Robert A. Bjork and Elizabeth Ligon Bjork, "A New Theory of Disuse and an Old Theory of Stimulus Fluctuation." In A. Healy, S. Kossly, and R. Shiffrin, eds., *From Learning Processes to Cognitive Processes: Essays in Honor of William K. Estes, Vol. 2* (Hillsdale, NJ: Erlbaum, 1992), 35-67.

第3章

＊1 ベイラー大学HP「大学生活支援プログロム」内にある「集中力を保つためのアドバイス（Keeping Focused）」より引用。www.baylor.edu/support_programs.
＊2 ヘブリディーズ諸島近海に沈んでいる船の詳細は、以下のサイトを参照。www.divesitedirectory.co.uk/uk_scotland_oban.html.
＊3 D. R. Godden and A. D. Baddeley, "Context-Dependent Memory in Two Natural Environments: On Land and Underwater," *British Journal of Psychology*, Vol. 66, No. 3, 1975, 325-31.
＊4 K. Dallett and S. G. Wilcox, "Contextual Stimuli and Proactive Inhibition," *Journal of Experimental Psychology* 78, 1968, 475-80.
＊5 G. Rand and S. Wapner, "Postural Status as a Factor in Memory," *Journal of Verbal Learning and Verbal Behavior* 6, 1967, 268-71.
＊6 K. Dallett and S. G. Wilcox, "Contextual Stimuli and Proactive Inhibition," *Journal of Experimental Psychology* 78, 1968, 475-80.
＊7 *Ibid.*, 330.
＊8 S. G. Dulsky, "The Effect of a Change of Background on Recall and Relearning," *Journal of Experimental Psychology* 18, 1935, 725-40.
＊9 E. G. Geiselman and R. A. Bjork, "Primary versus Secondary Rehearsal in Imagined Voices: Differential Effects on Recognition," *Cognitive Psychology* 12, 1980, 188-205.
＊10 Steven M. Smith, "Background Music and Context-Dependent Memory," *American Journal of Psychology*, Vol. 98, No. 4, Winter 1985, 591-603.
＊11 *Ibid.*, 596.
＊12 Kay Redfield Jamison, *An Unquiet Mind: A Memoir of Moods and Madness* (New York: Random House, 2009), 67.
＊13 Herbert Weingartner, Halbert Miller, and Dennis L. Murphy, "Mood-State-Dependent Retrieval of Verbal Associations," *Journal of Abnormal Psychology* 1977, Vol. 86, No. 3, 276-84. この研究は、「そううつ病における記憶の状態依存（State Dependent Recall in Manic

原注

第1章

＊1 脳生物学については以下の２作を参照した。Eric R. Kandel, M.D., *In Search of Memory* (New York: W.W. Norton & Company, 2006); and Larry R. Squire and Eric R. Kandel, *Memory from Mind to Molecules, second edition* (Greenwood Village, CO: Roberts & Company, 2009).

＊2 Paul Reber, "What Is the Memory Capacity of the Human Brain?" *Scientific American*, May/June 2010.

＊3 Gelbard-Sagiv, Roy Mukamel, Michal Harel, Rafael Malach, and Itzhak Fried, "Internally Generated Reactivation of Single Neurons in Human Hippocampus During Free Recall," *Science* 322, 2008, 96-100.

＊4 H.Mの研究については、ブレンダ・ミルナーとスザンヌ・コーキンへのインタビューと、コーキンの以下の著作にもとづく。*Permanent Present Tense* (New York: Basic Books, 2013).

＊5 Squire and Kandel, *Memory from Mind to Molecules, second edition.*

＊6 分離脳の研究については、マイケル・ガザニガへのインタビューおよび以下の資料にもとづく。M. S. Gazzaniga, "Forty-five years of split-brain research and still going strong," *Nature Reviews Neuroscience* 6, August 2005, 653-59; M. S. Gazzaniga, J. E. Bogen, and R. W. Sperry, "Dyspraxia following division of the cerebral commissures," *Archives of Neurology*, Vol. 16, No. 6, June 1967, 606-612; M. S. Gazzaniga, J. E. Bogen, and R. W. Sperry, "Observations on visual perception after disconnexion of the cerebral hemispheres in man," *Brain*, Vol. 88, Part 2, June 1965, 221-36; M. S. Gazzaniga, J. E. Bogen, and R. W. Sperry, "Some functional effects of sectioning the cerebral commissures in man," *Proceedings of the National Academy of Sciences of the United States of America*, Vol. 48, No. 10, Oct. 1962, 1765-69.

＊7 この実験に関する記述は、マイケル・ガザニガへのインタビュー時に彼が記憶を頼りに語ったことにもとづく。

第2章

＊1 William James, *The Principles of Psychology, Volume I* (New York: Henry Holt and Company, 1890), 680.

＊2 Robert A. Bjork and Elizabeth Ligon Bjork, "A New Theory of Disuse and an Old Theory of Stimulus Fluctuation." In A. Healy, S. Kossly, and R. Shiffrin, eds., *From Learning Processes to Cognitive Processes: Essays in Honor of William K. Estes, Volume 2* (Hillsdale, NJ: Erlbaum, 1992), 35-67.

＊3 David Shakow, "Hermann Ebbinghaus," *The American Journal of Psychology* 42, No. 4, Oct. 1930, 511.

＊4 Matthew Hugh Erdelyi, *The Recovery of Unconscious Memories: Hypermnesia and Reminiscence* (Chicago: The University of Chicago Press, 1998), 11.

＊5 Philip Boswood Ballard, *Obliviscence and Reminiscence* (Cambridge, England: Cambridge University Press, 1913).

＊6 「自然な改善」の詳細は、以下の２作を参照するとよい。 Erdelyi, *The Recovery of*

や行

ら行

わ行

ま行

な行

は行

た行

か行

さ行

索引

アルファベット

あ行

［著者］
ベネディクト・キャリー（Benedict Carey）
『ニューヨーク・タイムズ』紙サイエンスレポーター。
コロラド大学卒業後、ノースウェスタン大学大学院でジャーナリズムの修士号を取得。フリージャーナリストを経て、『ロサンゼルス・タイムズ』紙の記者として脳科学、医療、健康の記事を執筆。2002年にはミズーリ大学ライフスタイル・ジャーナリズム賞を受賞した。2004年より『ニューヨーク・タイムズ』紙の記者となり、神経科学、精神医学、神経学、日常の心理学を主なテーマとして活動している。読者からのメールがもっとも多い人気記者のひとりで、25年にわたって科学と健康の記事を書き続けている。

［訳者］
花塚 恵（はなつか・めぐみ）
翻訳家。福井県福井市生まれ。英国サリー大学卒業。英語講師、企業内翻訳者を経て現職。主な訳書に『決める』（ダイヤモンド社）、『世界トップ３の経営思想家によるはじめる戦略』（大和書房）、『米海軍で屈指の潜水艦艦長による「最強組織」の作り方』（東洋経済新報社）、『スターバックスはなぜ値下げもテレビＣＭもしないのに強いブランドでいられるのか？』（ディスカヴァー・トゥエンティワン）などがある。

脳が認める勉強法
――「学習の科学」が明かす驚きの真実！

2015年12月10日　第１刷発行
2016年 1月20日　第３刷発行

著　者――ベネディクト・キャリー
訳　者――花塚 恵
発行所――ダイヤモンド社
〒150-8409　東京都渋谷区神宮前6-12-17
http://www.diamond.co.jp/
電話／03･5778･7234（編集）　03･5778･7240（販売）
装丁――――竹内雄二
本文DTP――桜井淳
本文デザイン――布施育哉
製作進行――ダイヤモンド・グラフィック社
印刷――――勇進印刷（本文）・加藤文明社（カバー）
製本――――加藤製本
編集担当――小川敦行

ISBN 978-4-478-02183-5